U0452928

传习录

明隆庆六年初刻版
全译全注

[明] 王阳明 著
谢廷杰 辑刊
张靖杰 译注

江苏凤凰文艺出版社

图书在版编目（CIP）数据

明隆庆六年初刻版《传习录》/（明）王阳明著；张靖杰译注. -- 南京：江苏凤凰文艺出版社，2024.9.（知行合一王阳明大全集）. -- ISBN 978-7-5594-8709-4

Ⅰ. B248.2

中国国家版本馆CIP数据核字第2024XF0390号

明隆庆六年初刻版《传习录》

［明］王阳明　著　　张靖杰　译注

责任编辑	丁小卉
特约编辑	沈　骏　　盛　亮
装帧设计	读客文化　021-33608320
责任印制	杨　丹
出版发行	江苏凤凰文艺出版社
	南京市中央路165号，邮编：210009
网　　址	http://www.jswenyi.com
印　　刷	三河市中晟雅豪印务有限公司
开　　本	710毫米×1000毫米　1/16
印　　张	23
字　　数	327千字
版　　次	2024年9月第1版
印　　次	2024年9月第1次印刷
标准书号	ISBN 978-7-5594-8709-4
定　　价	370.60元（全六册）

江苏凤凰文艺版图书凡印刷、装订错误，可向出版社调换，联系电话：010-87681002。

明隆庆六年（1572年）刻本《王文成公全书》书影
王阳明画像

舊序

傳習錄序

門人徐愛撰

門人有私錄陽明先生之言者先生聞之謂之曰聖賢教人如醫用藥皆因病立方酌其虛實溫涼陰陽內外而時時加減之要在去病初無定說若拘執一方鮮不殺人矣今某與諸君不過各就偏蔽箴切砥礪但能改化即吾言已為贅疣若遂守為成訓他日誤己誤人某之罪過可復追贖乎愛既備錄先生之教同門之友有以是相規者愛因

王文成公全書卷之一

語錄一 傳習錄上

先生於大學格物諸說悉以舊本為正蓋先儒所謂誤本者也愛始聞而駭既而疑已而殫精竭思參互錯縱以質於先生然後知先生之說若水之寒若火之熱斷斷乎百世以俟聖人而不惑者也先生明睿天授然和樂坦易不事邊幅人見其少時豪邁不羈又嘗泛濫於詞章出入二氏之學驟聞是說皆目

王文成公全書卷之二

語錄二　傳習錄中

德洪曰昔南元善刻傳習錄於越凡二冊下
冊摘錄

先師手書凡八篇其答徐成之二書吾師自
謂天下是朱非陸論定既久一旦反之為難
二書姑為調停兩可之說使人自思得之故
元善錄為下冊之首者意亦以是歟今朱陸
之辨明於天下矣洪刻先師文錄置二書

王文成公全書卷之三

語錄三 傳習錄下

正德乙亥九川初見先生於龍江先生與甘泉先生論格物之說甘泉持舊說先生曰是求之於外了甘泉曰若以格物理為外是自小其心也九川甚喜舊說之是先生又論盡心一章九川一聞却遂無疑後家居復以格物遺質先生吾云但能實地用功久當自釋山間乃自錄大學舊本讀之覺朱子格物之說非是然亦疑先生

明隆慶六年（1572年）刻本《王文成公全書》書影
《傳習錄·下卷》

朱子晚年定論

陽明子序曰洙泗之傳至孟氏而息千五百餘年濂溪明道始復追尋其緒自後辨析日詳然亦日就支離決裂旋復湮晦吾嘗深求其故大抵皆世儒之多言有以亂之守仁早歲業舉溺志詞章之習既乃稍知從事正學而苦於眾說之紛撓疲薾茫無可入因求諸老釋欣然有會於心以為聖人之學在此矣然於孔子之教間相出入而措之日用往往缺漏無歸依達往返

明隆庆六年（1572年）刻本《王文成公全书》书影
《朱子晚年定论》

前　言

王阳明（1472—1529），名守仁，字伯安，生于成化八年（1472年），卒于嘉靖七年（1529年）[1]，浙江余姚人。因曾筑室会稽山阳明洞，自号阳明子，学者称为阳明先生。他是明代杰出的思想家、政治家、军事家。文治武功，成就斐然。在事功方面，他为官数十载，平定江西匪患、宁王之乱、思田盗贼，封新建伯，谥文成，追封为新建侯；在思想方面，他集心学之大成，开创姚江学派，教书育人，门生遍天下。他提出的"知行合一""致良知"等命题都对后世产生了极大的影响。其思想甚至远播日本、朝鲜等地。由其门人弟子辑录平日对话、语录、书信而成的《传习录》更是成为古代哲学经典。下面将从王阳明的生平、思想与《传习录》的成书与版本情况，做一个简略的介绍。

一、王阳明其人

王阳明的出生颇有神奇的色彩。据文献记载，王阳明生而有异质，在他诞生之前，祖母梦见有天神身披绯红玉衣，在云中鼓吹，抱一赤子，从天而

---

[1] 王阳明卒于1529年1月9日，农历戊子年十一月二十九日，属嘉靖七年（1528年），非嘉靖八年（1529年）。

降,祖父遂为他取名"云",并名其居为"瑞云楼"。王阳明出生后,至5岁尚不能言,但已能默记祖父读过的书。有一天,一个高僧从其家门口过,摸着他的头说:"好个孩儿,可惜道破。"其祖父便根据《论语》"知及之,仁不能守之,虽得之,必失之",为他改名为"守仁",随后便能言。11岁时随父寓京,次年开始就读,曾问私塾先生:"何为第一等事?"先生回答:"第一等事无非科举及第。"王阳明不以为然,在他看来,第一等事应当是"读书学圣贤"。随着时间的推移,"学圣贤""做圣人"便更加笃实地成为王阳明的志向。

王阳明15岁时,出游居庸关、山海关,纵览山川,慨然有经略四方之志,且性格豪迈,常与同伴以功战为戏。16岁时,国家边事吃紧,朝廷议论纷纷,王阳明便读兵家之书,"每遇宾宴,尝聚果核,列阵势以为戏"。17岁时,于洪都(今江西南昌)迎娶诸氏,后偕夫人归余姚,学习经义,准备科举考试。18岁时,他去拜访了明初纯儒吴与弼的弟子娄谅,谈及格物之学,以为"圣人必可学而至",开始"遍读考亭(朱熹)之书",并亲身实践格物之说,甚至"亭前格竹",最终思劳成疾,"遂相与叹圣贤是做不得的,无他大力量去格物"。

格竹的失败使王阳明对朱子之学产生怀疑,继而徘徊流连于佛老之间。21岁时,在浙江乡试中举,23岁时,会试不第,归余姚,结龙泉诗社,对弈联诗。弘治十二年(1499年),王阳明进士及第,与当时的诗词名家李梦阳、何景明唱和于文坛。次年,授吏部主事;又年,奉命录囚江北。不久告病归越,游九华山,出入佛寺、道观,至次年夏复命还京。弘治十五年(1502年),王阳明告病归越,筑室阳明洞,行神仙导引之术,终因不得圣道而作罢。弘治十七年(1504年),王阳明主持山东乡试,是年改任兵部武选清吏司主事。次年,王阳明授徒讲学,并与湛若水相交,始归本于正学。

正德元年(1506年),王阳明因抗疏救忠良而得罪阉党,遭廷杖四十,下诏狱，不久被贬谪至贵州龙场，任驿丞。正德三年（1508年），居夷处困的王阳明顿悟格物致知之旨，明白"圣人之道，吾性自足"，是为"龙场悟道"。随后，王阳明受提学副使席书聘请，主讲于府城文明书院，始揭知行合一。正德五年（1510年），王阳明开始了顺遂的仕途。是年，他先升江西庐陵知县，南京刑部四川清吏司主事；次年，调吏部验封司清司主事，二月为会试同考官，十二月升文选清吏司员外郎。正德七年（1512年），王阳明升考功清吏司郎中，十二月又升南京太仆寺少卿。其间，王阳明弟子日众，徐爱、黄绾等弟子也均在此时受业。他据《大学》古本立格物、诚意之旨，开始以"致良知"行教。正德八年（1513年），王阳明赴任便道归省，至滁州，督马政，日与门人游，新旧学生集会于滁，教人静坐入道之方。次年，王阳明升南京鸿胪寺卿，教人存天理、去人欲。

正德十一年（1516年），经兵部尚书王琼举荐，王阳明升都察院左佥都御史，巡抚南赣、汀、漳等地，平定征南王谢志山、金龙霸王池仲容等的暴动，并行十家牌法。次年，正月至赣，二月平漳南象湖山，十月平南赣衡水、桶冈。正德十三年（1518年），春天，王阳明平三浰，升都察院右副督御史。七月刻古本《大学》，刻《朱子晚年定论》。正德十四年（1519年），他受命戡处福建叛军。行至丰城，闻宁王朱宸濠谋反，遂起义军平叛。仅用时35天，便生擒宁王及其党羽，收复南康、九江等所有失地。正德十六年（1521年）六月，王阳明升南京兵部尚书，后封新建伯。是年，他上书乞归，回到余姚，开始了长达六年的讲学生涯。在此期间，南大吉续刻《传习录》，传于门弟子间。嘉靖六年（1527年），朝廷命王阳明以原职兼都察院左都御史征广西思恩、田州，平定思田之乱。起程前，王阳明与钱德洪、王畿二弟子在阳明府中天泉桥上论道，提出"四句教法"，是为"天泉证道"。次年二月，思、田平，七月又一鼓作气，将长期作乱的八寨、断藤峡一举荡平。是年十月，王阳明班师途中肺疾加剧，遂乞骸骨，十一月二十九日，于归途中卒于江西南安，终年57岁。王阳明逝世之后，因遭佞臣嫉恨，故"爵荫赠谥诸典皆不行"，并下令禁伪学。直到隆庆元年（1567年），以徐阶为首的王门弟子向明穆宗上书，才正式追封他为新建侯，谥文成，从祀孔庙。

二、王阳明的思想

"心学"的核心概念自然是"心"，如何重建心体、发明本心，是王阳明思想的核心问题，这也就决定了阳明心学向内探求的特质。理解"心即理""知行合一""致良知"等，都应着眼于这一核心。

（一）心即理

程朱理学主张"性即理"，认为人的本性由天所赋予，而天理作为人性的内容又规定了人的一切活动。因此，如何探求事物的道理，并使其作用于自身，就构成了学问的首要问题。在此意义上，"格物"就是在事事物物上探求物理，"致知"就是向外去探求关于事物的知识，所谓"即物而穷其理"是也。并且，这一"即物穷理"的活动必须达到"凡天下之物，莫不因其已知之理而益穷之，以求至乎其极"的境界，才能够"豁然贯通"。在这样一种理学思想的指导下，为学的功夫就变成了疲于奔命地向外穷索，使得精神外驰。王阳明早年也穷索朱子格物之学，然而"亭前格竹"的失败使得他对于这样一种格物之学丧失了信心。经过泛滥佛老的阶段，最终他在龙场时顿悟到："圣人之道，吾性自足，向之求理于事物者误也。"

在王阳明看来，"心"具有十分丰富的含义：就人而言，心是人一切行为的主宰，因而具有人伦道德的含义。"天下无心外之事、无心外之理"，首先就体现在"发之事父便是孝，发之事君便是忠，发之交友、治民便是信与仁"。通过将外在的规范化约为内心的道德意识与判断力，起到自我约束的作用。在王阳明的理解中，道德行为并不仰赖外在的规训与惩戒，而是源于内在的道德意志，并且，当且仅当人的善心发动之时的为善行为才具有价值，否则只是"百姓日用而不知"。在心与物的关系上，王阳明提出过一个著名的论点，即"意之所在便是物"。此处所谓"意"，指的是心体活动的自然呈现，与心体的纯然天理不同。"意"具有特定的指向，即特定的物，因此是人赋予万事万物意义、为外部世界立法的活动。此外，在王阳明的解读中，心作为"知觉灵明"，不仅能够知觉、确立万物，还有主宰天地、鬼神的作用，"我的灵明，便是天地鬼神的主宰。天没有我的灵明，谁去仰他高？地没有我的灵明，谁去俯他深？"通过高扬人的主体性，确立了人在天地之间的灵长地位。

（二）知行合一

知行关系是《传习录》的一个重要主题，这既有程朱理学的影响，也是阳明心学的必然展开。程颐曾提出："君子之学，必先明诸心，知所养，然后力行以求至，所谓自明而诚也。"而在朱熹看来，知先行后，行重知轻："知之愈明，则行之愈笃，则知之益明。"虽然程朱也认可知行交养互发，但终究以知为先，将知行分作两节功夫。

王阳明对此持极力反对的态度。从"心即理"的内在逻辑展开而言，既然外物之理均在内心，那么行的准则与道理也并不在心外，只要知得真切，行也潜在地蕴含于其中。因此，王阳明认为知行关系是两者的辩证统一："知是行的主意，行是知的功夫；知是行之始，行是知之成。"人的任何实践活动都必然以人的认识作为指导，而人的任何认识都必然依赖于将认识付诸实践后才能得到验证。因此，"真知即所以为行，不行不足谓之知"，将一切的认知活动与实践结合起来，正是教人勿要枯守义理，而要于洒扫应对乃至修齐治平的具体实践中发见真知。正如王阳明尝举之例："如好好色，如恶恶臭。"见到美色自然会喜欢，并非将见的活动与喜欢的感情分开来，闻到恶臭自然会厌恶，并非先闻到恶臭再有厌恶的感情。恶的知觉活动与厌恶的行为并不分离。因此，在个人修养的问题上，王阳明强调：功夫即本体，将知视作为本体，那么行的功夫也自然蕴含于其中，两者相即不离。

（三）致良知

王阳明曾言及："吾平生讲学，只是'致良知'三字。"致良知的思想可以在儒家以往的文献中找到十分切近的来源：一则是《孟子》提出的"所不虑而知者，良知也"，另一则是《大学》所谓"格物、致知、诚意、正心"的"致知"二字。朱子将"致知"理解为在事事物物上探求物理，而王阳明则认为"致知"就是致吾心之良知。此处所谓"致"不再是朱子所谓的探求、考索之义，而是将"致"字解读为通达（即"至"）与推行的含义，所谓"决而行之者，致知之谓也"。

在天泉证道时，王阳明所提出的"四句教"更是将致知的功夫与正心、诚意、格物贯通起来："无善无恶心之体，有善有恶意之动。知善知恶是良知，为善去恶是格物。"认为心体无善无恶，正心的功夫就是要维持心体的中正平和，不受任何善恶之念的干扰；认为意念有善有恶，那么诚意的功夫就是要切实地去扩充善念、遏制恶念；将格物理解为为善去恶，就是将自身为善去恶的意念扩而充之，作用于物。在此意义上，正心就是诚意，诚意就是致知，致知就是格物。四者并无决然的区分，而仅仅是条目的不同。在《大学问》中，王阳明将这一思想阐发得更为清楚明白："盖身、心、意、知、物者，是其工夫所用之条理，虽亦各有其所，而其实只是一物。格、致、诚、正、修者，是其条理所用之工夫，虽亦皆有其名，而其实只是一事。"

三、《传习录》的成书

《传习录》是辑录王阳明与其门弟子及友人之间的对话、书信而成，集中体现了王阳明本人的思想，是研究阳明思想的重要文献。然而，《传习录》的成书实则经过了一个漫长的过程。

正德十二年（1517年），王阳明升南京太仆寺少卿，顺道回故乡省亲。王阳明的弟子与妹夫徐爱与先生同舟归越，途中论《大学》宗旨，徐爱记录下了这些谈话，这是《传习录》上卷前14条。此外，徐爱还写了一篇序言、一篇引言和一篇跋。正德十三年（1518年），徐爱不幸逝世。门人薛侃得徐爱所录，加上陆澄与自己所录文字，凡129条，以《传习录》为名刊刻于江西赣州，即今本《传习录上》。

嘉靖三年（1524年），门人南大吉以《传习录》为上卷，辑王阳明9篇《论学书》为下卷，命弟逢吉校对刊刻于浙江绍兴，以原名《传习录》出版。9篇《论学书》分别是《答徐成之》（两篇）、《答顾东桥书》、《启问道通书》、《答陆原静》（两篇）、《答欧阳崇一书》、《答罗整庵少宰书》、《答聂文蔚书》，并附《示弟立志说》和《训蒙大意》。卷首有南大吉所作之序。嘉靖三十五年（1556年），王阳明逝世后28年，钱德洪整理先师学说，重编《传习录》，对南大吉所录又有调整，将《答徐成之》（两篇）移入《外集》，又增《答聂文蔚》第二书，并增《训蒙大意示教读刘伯颂等》；今本卷中所附《教约》的增录及《示弟立志说》的删去并未提及；将《论学书》改为语录问答体。即今本《传习录中》。

嘉靖七年（1529年），王阳明逝世，钱德洪与王畿奔丧至广信（今江西上饶），讣告同门，用时约三年收录遗言，合自己平日所录文字，欲与文录并刻，未遂。嘉靖三十四年（1555年），曾才汉得钱德洪手书，再加上其他地方所采集的若干条，名为《遗言》，刻行于湖北江陵。钱德洪读后，觉得采录不精，又删去重复条目，只保留了三分之一，名曰《传习续录》，于宁国（今安徽宁国）之水西精舍刻印。嘉靖三十五年（1556年），钱德洪到湖北蕲春游学，沈思畏恳请其增刻。钱德洪又采集逸稿，删去《文录》中已有的文字，这才成了如今的《传习录下》。

嘉靖三十五年（1556年），钱德洪合并上中下三卷交付黄梅县尹张君增刻，四月才于蕲之崇正书院作序，说明成书的始末。隆庆六年（1572年），提督学校巡按直隶监察御史谢廷杰刻《王文成公全书》，约钱德洪附录王阳明之《朱子晚年定论》于语录之后。于是《传习录下卷》又有钱德洪附录定论的引言、王阳明《朱子晚年定论》及袁庆麟于正德十三年（1518年）所写之跋。至此才成今日所见的《传习录》。

本书以隆庆六年谢廷杰所刻之《王文成公全书》（上海图书馆藏）为底本，结构与内容均保留原貌，唯为方便现代读者阅读，将原书的繁体竖排改为简体横排，并标注序号以助检索。原本中的争议之处一律存疑，我们结合著名哲学家、阳明心学研究专家陈荣捷先生、邓艾民先生等学者近几十年来的相关学术研究成果后，统一在注释中说明。

由于编者学力不逮，时间仓促，书中难免有纰漏，伏望读者批评指正。

张靖杰
2015年5月于华东师范大学

目录

传习录序 / 壹
传习录上 / 001
传习录中 / 109
  答顾东桥书 / 113
  启问道通书 / 147
  答陆原静书 / 156
  答欧阳崇一 / 176
  答罗整庵少宰书 / 184
  答聂文蔚 / 192
  训蒙大意示教读刘伯颂等 / 208
  教约 / 210
传习录下 / 213
附录《朱子晚年定论》 / 311
王阳明简明年谱 / 344
参考文献 / 346

传习录序

门人徐爱撰

门人有私录阳明先生之言者。先生闻之，谓之曰："圣贤教人，如医用药，皆因病立方，酌其虚实温凉、阴阳内外而时时加减之。要在去病，初无定说。若拘执一方，鲜不杀人矣。今某与诸君不过各就偏蔽箴切砥砺，但能改化，即吾言已为赘疣。若遂守为成训，他日误己误人，某之罪过可复追赎乎？"

爱既备录先生之教，同门之友有以是相规者。爱因谓之曰："如子之言，即又'拘执一方'，复失先生之意矣。孔子谓子贡尝曰：'予欲无言。'他日则曰：'吾与回言终日。'又何言之不一邪？盖子贡专求圣人于言语之间，故孔子以无言警之，使之实体诸心以求自得；颜子于孔子之言，默识心通，无不在己，故与之言终日，若决江河而之海也。故孔子于子贡之无言不为少，于颜子之终日言不为多，各当其可而已。今备录先生之语，固非先生之所欲。使吾侪常在先生之门，亦何事于此。惟或有时而去侧，同门之友又皆离群索居，当是之时，仪刑既远而规切无闻。如爱之驽劣，非得先生之言时时对越警发之，其不摧堕靡废者几希矣。吾侪于先生之言，苟徒入耳出口，不体诸身，则爱之录此，实先生之罪人矣；使能得之言意之表，而诚诸践履之实，则斯录也，固先生终日言之之心也，可少乎哉？"

录成，因复识此于首篇以告同志。

门人徐爱序。

【译文】

　　有些弟子私下记录阳明先生的言语。先生听说后，对他们说："圣贤教导人们，就像医生用药，都是根据病情来开方子，考察病人体质的虚实温凉、病理的阴阳内外来时时增减药量。关键只在治病，怎样用药本来就没有固定的说法。如果拘泥于一种药方，很少不害人的。现在我同大家不过是针对各自的毛病努力磨炼，只要能够改正，那么我的话也只不过是无用的累赘罢了。如果你们不知变通地死守我说的话，到时候误人误己，我的罪过还弥补得了吗？"

　　我那时已将先生的教诲全都记录下来了，有个同学便用先生的这段话来规劝我。我便对他们说："如果像你说的那样，便又是'拘泥于一种药方'，违背先生的用意了。孔子曾对子贡说：'我不想说话。'他日却又说：'我与颜回谈论了一整天。'为什么孔子的话前后不一致呢？大概是因为子贡喜欢专门研究圣人的言语，所以孔子用不说话来警示他，让他在自身和本心上探求道理；而颜子对孔子的话，默默记住，融会贯通，全都化为自己的学问，所以孔子能和颜回谈论一整天，就像决堤江河奔向大海般滔滔不绝。所以孔子对于子贡，即便不说话也不算少，对于颜回，即便谈论一整天也不算多，各自适合各自的情况罢了。现在我把先生的言语全都记录下来，固然不是先生希望的。但假使我们大家能一直待在先生身边求学，又何须做这件事呢？只是有时会离开先生身边，同学们又都住在不同的地方，等到那时，先生远离而无法听其规劝。像我这样愚笨的人，如果没有先生的言语时时刻刻警示鞭策，很难不颓废堕落。我们对于先生的言语，如果只是耳朵听听、嘴上说说，不在自身上切实实践，那么我做这些记录，实在是先生的罪人；但如果能从这些言语中得到入门的意思，然后再认真地付诸实践，那么我做的这些记录，当然便可看作先生平日说这些话的用心了，这难道可以缺少吗？"

　　记录整理完毕，便再写上这篇附于开头以告知同道们。

　　弟子徐爱序。

传习录上

先生于《大学》[1]"格物"诸说，悉以旧本[2]为正，盖先儒[3]所谓"误本"[4]者也。爱[5]始闻而骇，既而疑，已而殚精竭思，参互错纵，以质于先生，然后知先生之说，若水之寒，若火之热，断断乎百世以俟圣人而不惑者也。先生明睿天授，然和乐坦易，不事边幅。人见其少时豪迈不羁，又尝泛滥于词章，出入二氏[6]之学，骤闻是说，皆目以为立异好奇，漫不省究。不知先生居夷

---

[1]《大学》：原为《礼记》中一篇，相传为曾子（孔子学生）所作。《大学》有"三纲""八目"。"三纲"即明明德、亲民、止于至善；"八目"即修身、齐家、治国、平天下、格物、致知、诚意、正心。

[2] 旧本：即郑玄注、孔颖达疏《礼记·大学》。

[3] 指二程与朱熹。程颢（1032—1085），字伯淳，号明道；程颐（1033—1107），字正叔，号伊川。程氏兄弟为河南洛阳人，其学被称为"洛学"，早年曾就学于周敦颐，并与周敦颐、邵雍、张载并称"北宋五子"，为宋明理学的先驱。二人提出的"理"范畴，对整个理学的发展有重大影响，其思想见于《二程遗书》《二程文集》等。朱熹（1130—1200），字元晦，一字仲晦，号晦庵，别号紫阳，辛谥文，徽州婺源（今江西婺源）人。朱熹为二程三传弟子李侗的学生，继承并发扬了二程之学，并构建起一套完整的理学思想体系，著作有《四书章句集注》《周易本义》《诗集传》等。

[4] 朱熹以旧本为误。故将《大学》分为经（第一章）与传（后十章），并修改文字，另补传一章以释"格物""致知"之义，名为《大学章句》。

[5] 爱：即徐爱（1488—1518），字日仁，号横山，浙江余姚人，王阳明的妹婿，也是王阳明的第一位学生。明正德三年（1508年）进士及第，曾任祁州知州、南京兵部员外郎、南京工部郎中等职。在思想上追随王阳明，致力于"良知说"的疏通辨析与传播。徐爱生前欲为阳明出《传习录》，可惜早殁，后由同门薛侃、钱德洪等人代为完成。

[6] 二氏：即佛家与道家。

三载，处困养静，精一[1]之功，固已超入圣域，粹然大中至正之归矣。

爱朝夕炙门下，但见先生之道，即之若易而仰之愈高，见之若粗而探之愈精，就之若近而造之愈益无穷。十余年来，竟未能窥其藩篱。世之君子，或与先生仅交一面，或犹未闻其謦欬，或先怀忽易愤激之心，而遽欲于立谈之间，传闻之说，臆断悬度，如之何其可得也！从游之士，闻先生之教，往往得一而遗二，见其牝牡骊黄，而弃其所谓千里者。故爱备录平日之所闻，私以示夫同志，相与考而正之。庶无负先生之教云。

门人徐爱书

【译文】

先生对《大学》中"格物"等观点，都以旧本为准，即二程、朱熹所谓有误的版本。我刚听到时很吃惊，进而有些怀疑，后来竭力思考，参详比照两个版本，并向先生请教，才知道先生的学说如同水性清寒、火性炙热，就像《中庸》所说，百世之后出现的圣人也绝对不会怀疑的道理。先生有天赋的智慧，为人却和蔼亲近，平日里不修边幅。人们只看到他年少时豪迈不羁，曾经又热衷诗词文章，沉溺佛、道之学，故而突然听到先生的学说，都认为是标新立异、散漫而不加考究的学说。但他们没有看到先生贬谪至贵州待了三年，时刻于困苦中修养静思，精研专一的功夫已经进入圣人的领域，达到纯粹中正的境界了。

我每日于先生门下求学，深知先生的学说乍看起来简单、粗疏，但钻研探究后觉得十分高深、精妙，了解得越深入就愈发能够体会其没有止境。这十多年来，我竟不得入门。今世的学者君子，有的与先生仅一面之交，有的从未听过先生的教诲，有的先入为主地怀有轻视、愤懑的情绪，稍加交谈便急不可待地想要根据传闻与猜测妄加揣度，这样怎么能了解先生的学说呢？跟随先生游学的弟子们，聆听先生的教诲，时常学得少而忘得多，如同相马时，只关注马的性别和颜色，却忽略了马驰骋千里的特性。因此，我将平时所受的教诲记录下来，私下里给同学们看，相互考据订正。希望能够不辜负先生的教诲。

学生徐爱书

---

[1]《尚书·大禹谟》："人心惟危，道心惟微。惟精惟一，允执厥中。"意为人心自私危险，道心幽昧微明，必须精研专一，诚恳地遵行中道。

【一】[1]

爱问："'在亲民'，朱子谓当作'新民'，后章'作新民'之文似亦有据。先生以为宜从旧本作'亲民'，亦有所据否？"

先生曰："'作新民'之'新'，是'自新之民'，与'在新民'之'新'不同，此岂足为据！'作'字却与'亲'字相对，然非'亲'[2]字义。下面'治国平天下'处，皆于'新'字无发明。如云'君子贤其贤而亲其亲，小人乐其乐而利其利''如保赤子''民之所好好之，民之所恶恶之，此之谓民之父母'之类[3]，皆是'亲'字意。'亲民'犹《孟子》'亲亲仁民'之谓，'亲之'即'仁之'也。'百姓不亲'，舜使契为司徒[4]，'敬敷五教'[5]，所以亲之也。《尧典》'克明峻德'便是'明明德'[6]，'以亲九族'至'平章''协和'[7]，便是'亲民'，便是'明明德于天下'。又如孔子言'修己以安百姓'，'修己'便是'明明德'，'安百姓'便是'亲民'。说'亲民'便是兼教养意，说'新民'便觉偏了。"

【译文】

徐爱问："'在亲民'，朱熹认为应当写作'新民'，后面一章有'作新民'的文字似乎可以作为依据。先生认为应当按照旧本写作'亲民'，有什么根据吗？"

先生说："'作新民'的'新'字，是自新之民的意思，与'在新民'的'新'字含义不同，这怎么能作为依据呢！'作'字与'亲'字相对应，那就

---

[1] 自此条起至第一四条为徐爱所录。前后分别为徐爱所作的序和跋。

[2] 邓艾民先生认为，此处"亲"当作"新"，译文从此说。

[3] 上述引文皆出自《大学》。

[4] 舜：传说中的五帝之一。契：商朝始祖，帝喾之子，帝尧之弟，曾助大禹治水有功，被舜封为司徒，掌教化之职。

[5] "五教"：即父义、母慈、兄友、弟恭、子孝，为中国古代社会的基本伦理道德。敷：布、施义。

[6] "明明德"：前一个"明"字为动词，是彰明、发扬的意思；后一个"明"字是形容词，即光明、高大的意思，形容德性。"明明德"即发扬高尚的德性。

[7] 《尚书·尧典》："克明俊德，以亲九族。九族既睦，平章百姓。百姓昭明，协和万邦。""俊"，通"峻"，高大的意思。

不是'新'的意思。下面'治国平天下'等处，对于'新'字均未阐发。例如'君子贤其贤而亲其亲，小人乐其乐而利其利''如保赤子''民之所好好之，民之所恶恶之，此之谓民之父母'之类的话，都是'亲'的意思。'亲民'就如同是《孟子》所谓'亲亲仁民'，'亲之'就是爱他的意思。百姓不仁爱，舜就让契任司徒之职，恭敬地施行五种伦理规范，让百姓互相亲爱。《尧典》中说的'克明俊德'就是'明明德'，'以亲九族'到'平章''协和'，就是'亲民'，就是'明明德于天下'。又像孔子所说的'修己以安百姓'，'修己'便是'明明德'，'安百姓'便是'亲民'。解释成'亲民'便兼具养育教化百姓的意思，解释成'新民'就有偏颇了。"

【二】

爱问："'知止而后有定'，朱子以为'事事物物皆有定理'[1]，似与先生之说相戾。"

先生曰："于事事物物上求至善，却是义外[2]也。至善是心之本体，只是'明明德'到'至精至一'处便是。然亦未尝离却事物。本注所谓'尽夫天理之极而无一毫人欲之私'[3]者得之。"

【译文】

徐爱问："'知止而后有定'，朱熹认为这句话讲的是'万事万物都有确定的道理'，似乎与先生您的说法相悖。"

先生说："如果在万事万物上追求至善，就是把义视作外在的东西了。至善只是心的本然面貌，只要通过'明明德'的功夫达到'精深专一'的境界便是至善了。不过，至善也从未脱离具体的事物。朱熹《大学章句》中说'穷尽天理而使得心中无一丝一毫人欲私心'的说法就颇为在理。"

---

[1] "知止而后有定"出自《大学》，意为有明确的目标才能做到志向坚定，而朱熹在《大学章句》中用"事事物物皆有定理"来解释这句话。

[2] 《孟子·告子上》："告子曰：'食色，性也；仁，内也，非外也。义，外也，非内也。'"孟子则反对告子"仁内义外"之说，认为仁义的根本在于心中。

[3] 语出朱熹《大学章句》第一章注。"天理"即大自然最根本的规律，犹言"天道"。

【三】

爱问:"至善只求诸心,恐于天下事理有不能尽。"

先生曰:"心即理也。天下又有心外之事、心外之理乎?"

爱曰:"如事父之孝、事君之忠、交友之信、治民之仁,其间有许多理在,恐亦不可不察。"

先生叹曰:"此说之蔽久矣,岂一语所能悟?今姑就所问者言之。且如事父,不成去父上求个孝的理;事君,不成去君上求个忠的理;交友、治民,不成去友上、民上求个信与仁的理。都只在此心,心即理也。此心无私欲之蔽,即是天理,不须外面添一分。以此纯乎天理之心,发之事父便是孝,发之事君便是忠,发之交友、治民便是信与仁。只在此心去人欲、存天理上用功便是。"

爱曰:"闻先生如此说,爱已觉有省悟处。但旧说缠于胸中,尚有未脱然者。如事父一事,其间温清定省[1]之类,有许多节目,不亦须讲求否?"

先生曰:"如何不讲求?只是有个头脑。只是就此心去人欲、存天理上讲求。就如讲求冬温,也只是要尽此心之孝,恐怕有一毫人欲间杂;讲求夏清,也只是要尽此心之孝,恐怕有一毫人欲间杂,只是讲求得此心。此心若无人欲,纯是天理,是个诚于孝亲的心,冬时自然思量父母的寒,便自要去求个温的道理;夏时自然思量父母的热,便自要去求个清的道理。这都是那诚孝的心发出来的条件。却是须有这诚孝的心,然后有这条件发出来。譬之树木,这诚孝的心便是根,许多条件便是枝叶,须先有根,然后有枝叶,不是先寻了枝叶,然后去种根。《礼记》言:'孝子之有深爱者,必有和气;有和气者,必有愉色;有愉色者,必有婉容。'须是有个深爱做根,便自然如此。"

【译文】

徐爱问:"如果至善只向心中去求,恐怕天底下那么多事物的道理没法穷尽吧?"

先生说:"心就是理。天底下何来心外的事物、心外的道理呢?"

徐爱说:"譬如说侍奉父亲的孝、辅佐君主的忠、与朋友交往的信、治理百

---

[1]《礼记·曲礼上》:"凡为人子之礼,冬温而夏清,昏定而晨省。"即冬天温被,夏天扇席,晚上侍候睡定,早晨前往请安。表示侍奉父母无微不至。此处"清"当作"凊"(qìng),后文误作"温清""夏清"处皆保留,不另注。

姓的仁，这些具体的事里有许多道理，恐怕不能不去仔细研究。"

先生感慨道："这一说法已蒙蔽世人很久了，一句话怎么能说明白呢？现在姑且就你所问的来讨论一下。比如说侍奉父亲，不能从父亲身上去探求个孝的道理；辅佐君主，不能去君主身上探求个忠的道理；与朋友交往、治理百姓等事，也不能去朋友、百姓这些人身上求个信与仁的道理。这些道理全部在心里，心即理。如果这个心没有被私欲阻隔，便是天理，不需要再从外面添加一分。凭借此纯粹都是天理的心，作用在侍奉父亲上便是孝，作用在辅佐君主上便是忠，作用在交友、治民上便是信与仁。只要在心中努力摒弃人欲、存养天理即可。"

徐爱说："听闻先生这么说，我好像有所觉悟了。但以前那套说辞缠绕于胸中，尚有不解之处。以侍奉父亲来说，例如使父亲冬暖夏凉、早晚请安等细节，不还是需要讲求的吗？"

先生说："怎么能不讲求呢？只是要先有一个宗旨。只要一心在摒弃人欲、存养天理上讲求即可。例如讲求冬天保暖，也仅仅是要尽孝心，唯恐有一丝一毫的人欲夹杂其间；讲求夏天纳凉，也仅仅是要尽孝心，唯恐有一丝一毫人欲夹杂其间，仅仅是讲求这个心而已。这个心若是没有人欲，纯粹都是天理，是一颗诚敬于孝亲的心，那么一到冬天，自然会想到父母是否会冷，便去考虑给父母保暖的事；一到夏天自然会想到父母是否会热，便会去考虑给父母纳凉的事。这些全是那颗诚敬于孝亲的心自然生发出来的具体行动。只要有这颗诚敬于孝的心，自然而然会考虑到这些具体的事。用树木来打比方，这诚敬于孝的心便是树根，许多具体行动便是枝叶，需要先有个根然后才会有枝叶，而不是先去寻求枝叶，然后再考虑种这个根。《礼记》说道：'如果孝子对父母有深切的感情，那么对待父母必然很和气；而有和气的态度，则必然会有愉悦的气色；有愉悦的气色，必定会有让父母高兴安心的仪容。'而所有这些，必须有颗真诚的心来作为根，然后自然而然就能如此。"

【四】

郑朝朔[1]问:"至善亦须有从事物上求者?"

先生曰:"至善只是此心纯乎天理之极便是,更于事物上怎生求?且试说几件看。"

朝朔曰:"且如事亲,如何而为温清之节,如何而为奉养之宜,须求个是当,方是至善。所以有学问思辨[2]之功。"

先生曰:"若只是温清之节、奉养之宜,可一日二日讲之而尽,用得甚学问思辩?惟于温清时,也只要此心纯乎天理之极;奉养时,也只要此心纯乎天理之极。此则非有学问思辨之功,将不免于毫厘千里之缪。所以虽在圣人,犹加'精一'之训。若只是那些仪节求得是当,便谓至善,即如今扮戏子,扮得许多温清奉养的仪节是当,亦可谓之至善矣。"

爱于是日又有省。

【译文】

郑朝朔问道:"至善也需要从具体事物上去求得吗?"

先生回答:"至善只是使自己的心达到纯粹都是天理的境界便可以了,在具体事物上又能怎么探求呢?你倒举几个例子看看。"

朝朔说:"比如说侍奉双亲,怎样才能为他们取暖纳凉,怎样才能侍奉赡养,必须做到恰到好处才是至善。所以才有学问思辨的功夫。"

先生说:"如果只是取暖纳凉、侍奉赡养得宜这些事,一两天就可以讲完,用得了什么学问思辨?只要在帮父母取暖纳凉时,让自己的心思纯粹都在天理上即可;侍奉赡养父母时,让自己的心思纯粹都在天理上即可。这一点才是必须用学问思辨的功夫来求索的,否则不免'差之毫厘,谬以千里'了。所以,即便是圣人,仍然要持守'精研专一'的功夫。如果只认为将那些具体礼节做得恰到好处就是至善,那就好比是扮作戏子,将帮父母取暖纳凉等事一一表演得当,也可以叫至善了。"

徐爱在这天又有所省悟。

---

[1] 郑朝朔:名一初,广东揭阳人,王阳明任吏部主事时,朝朔为御史,曾向王阳明问学。

[2]《中庸》:"博学之,审问之,慎思之,明辨之,笃行之。""辩",通"辨"。

【五】

爱因未会先生"知行合一"之训，与宗贤[1]、惟贤[2]往复辩论，未能决，以问于先生。

先生曰："试举看。"

爱曰："如今人尽有知得父当孝、兄当弟者，却不能孝、不能弟，便是知与行分明是两件。"

先生曰："此已被私欲隔断，不是知行的本体了。未有知而不行者，知而不行，只是未知。圣贤教人知行，正是要复那本体，不是着你只恁的便罢。故《大学》指个真知行与人看，说'如好好色，如恶恶臭'[3]。见好色属知，好好色属行，只见那好色时，已自好了，不是见了后又立个心去好；闻恶臭属知，恶恶臭属行，只闻那恶臭时，已自恶了，不是闻了后别立个心去恶。如鼻塞人虽见恶臭在前，鼻中不曾闻得，便亦不甚恶，亦只是不曾知臭。就如称某人知孝、某人知弟，必是其人已曾行孝、行弟，方可称他知孝、知弟。不成只是晓得说些孝弟的话，便可称为知孝弟？又如知痛，必已自痛了方知痛；知寒，必已自寒了；知饥，必已自饥了。知行如何分得开？此便是知行的本体，不曾有私意隔断的。圣人教人必要是如此，方可谓之知，不然只是不曾知。此却是何等紧切着实的工夫！如今苦苦定要说知行做两个，是甚么意？某要说做一个，是甚么意？若不知立言宗旨，只管说一个两个，亦有甚用？"

爱曰："古人说知行做两个，亦是要人见个分晓，一行做知的功夫，一行做行的功夫，即功夫始有下落。"

先生曰："此却失了古人宗旨也。某尝说知是行的主意，行是知的功夫；知是行之始，行是知之成。若会得时，只说一个知，已自有行在；只说一个行，已自有知在。古人所以既说一个知，又说一个行者，只为世间有一种人，懵懵懂懂地任意去做，全不解思惟省察，也只是个冥行妄作，所以必说个知，方才

---

[1] 宗贤：即黄绾（1477—1551），字宗贤，号久庵，浙江黄岩人。明朝正德五年（1510年）入王阳明门下。但晚年对程朱理学、陆王心学均有所批判，倡导经世之学。

[2] 惟贤：即顾应祥（1483—1565），字惟贤，号箬溪，浙江长兴人，王阳明的学生。

[3] 《大学》："所谓诚其意者，毋自欺也，如恶恶臭，如好好色，此之谓自慊。"

行得是；又有一种人，茫茫荡荡悬空去思一索，全不肯着实躬行，也只是个揣摸影响，所以必说一个行，方才知得真。此是古人不得已，补偏救弊的说话，若见得这个意时，即一言而足。今人却就将知行分作两件去做，以为必先知了，然后能行。我如今且去讲习讨论做知的工夫，待知得真了，方去做行的工夫，故遂终身不行，亦遂终身不知。此不是小病痛，其来已非一日矣。某今说个知行合一，正是对病的药。又不是某凿空杜撰，知行本体原是如此。今若知得宗旨时，即说两个亦不妨，亦只是一个；若不会宗旨，便说一个，亦济得甚事？只是闲说话。"

【译文】

徐爱因未能明白先生"知行合一"的教导，与宗贤、惟贤反复辩论，仍未能明白，于是向先生请教。

先生说："举几个例子看看。"

徐爱说："现如今许多人知道应当孝顺父母、友爱兄弟，却做不到孝顺、友爱，这样看来知和行分明是两件事。"

先生说："这是因为心已为私欲蒙蔽，不是知与行的本来面貌了。没有知道了却不去做的情况，知道了而不去做，那就是不知道。圣贤教人去知、去行，用意正在于使得知与行复归其本来的面貌，不只是简单告诉你怎么去知、去做就可以了。所以《大学》里给出个真知、真行的例子，'就像喜欢美色，就像讨厌恶臭'。见到美色属于知，去喜欢就是行，只要一见到美色便自然而然地喜欢上了，并不是看到美色后又起个念头去喜欢；闻到恶臭属于知，去讨厌便是行，只要一闻到恶臭便自然而然地讨厌上了，并不是闻到恶臭后又起个念头去讨厌。就像一个鼻塞的人虽然看到眼前恶臭的东西，但鼻子闻不到恶臭的气味，便不会十分讨厌它，这也只是因为不曾了解到它的臭而已。例如，称某人知道孝顺父母、友爱兄弟，必然是因为这个人已有孝顺父母、友爱兄弟的行为，才可以称他为知道孝顺父母、友爱兄弟。如若不然，只是说些知道孝顺父母、友爱兄弟的话，怎么可以称之为懂得孝顺父母、友爱兄弟呢？又比如，知道痛，一定是自己痛了才知道痛；知道寒，一定是自己冷了才知道寒；知道饿，一定是自己已经饿了才知道饿。知和行如何分得开？这便是知与行的本然面貌，不曾被私心杂念所隔断。圣人教导世人，一定是要这样才可以称之为知，否则就是还没有真正的知。这是多么紧迫而实在的功夫啊！如今硬要说知和行分作两件事是什么意思？而我将知与行说成一回事，又是什么意思？如果不知道我为何要如此说，只是去分辨知与行究竟是两回事还是一回事，又有什么用呢？"

徐爱说："古人把知和行分作两件事，也只是要世人明白，一方面去做知的功夫，另一方面做行的功夫，这样功夫才能有着落之处。"

先生说："你这样的理解反而是背离了古人的意思了。我曾经说过，知是行的宗旨，行是知的落实；知是行的开端，行是知的结果。如果能够领会，只要说到知，行便包含在里面了；只要说到行，知也包含在里面了。古人之所以将知和行分开来说，只是因为世间有一类人，懵懵懂懂、任意而为，完全不加思考，只是任意妄为，因此才要提出知的概念，这样才能让他们做得恰当；还有一类人，整天空想，不肯切实躬行，全凭主观臆测，因此才要提出行的概念，这样才能让他们知得真切。这是古人不得已而提出的补偏救弊之说，如果能够领会真意，只要一句话便已足够。现如今的人却将知与行分作两边，认为必然是先知道了才能去做。如今我若只是讲习讨论如何去做知的功夫，等到知得真切之后才去行，必然会导致终身一无所成，也终身一无所知。这不是小病小痛，而是由来已久。我今日提出'知行合一'，正是对症下药。但'知行合一'的说法也并非我凭空杜撰出来，而是知与行的本来面貌就是如此。如今你若能明白我为何如此说，即便将知行说成两回事也无妨，本质上则还是一回事；如若不明白我为何这么说，即便将知行说成一回事，又有什么用呢？只不过是说些无用的话罢了。"

【六】

爱问："昨闻先生'止至善'[1]之教，已觉功夫有用力处，但与朱子'格

---

[1] 止至善：达到最高、最完美的道德境界。

物'之训[1]，思之终不能合。"

先生曰："'格物'是'止至善'之功。既知'至善'，即知'格物'矣。"

爱曰："昨以先生之教推之'格物'之说，似亦见得大略。但朱子之训，其于《书》之'精一'，《论语》之'博约'[2]，《孟子》之'尽心知性'[3]，皆有所证据，以是未能释然。"

先生曰："子夏笃信圣人，曾子反求诸己[4]。笃信固亦是，然不如反求之切。今既不得于心，安可狃于旧闻，不求是当？就如朱子亦尊信程子，至其不得于心处，亦何尝苟从？'精一''博约''尽心'本自与吾说吻合，但未之思耳。朱子'格物'之训，未免牵合附会，非其本旨。精是一之功，博是约之功。曰仁既明知行合一之说，此可一言而喻。'尽心知性知天'是'生知安行'事，'存心养性事天'是'学知利行'事，'夭寿不二，修身以俟'是'困知勉行'事[5]。朱子错训'格物'，只为倒看了此意，以'尽心知性'为'物格知至'，要初学便去做'生知安行'事，如何做得？"

爱问："'尽心知性'，何以为'生知安行'？"

---

[1] 朱熹《大学章句》："所谓致知在格物者，言欲致吾之知，在即物而穷理也。"朱熹将"格物"理解为即物而穷理，即在事物上探究道理。而王阳明将"格"理解为正，"格物"之义便是"正其不正以归于正"，与朱子之说大相径庭。参见第七条。

[2] 《论语·雍也》："君子博学于文，约之以礼。""博"即通过泛观博览扩充知识，"约"即通过礼的作用使行为有所节制。

[3] 《孟子·尽心上》："尽其心者，知其性也；知其性者，则知天矣。"即人可以通过自身的修养，通达于天道。

[4] 子夏：姓卜，名商。曾子：名参，字子舆。二人均为孔子学生。

[5] "尽心知性知天""存心养性事天""夭寿不二，修身以俟"，语出《孟子·尽心上》，表现三种境界的人：第一种是能够尽其本心、体悟德性以至于通晓天道的人；第二种是存养本心、涵养德性以至于顺应天道的人；第三种是无论生老病死、寿命长短都能始终如一，修身养性以等待天命的人。"生知安行""学知利行""困知勉行"，语出《中庸》，表现不同境界的人在知与行的关系上呈现出的三种不同状态："生知安行"即天生就知道、自然而然就能做到；"学知利行"即学习后就能知道、通过训练就可以做到；"困知勉行"即经历困苦才能知道、通过努力才能做到。三者成功之后所达到的境界是一致的。

先生曰："性是心之体，天是性之原，尽心即是尽性[1]。'惟天下至诚，为能尽其性，知天地之化育'。'存心'者，心有未尽也。'知天'如知州、知县之'知'，是自己分上事，已与天为一；'事天'如子之事父，臣之事君，须是恭敬奉承，然后能无失，尚与天为二，此便是圣贤之别；至于'夭寿不二'其心，乃是教学者一心为善，不可以穷通夭寿之故，便把为善的心变动了，只去修身以俟命，见得穷通寿夭有个命在，我亦不必以此动心。'事天'虽与天为二，已自见得个天在面前；'俟命'便是未曾见面，在此等候相似，此便是初学立心之始，有个困勉的意在。今却倒做了，所以使学者无下手处。"

爱曰："昨闻先生之教，亦影影见得功夫须是如此。今闻此说，益无可疑。爱昨晓思，'格物'的'物'字，即是'事'字，皆从心上说。"

先生曰："然。身之主宰便是心，心之所发便是意，意之本体便是知，意之所在便是物。如意在于事亲，即事亲便是一物；意在于事君，即事君便是一物；意在于仁民爱物，即仁民爱物便是一物；意在于视听言动，即视听言动便是一物。所以某说无心外之理，无心外之物。《中庸》言'不诚无物'，《大学》'明明德'之功，只是个'诚意'，'诚意'之功只是个'格物'。"

【译文】

徐爱问："昨天听闻先生'止至善'的教诲，已然觉得功夫有所着落，但思前想后，觉得与朱子'格物'之说有所不合。"

先生说："'格物'是'止至善'的手段，既然知道'至善'了，那么也就知道'格物'了。"

徐爱说："昨天以先生的教诲推及'格物'之说，似乎也能通晓个大概。但朱子之说，有《尚书》中的'精一'、《论语》中的'博约'、《孟子》中的'尽心知性'作为依据，所以我还是不明白。"

先生说："子夏虔敬地相信圣人，曾子则切实地反省自身。相信圣人固然不错，但不如反省自身来得好。而今你既然没有想清楚，怎么可以拘泥于旧的学说，而不去探求真正的道理呢？就如同朱子虽然尊信二程，但在义理上有不得

---

[1] "性"即一物之所以为一物的本质所在。以儒家一般的观点来看，性由天所赋予，万事万物皆有其性，人也同样禀受天性，而得以成为人。

于心之处，又何尝盲从了呢？'精一''博约''尽心'，本就与我的学说吻合，只是你未曾认真思考。朱熹'格物'的说法，不免有牵强附会之嫌，不是《大学》的本义。'精研'是'专一'的手段，'博文'是'约礼'的手段。你既然能够明白'知行合一'之说，这些话我一说你应该就能懂。'尽心知性知天'是'生知安行'的人能够做的事，'存心养性事天'是'学知利行'的人能够做的事，'夭寿不二，修身以俟'是'困知勉行'的人做的事。朱熹错解了'格物'，只是因为将之倒过来看了，认为'尽心知性'就是'格物致知'，要求初学者就去做'生知安行'的人才能做的事，这怎么可能做到呢？"

徐爱问："'尽心知性'怎么就是'生知安行'的人才能做的事了呢？"

先生说："性是心的本体，天理是性的本原，尽心便是尽性。《中庸》说：'只有天下最为诚挚的人，才能真正尽性，才能通晓天地造化。''存心'，是因为心有未尽之处。知晓天道的知，如同知州、知县的'知'，是将此作为自己分内的事，所以知天就是与天合一；'事天'，如同儿子侍奉父亲、臣子辅佐君主，必须是恭敬小心侍奉，才能够没有过失，然而终究是与天分离了，这便是圣人与贤者的区别；至于'夭寿不二'的心，是教人一心行善，不可因为处境顺逆、寿命长短的缘故改变行善的心，而要时刻修养自身、以待天命，只要领悟到处境顺逆、寿命长短都是命中注定的，我也能够做到不为此改变心意。'事天'虽然与天分离，但已然看到有个天道；'俟命'则是尚未看见天道，好比是在等候自己与天道相见，这便是初学者确立其心的开端，是要其于困苦中勉力。如今却倒过来去做，所以使得学者无从下手。"

徐爱说："昨日听闻先生教诲，于隐约之间体会到应当怎样用功了。今日听闻先生此言，更没有什么可怀疑的。我昨天早上想，'格物'的'物'字，即是'事'字，都是从人的心上说的。"

先生说："是的。身体的主宰便是心，心的发挥便是意，意的本体便是知，意所作用的对象便是物。如果意念作用于侍奉双亲，那么侍奉双亲便是一件事物；意念作用于辅佐君主，那么辅佐君主便是一件事物；意念作用于友爱百姓、善待万物，那么友爱百姓、善待万物便是一件事物；意念作用于视、听、言、动，那么视、听、言、动便是一件事物。所以我才说不存在心之外的道理和心之外的事物。《中庸》里说'不诚无物',《大学》里说'明明德'的功夫,都是要教人'诚意',而'诚意'的功夫就是'格物'。"

【七】

先生又曰:"'格物'如《孟子》'大人格君心'之'格',是去其心之不正,以全其本体之正。但意念所在,即要去其不正以全其正,即无时无处不是存天理,即是穷理。'天理'即是'明德','穷理'即是'明明德'。"

【译文】

先生又说:"'格物'的'格'如同《孟子》中'大人格君心'的'格',是去除心中不正的念头,使心之全体归于正当。只要意念所到之处,均要革除其不正之处而使心的全体归于正当,就是无时无刻不存养天理,就是穷尽事物的道理。'天理'就是'明德','穷理'就是'明明德'。"

【八】

又曰:"知是心之本体,心自然会知。见父自然知孝,见兄自然知弟,见孺子入井自然知恻隐。此便是良知,不假外求。若良知之发,更无私意障碍,即所谓'充其恻隐之心,而仁不可胜用矣'。然在常人不能无私意障碍,所以须用致知格物之功,胜私复理。即心之良知更无障碍,得以充塞流行,便是致其知。知致则意诚。"

【译文】

先生又说:"知是心的本体,心自然会去知。见到父亲自然知道孝顺,见到兄弟自然知道友爱,见到小孩儿坠入井中自然会有所不忍。这便是良知,不需要往外去求。如果良知能够发挥作用,且没有私心妄意的障碍,就是所谓'只要能够扩充悲悯同情的心,那么仁的作用便可用之不竭'。然而,一般人恐怕不能没有私心妄意的障碍,所以才须用'致知''格物'的功夫,克除私意、复归天理。这样心中的良知才能没有障碍,才能充塞、周流于心间,这便是致良知。良知得以恢复,那么意念也得以诚敬了。"

【九】

爱问:"先生以'博文'为'约礼'功夫,深思之未能得,略请开示。"

先生曰:"'礼'字即是'理'字。理之发见可见者谓之文,文之隐微不可见者谓之理[1],只是一物。'约礼'只是要此心纯是一个天理。要此心纯是天理,须就理之发见处用功。如发见于事亲时,就在事亲上学存此天理;发见于事君时,就在事君上学存此天理;发见于处富贵贫贱时,就在处富贵贫贱上学存此天理;发见于处患难夷狄时,就在处患难夷狄上学存此天理。至于作止语默,无处不然,随他发见处,即就那上面学个存天理。这便是'博学之于文',便是'约礼'的功夫。'博文'即是'惟精','约礼'即是'惟一'。"

【译文】

徐爱问:"先生将'博文'视作'约礼'的手段,仔细思考后,还是不能领悟,请先生稍加提点。"

先生说:"'礼'字就是'理'字。'理'表现出来被人看见就是'文','文'隐藏起来不为人所见就是'理',两者是一个东西。'约礼'是要让人的心中纯粹都是天理。要做到这一点,就需要在'理'能被人所看见的地方下功夫。例如,呈现在侍奉双亲上,就要在侍奉双亲上学习如何存养天理;呈现在辅佐君主上,就要在辅佐君主上学习如何存养天理;呈现在身处富贵贫贱的境遇中,就要在富贵贫贱的境遇中学习如何存养天理;呈现在身处患难、身处荒蛮之地时,就要在身处患难、身处荒蛮之地中学习如何存养天理。无论有所作为还是无所事事,与人交谈还是处于静默之中,没有一处不是这样,随着天理呈现于具体的事物,就要在具体的事物上去学习存养天理。这便是'博学之于文'的含义,便是'约礼'的手段。'博学于文'就是'精研','约之以礼'就是'专一'。"

---

[1] "文",本义是文饰,后引申为礼在社会教化中所起到的作用。

【一〇】

爱问:"'道心常为一身之主,而人心每听命'[1],以先生'精一'之训推之,此语似有弊。"

先生曰:"然。心一也,未杂于人谓之道心,杂以人伪谓之人心。人心之得其正者即道心,道心之失其正者即人心,初非有二心也。程子谓'人心即人欲,道心即天理',语若分析,而意实得之。今曰'道心为主,而人心听命',是二心也。天理人欲不并立,安有天理为主,人欲又从而听命者?"

【译文】

徐爱问:"朱子说'道心常为一身之主,而人心每听命',如果以先生'精研专一'的教诲来推断,这一说法似乎有弊端。"

先生说:"是的。心只是一个心,不夹杂着人欲便是道心,夹杂着人的伪饰就是人心。人心如果能够使其归于正道,则是道心,道心如果失去正当,就是人心,起初并非有两个心。程颐先生认为'人心即人欲,道心即天理',这话乍听之下像是将心分开来说了,实则是领悟到了一个心的意思。如朱熹所说'道心为主,而人心听命',则认为有两个心了。天理与人欲从来不能并立共存,哪有以天理为主宰,而人欲听命于天理的道理呢?"

【一一】

爱问文中子[2]、韩退之[3]。

先生曰:"退之,文人之雄耳;文中子,贤儒也。后人徒以文词之故,推尊退之,其实退之去文中子远甚。"

爱问:"何以有拟经之失?"

先生曰:"拟经恐未可尽非。且说后世儒者著述之意与拟经如何?"

---

[1] 朱熹《中庸章句·序》:"必使道心常为一身之主,而人心每听命焉。"道心即合乎天理的心,而人心即私欲的心。

[2] 文中子:即王通(584—618),字仲淹,号文中子,隋朝思想家、教育家,曾仿照《春秋》《论语》著《元经》《中说》等,主张儒释道三家合一。

[3] 韩退之:即韩愈(768—824),字退之,中唐著名文学家、思想家,为古文运动领袖,倡导儒学,排斥佛、老。

爱曰:"世儒著述,近名之意不无,然期以明道,拟经纯若为名。"

先生曰:"著述以明道,亦何所效法?"

曰:"孔子删述《六经》[1]以明道也。"

先生曰:"然则拟经独非效法孔子乎?"

爱曰:"著述即于道有所发明,拟经似徒拟其迹,恐于道无补。"

先生曰:"子以明道者,使其反朴还淳而见诸行事之实乎?抑将美其言辞,而徒以譊譊于世也?天下之大乱,由虚文胜而实行衰也。使道明于天下,则《六经》不必述。删述《六经》,孔子不得已也。自伏羲画卦,至于文王、周公[2],其间言《易》,如《连山》《归藏》[3]之属,纷纷籍籍,不知其几,《易》道大乱。孔子以天下好文之风日盛,知其说之将无纪极,于是取文王、周公之说而赞之,以为惟此为得其宗。于是纷纷之说尽废,而天下之言《易》者始一。《书》《诗》《礼》《乐》《春秋》皆然。《书》自"典谟"[4]以后,《诗》自"二南"[5]以降,如《九丘》《八索》[6],一切淫哇逸荡之词,盖不知其几千百篇。礼乐之名物度数,至是亦不可胜穷。孔子皆删削而述正之,然后其说始废。如《书》《诗》《礼》《乐》中,孔子何尝加一语?今之《礼记》诸说,皆后儒附会而成,已非孔子之旧。至于《春秋》,虽称孔子作之,其实皆鲁史旧文。所谓'笔'者,笔其旧;所谓'削'者,削其繁。是有减无增。孔子述《六经》,惧繁文之乱天下,惟简之而不得,使天下务去其文以求其

---

[1] 《六经》:《诗经》《尚书》《礼经》《易经》《乐经》《春秋》,相传由孔子晚年删定。

[2] 伏羲:三皇之一,相传是八卦的发明者。周文王则于被纣王幽禁期间演八卦为六十四卦,并写作卦辞;其子周公旦则根据前人所著,写作爻辞。

[3] 《连山》:相传为夏代的《易》,以艮卦为首。《归藏》:相传为商代的《易》,以坤为首。

[4] 典谟:指《尚书》中的"二典三谟",即《尧典》《舜典》《大禹谟》《皋陶谟》《益稷谟》。

[5] 二南:指《诗经》中的《周南》《召南》诸篇。

[6] 《九丘》《八索》:传说中的古书名。孔安国《古文尚书·序》:"八卦之说,谓之《八索》。索,求其义也。九州之志,谓之《九丘》。丘,聚也,言九州所有,土地所生,风气所宜,皆聚此书也。"

实，非以文教之也。《春秋》以后，繁文益盛，天下益乱。始皇焚书得罪[1]，是出于私意，又不合焚《六经》。若当时志在明道，其诸反经叛理之说，悉取而焚之，亦正暗合删述之意。自秦、汉以降，文又日盛，若欲尽去之，断不能去。只宜取法孔子，录其近是者而表章之，则其诸怪悖之说亦宜渐渐自废。不知文中子当时拟经之意如何，某切深有取于其事，以为圣人复起，不能易也。天下所以不治，只因文盛实衰，人出己见，新奇相高，以眩俗取誉。徒以乱天下之聪明，涂天下之耳目，使天下靡然，争务修饰文词以求知于世，而不复知有敦本尚实，反朴还淳之行。是皆著述者有以启之。"

爱曰："著述亦有不可缺者，如《春秋》一经，若无《左传》[2]，恐亦难晓。"

先生曰："《春秋》必待《传》而后明，是歇后谜语矣。圣人何苦为此艰深隐晦之词？《左传》多是鲁史旧文。若《春秋》须此而后明，孔子何必削之？"

爱曰："伊川亦云：'《传》是案，《经》是断。'如书弑某君、伐某国，若不明其事，恐亦难断。"

先生曰："伊川此言，恐亦是相沿世儒之说，未得圣人作经之意。如书'弑君'，即弑君便是罪，何必更问其弑君之详？征伐当自天子出，书'伐国'，即伐国便是罪，何必更问其伐国之详？圣人述《六经》，只是要正人心，只是要存天理、去人欲。于存天理、去人欲之事则尝言之。或因人请问，各随分量而说。亦不肯多道，恐人专求之言语。故曰'予欲无言'[3]。若是一切纵人欲、灭天理的事，又安肯详以示人？是长乱导奸也。故孟子云：'仲尼之门，无道

---

[1] 始皇焚书：秦始皇三十四年（前213年），秦始皇采纳李斯的建议，下令焚毁除《秦纪》以外的列国史书，对不属于博士官的私藏《诗》《书》等也限期交出焚毁，私议《诗》《书》者处死，以古非今者灭族。秦始皇因此获罪于天下士人。

[2] 《左传》：即《春秋左氏传》，相传为战国时期鲁国史官左丘明所作，以解释《春秋经》。因其于史实所述详尽，故徐爱认为要理解《春秋》经文，需要参考《左传》。

[3] 语出《论语·阳货》。

桓、文之事者，是以后世无传焉。'[1]此便是孔门家法。世儒只讲得一个伯者的学问，所以要知得许多阴谋诡计。纯是一片功利的心，与圣人作经的意思正相反，如何思量得通？"

因叹曰："此非达天德者未易与言此也！"

又曰："孔子云：'吾犹及史之阙文也。'[2]孟子云：'尽信《书》，不如无《书》，吾于《武成》取二三策而已。'[3]孔子删《书》，于唐、虞、夏四五百年间，不过数篇，岂更无一事，而所述止此？圣人之意可知矣。圣人只是要删去繁文，后儒却只要添上。"

爱曰："圣人作经，只是要去人欲、存天理。如五伯[4]以下事，圣人不欲详以示人，则诚然矣。至如尧舜以前事，如何略不少见？"

先生曰："羲黄之世[5]，其事阔疏，传之者鲜矣。此亦可以想见其时全是淳庞朴素，略无文采的气象。此便是太古之治，非后世可及。"

爱曰："如《三坟》[6]之类，亦有传者，孔子何以删之？"

先生曰："纵有传者，亦于世变渐非所宜。风气益开，文采日胜，至于周末，虽欲变以夏、商之俗，已不可挽，况唐虞乎？又况羲黄之世乎？然其治不同，其道则一。孔子于尧舜则祖述之，于文武则宪章之。文武之法，即是尧舜之道，但因时致治，其设施政令，已自不同。即夏商事业，施之于周，已有不合。故'周公思兼三王[7]，其有不合，仰而思之，夜以继日'。况太古之治，岂复能行？斯固圣人之所可略也。"

---

[1] 语出《孟子·梁惠王上》。桓，即齐桓公；文，即晋文公。两人均为春秋时期的霸主，推行霸道，而与孟子所倡之王道仁者不合。

[2] 语出《论语·卫灵公》。阙文，古时史官记史，遇到有疑问的地方便缺而不记，叫作"阙文"。

[3] 语出《孟子·尽心下》。《武成》为《尚书》中一篇，记载武王灭商后与大臣商议如何治理商地之事。

[4] 五伯：指春秋五霸，按《孟子》与《史记》说法，即齐桓公、晋文公、秦穆公、宋襄公和楚庄王。

[5] 羲黄之世：伏羲与黄帝的时代，即上古时代。

[6] 《三坟》：相传为伏羲、神农、黄帝之书。

[7] 三王：即夏禹、商汤、周文王。

又曰:"专事无为,不能如三王之因时致治,而必欲行以太古之俗,即是佛老的学术。因时致治,不能如三王之一本于道,而以功利之心行之,即是伯者以下事业。后世儒者,许多讲来讲去,只是讲得个伯术。"

【译文】

徐爱问先生,如何评价王通和韩愈二人。

先生说:"韩愈是文人中的佼佼者,王通则是贤者大儒。后世之人仅从文章诗词方面考量两人,推崇韩愈,实则韩愈相较于王通差得远了。"

徐爱问:"那么,王通为何会犯仿作经书的过失呢?"

先生说:"仿作经书恐怕也不能全盘否定。你来说说,后世儒者著书立说、阐述经典,与仿作经书相比怎么样?"

徐爱说:"后世儒者著书讲经,当然有追求名利的私意,然而主要的目的在于阐明圣贤之道,仿作经书则纯粹是追求个人的名声。"

先生说:"以著书的方式来阐述经典,又是效仿谁呢?"

徐爱说:"效仿的是孔子通过删述《六经》来阐明圣贤之道。"

先生说:"那么王通仿作经书就不是效法孔子了吗?"

徐爱说:"著书阐述经典对于圣贤之道总会有所发扬,而仿作经书则只是在形迹上模仿,对于圣贤之道恐怕没有任何补正。"

先生说:"你认为阐明圣贤之道,是使得道理返璞归真,见之于平常生活呢,还是用美艳的言辞哗众取宠呢?天下大乱的原因,就是由于空洞的言辞泛滥,而切实的行为衰败了。如果圣贤之道彰明于天下,孔子就不必删述《六经》了。而孔子之所以如此做,实在是因为不得已而为之。自从伏羲画八卦,到文王演卦、周公作辞,中间阐释《易》的著述,如《连山》《归藏》等,数不胜数,可是《易》中的道理变得混乱。孔子发现世上崇尚文辞的风气日盛,知道《易》的学说将没有穷尽,故而采用文王、周公的学说加以阐发,并将之作为《易》之正宗。从此,纷繁复杂的学说均被废弃,而天下阐述《易》的学说得以统一。其余《五经》的情况,也是如此。《尚书》从《典》《谟》之后,《诗》从《周南》《召南》之后,像《九丘》《八索》这类浮夸的辞章,多达上千篇。《礼经》《乐经》中关于事物及规则的解释更是多到数不胜数。

孔子对此也都进行了删削、订正，然后奇谈怪说才得以废止。像《尚书》《诗经》《礼经》《乐经》等典籍，孔子何曾在其中加过一句话？而现在《礼经》中的许多阐释，大多是后世儒者穿凿附会所加，早已不是孔子所删定的版本了。至于《春秋》，虽然大家认为是由孔子所作，但其实都是鲁国史书中的一些旧文献。所谓'笔'，就是抄录旧文；所谓'削'，就是删除繁杂。都是有所删减但并无增加的。孔子删述《六经》，是害怕繁杂的文辞惑乱天下，想要简易却很难做到，使天下之人务必去其繁文而求其实质，而不是用文辞来教化天下。《春秋》以后，各种繁杂的文辞日益盛行，天下也就更加混乱。秦始皇因焚书得罪了天下的读书人，固然是出于一己的私心，也确实不应该焚毁《六经》，但如果当时秦始皇的目的在于彰明圣贤之道，把那些离经叛道的书籍统统焚毁，倒正暗合了孔子删述《六经》的用意。自从秦汉以来，崇尚文辞的风气又日益盛行，要想根除这一风气恐怕不可能了。只能效法孔子，选取那些与《六经》的道理接近的加以宣传表彰，这样其他异端邪说就会慢慢自行灭绝。我不知道王通当时为何要仿作经书，却对这一事迹深有同感，认为即便圣人重生，也不会改变王通的做法。天下没有治理好的原因，就在于文辞盛行而实行衰败。每个人都提出自己的见解，新奇的观点竞相高下，眩惑人的耳目以得到名声。而这只能混淆天下人的视听，使得天下靡乱相争、崇尚文辞，以求得在世上出名，却不再知道还有实事求是、返璞归真的做法。这都是由那些著作阐述经典的人所开的风气。"

徐爱说："著述也有不能缺少的理由，例如《春秋》这部典籍，如果没有《左传》作为注脚，恐怕也很难理解。"

先生说："《春秋》的微言大义如果必须有《左传》才能明白，那就变成猜谜语了。圣人为何要写这些晦涩难懂的文章呢？《左传》大多是鲁国史书的旧文。如果读《春秋》必须参考《左传》才能明白，那孔子又何苦要把鲁国史书删改成《春秋》呢？"

徐爱说："程颐先生也曾说过：'《左传》就好比一个一个的案子，而《春秋》则是对案子的裁断。'比如《春秋》记载着杀某个国君、征伐某个国家，如果不明白这些事情的经过，恐怕也很难做出裁断。"

先生说:"程颐先生这句话恐怕也是沿袭后世儒者的说法,没有真正领会圣人写这些经典的本意。比如写'弑君',那么杀害国君本身就是大罪,何必要问他杀害国君的详情?征战讨伐的命令应当由天子发布,书中写'伐国',就是诸侯擅自讨伐某国,这本身便是大罪,何必要问讨伐某国的详情?圣人阐述《六经》,只是为了端正人的心思,只是要存养天理、去除人欲。对于存养天理、去除人欲的事情,孔子曾经就说过。有时候学生来请教,就因人而异来讲解。但也不肯多说,因为担心学生们专注于言辞表达。所以孔子说'我不想说什么了'。如果《春秋》里都是一些放纵私欲、泯灭天理的事情,又怎么能够详细地告诉世人呢?这岂不是教导人去作奸犯科吗?所以孟子说:'孔子的门下不记述齐桓公、晋文公的事迹,所以他们征战侵伐的事情就没有流传后世。'这是孔子一派的家法。后世的儒者只是去讨论霸道的学问,所以他们要去了解许多阴谋诡计的事情。这全部是出于功利之心,与孔子删述《六经》的宗旨背道而驰,怎么能够想得明白呢?"

先生接着感慨道:"除非是与天同德的人,否则不能轻易和他们讲这些道理!"

先生又说:"孔子说:'我还能见到史书上有存疑而未记录的地方。'孟子说:'完全相信《尚书》,还不如不看《尚书》。我只从《武成》篇里取两三卷来读读而已。'孔子删述《尚书》,对于尧舜及夏朝四五百年的历史也不过保存了数篇,这难道是因为没有更多的事情可以记述了吗?但孔子只记述了这么几件事,他的目的和用意可想而知。圣人只是要删掉那些繁杂的文字,后世的儒者却硬生生地又把繁文添了上去。"

徐爱说:"孔子删述《六经》,只是要去除人欲、存养天理。比如春秋五霸以后的事,孔子不想详细告诉世人,固然是这个道理。至于尧舜以前的事,为何也记载得十分简略呢?"

先生说:"上古时代离孔子已经很久远了,事迹也十分模糊,流传下来的很少。这也是可以理解的。那时的民风淳朴,没有浮夸文饰的风气,这就是上古时代的社会状况,不是后世所能比拟的。"

徐爱说:"像《三坟》一类的书,也有流传下来的,孔子为什么都删掉了呢?"

先生说:"即使有传下来的,也与时事的变革有所不合了。社会风气更加开放,文采更胜以往,到了周朝末年,即便想要恢复夏商时期的淳朴风俗,也已经不可能了,何况恢复到尧舜的时代呢?更不必说恢复到上古时代的风俗了!虽然各个时代的社会治理有所不同,但所遵循的道理是一致的。孔子遵循尧舜之道,效法周文王、周武王之制。文王、武王之道就是尧舜之道,只是因为时代不同,社会治理也有所不同,所施的教化与所设的政令自然也不同。即便把夏商时代的制度政令在周代推行,恐怕也不合时宜了。所以周公对于大禹、商汤及周文王的制度都有所研究,遇到有不合时宜的地方就反复琢磨,以至于夜以继日地思考。更何况上古时代的典章制度,又怎么能够恢复施行呢?这就是孔子为何要删述上古时代之事的缘由了。"

先生又说:"只采取无为而治的措施,不能够像三王那样因时制宜地治理,反而一定要恢复实行上古时代的典章制度,就是佛家和道家的观点。能够因时制宜地治理,但不能像三王那样本于大道,而是出于功利的心态来推行治理,则是春秋五霸以后的社会治理。后世的儒者讨论来讨论去,只是讲如何实行霸道而已。"

【一二】

又曰:"唐虞以上之治,后世不可复也,略之可也。三代以下之治,后世不可法也,削之可也。惟三代之治可行。然而世之论三代者,不明其本而徒事其末,则亦不可复矣。"

【译文】

先生又说:"尧舜以前的社会治理,后世不可能恢复,因此可以略去不记。夏、商、周三代以后的社会治理,后世不能仿效,因此可以删减。只有三代的社会治理是可行的。现在那些讨论三代之治的学者,不明白三代之治的根本,却钻研那些细枝末节,这样三代之治也不可能恢复了!"

【一三】

爱曰:"先儒论《六经》,以《春秋》为史。史专记事,恐与《五经》事体终或稍异。"

先生曰："以事言谓之史，以道言谓之经。事即道，道即事。《春秋》亦经，《五经》亦史。《易》是包牺氏之史，《书》是尧、舜以下史，《礼》《乐》是三代史。其事同，其道同，安有所谓异？"

【译文】

徐爱说："以前的儒者讨论《六经》，认为《春秋》是史书。而史书专门记载具体的历史，恐怕与其余《五经》的题材体例有所不同。"

先生说："从记事的角度来说就是史书，从论道的角度来说就是经典。历史就是大道的具体呈现，大道就是历史的根本缘由。《春秋》也是经典，其余《五经》也是史书。《易》是伏羲时的史书，《尚书》是尧舜以后的史书，《礼经》《乐经》是三代的史书。其中的史实并无区别，其中的大道更是一致，怎么会有所谓的区别呢？"

【一四】

又曰："《五经》亦只是史。史以明善恶，示训戒。善可为训者，特存其迹以示法；恶可为戒者，存其戒而削其事以杜奸。"

爱曰："存其迹以示法，亦是存天理之本然。削其事以杜奸，亦是遏人欲于将萌否？"

先生曰："圣人作经，固无非是此意，然又不必泥着文句。"

爱又问："恶可为戒者，存其戒而削其事以杜奸，何独于《诗》而不删《郑》《卫》？先儒谓'恶者可以惩创人之逸志'，然否？"

先生曰："《诗》非孔门之旧本矣。孔子云：'放郑声，郑声淫。'又曰：'恶郑声之乱雅乐也。''郑卫之音，亡国之音也。'此是孔门家法。孔子所定三百篇，皆所谓雅乐，皆可奏之郊庙，奏之乡党，皆所以宣畅和平、涵泳德性、移风易俗，安得有此？是长淫导奸矣。此必秦火之后，世儒附会，以足三百篇之数。盖淫泆之词，世俗多所喜传，如今闾巷皆然。恶者可以惩创人之逸志，是求其说而不得，从而为之辞。"

【译文】

先生又说:"《五经》也只是史书。史书的目的是辨明善恶,将经验教训告诉世人。历史上可以作为示范的善行,就记录具体的事迹让后世效法;历史上可以作为教训的恶行,就记录教训而删去具体的事迹,杜绝类似的奸恶之事。"

徐爱说:"保存善行的具体事迹让后世效法,自然也是存养天理。删去恶行杜绝奸恶,也是为了把人欲遏制在将要萌芽的时候吗?"

先生说:"孔子删编《六经》,当然就是这个用意,但也不必拘泥于具体的词句。"

徐爱问:"可以作为教训的恶行,要保存其教训而删去恶行以杜绝奸恶,那为何不删除《诗经》中的《郑风》《卫风》呢?朱熹认为'恶行可以惩戒人们散漫安逸的心志',是这样的吗?"

先生说:"现在的《诗经》已不是孔子删定的旧本了。孔子说:'要远离郑国的音乐,郑国的音乐十分淫靡。'孔子还说:'我厌恶郑国的音乐扰乱了典雅的音乐。''郑国、卫国的音乐是亡国的音乐。'这是孔子一派的家法。孔子所删定的三百篇,都是典雅的音乐,都是可以在祭祖的时候,或是在乡村中演奏的,都可以起到使人的心志舒畅平和、涵养德性、改变社会风化风俗的作用,怎么会有淫荡的音乐呢?那样只会助长淫靡之风,倡导奸邪啊!《郑风》《卫风》等淫逸的诗肯定是秦始皇焚书之后,世间的俗儒为了补足三百篇之数而穿凿附会的。所谓淫逸的歌曲,民间有很多人喜欢传唱,如今的街头巷尾也是如此。恶行可以惩戒人们散漫安逸的心志,只是无法解释清楚,不得已才这么说的。"

爱因旧说汩没，始闻先生之教，实是骇愕不定，无入头处。其后闻之既久，渐知反身实践，然后始信先生之学为孔门嫡传，舍是皆傍蹊小径、断港绝河矣。如说"格物"是"诚意"的工夫，"明善"是"诚身"的工夫，"穷理"是"尽性"的工夫，"道问学"是"尊德性"的工夫，"博文"是"约礼"的工夫，"惟精"是"惟一"的工夫。诸如此类，始皆落落难合，其后思之既久，不觉手舞足蹈。

右曰仁所录。

【译文】

我因受程朱之学的影响，刚听闻先生教诲的时候，真的是惊愕不已，茫茫然没有头绪。后来受先生教导的时间久了，渐渐知道要回到自己身上去躬行实践，然后才相信先生的学说是孔门的嫡传，其他学说都是旁门左道、残断支流。比如先生说"格物"是"诚意"的功夫，"明善"是"诚身"的功夫，"穷理"是"尽性"的功夫，"道问学"是"尊德性"的功夫，"博文"是"约礼"的功夫，"惟精"是"惟一"的功夫。诸如此类的说法，一开始都觉得难以领会，思考得久了便会有所领悟，高兴得手舞足蹈。

以上是徐爱所录。

【一五】[1]

陆澄[2]问:"主一之功,如读书则一心在读书上,接客则一心在接客上,可以为主一乎?"

先生曰:"好色则一心在好色上,好货则一心在好货上,可以为主一乎?是所谓逐物,非主一也。主一是专主一个天理。"

【译文】

陆澄问:"专注于一的功夫,是否就像是读书一心一意在读书上,待客一心一意在待客上?这是否就是专一的功夫?"

先生说:"好色就一心一意在好色上,贪财就一心一意在贪财上,也可以算作是专一吗?这不过是追逐物欲罢了。专一是一心专注于天理。"

【一六】

问立志。

先生曰:"只念念要存天理,即是立志。能不忘乎此,久则自然心中凝聚。犹道家所谓'结圣胎'[3]也。此天理之念常存,驯至于美大圣神[4],亦只从此一念存养扩充去耳。"

【译文】

有人问如何立志。

先生说:"只要心心念念存养天理,就是立志。能够不忘记这一点,久而久之天理自然会在心中凝聚。就像是道家所说的修炼内丹一样。而心中时刻不忘存养天理,逐渐达到孟子所说的美、大、圣、神的境界,也只不过是从起初的念头不断存养、扩充出去的罢了。"

---

[1] 自此条起至第九五条为陆澄所录。

[2] 陆澄:字原静,一字清伯,归安(今属浙江湖州吴兴区)人,王阳明的学生。

[3] 结圣胎:道教术语。圣胎即为金丹、内丹的别名,指通过修炼,使得精气神凝聚在修炼者体内所炼成的丹。

[4] 《孟子·尽心下》:"可欲之谓善,有诸己之谓信,充实之谓美,充实而有光辉之谓大,大而化之之谓圣,圣而不可知之之谓神。"以善、信、美、大、圣、神,表明圣人德性的诸方面。

【一七】

"日间工夫,觉纷扰,则静坐;觉懒看书,则且看书。是亦因病而药。"

【译文】

"如果白天用功时,觉得受到干扰,那就静坐;如果懒得看书,那就看书。这也是对症下药。"

【一八】

"处朋友,务相下,则得益,相上则损。"

【译文】

"与朋友相处,务必相互谦让,这样才会得益,如果相互竞争比较,则会受损。"

【一九】

孟源[1]有自是好名之病,先生屡责之。一日,警责方已,一友自陈日来工夫请正。源从旁曰:"此方是寻着源旧时家当。"

先生曰:"尔病又发。"源色变,议拟欲有所辨。

先生曰:"尔病又发。"因喻之曰,"此是汝一生大病根!譬如方丈地内,种此一大树,雨露之滋,土脉之力,只滋养得这个大根。四旁纵要种些嘉谷,上面被此树叶遮覆,下面被此树根盘结,如何生长得成?须用伐去此树,纤根勿留,方可种植嘉种。不然,任汝耕耘培壅,只是滋养得此根。"

【译文】

孟源有自以为是、爱好虚名的毛病,先生曾多次批评他。有一天,先生刚刚批评过他,一位学友来谈自己修养的近况,请先生指正。孟源在旁边说:"你才刚刚达到我以前修行的水平。"

先生说:"你的毛病又发了。"孟源脸色通红,想要为自己辩解。

先生说:"你的毛病又发了。"先生借此教导孟源,"这是你人生中最致命的病根!就像方圆一丈的地里种了一棵大树,雨露滋润,土壤栽培,只是滋养

---

[1] 孟源:字伯生,安徽滁州人,王阳明的学生。

这棵大树的根。如果在这棵大树周围种些好的庄稼，上面的阳光被树叶遮蔽，下面的土壤为树根缠绕，这些庄稼怎么长得成呢？只有砍去这棵大树，将树根拔得一干二净，才可以种植这些好庄稼。如若不然，任凭你如何努力耕耘栽培，也不过是滋养这个树根罢了。"

【二〇】

问："后世著述之多，恐亦有乱正学？"

先生曰："人心天理浑然，圣贤笔之书，如写真传神，不过示人以形状大略，使之因此而讨求其真耳；其精神意气，言笑动止，固有所不能传也。后世著述，是又将圣人所画，摹仿誊写，而妄自分析加增，以逞其技，其失真愈远矣。"

【译文】

陆澄问："后世的著述汗牛充栋，恐怕也会扰乱儒家的正宗吧？"

先生说："人心与天理本就浑然一体，圣贤将之写进书里，就像给人画像一般，只不过是给人看一个基本的轮廓，使得人们能够据此探求真正的心体；至于所画之人的精神相貌、言谈举止，本来就不太能表现出来。后世的许多著述，是将圣人所画的像再描摹誊写，又在里面加入许多妄自尊大的理解，试图展示自己才能，这样就离真正的圣学越来越远了。"

【二一】

问："圣人应变不穷，莫亦是预先讲求否？"

先生曰："如何讲求得许多？圣人之心如明镜。只是一个明，则随感而应，无物不照。未有已往之形尚在，未照之形先具者，若后世所讲，却是如此，是以与圣人之学大背。周公制礼作乐，以文天下，皆圣人所能为，尧舜何不尽为之，而待于周公？孔子删述《六经》以诏万世，亦圣人所能为，周公何不先为之，而有待于孔子？是知圣人遇此时，方有此事。只怕镜不明，不怕物来不能照。讲求事变，亦是照时事。然学者却须先有个明的工夫。学者惟患此心之未能明，不患事变之不能尽。"

曰："然则所谓'冲漠无朕，而万象森然已具'[1]者，其言何如？"

曰："是说本自好，只不善看，亦便有病痛。"

【译文】

陆澄问："圣人能够随机应变以至于无穷，难道不是因为预先都研究过吗？"

先生说："怎么可能预先研究那么多事呢？圣人的心就如同一面明亮的镜子。正是因为镜子明亮，一旦有东西出现在镜子前面就能有所感应，没有东西能够不被照到。镜子过去所照的东西不会滞留在镜子里，未曾照过的东西也不可能事先就存留在镜子里，这是后世儒者的说法，与圣人的学问相悖甚远。周公制礼作乐、教化世人，这是任何一个圣人都能够做到的事，尧和舜为何不如此做，却非要等周公来做呢？孔子删述《六经》流传万世，也是圣人都能做的，周公为何不先做，非要等孔子来做？这是因为圣人只是在特定的时机，才会应对特定的事情。因此，做学问的人只要担心镜子是否明亮，不需要考虑事物出现在镜子前面时能否照见。探究时事的变化，也就像是拿镜子来照。然而，为学之人必须先下功夫，使得自己的心如明镜。为学之人只要担心自己的心不能明亮，而不必担心时事之变化无法穷尽。"

陆澄说："那么程颐先生说'天地浑然未分时，万事万物的理就已经在冥冥之中'，这句话怎么样呢？"

先生说："这句话本身没错，只是后人并未好好地加以领会，也就有所偏颇了。"

【二二】

"义理无定在，无穷尽。吾与子言，不可以少有所得，而遂谓止此也。再言之十年、二十年、五十年，未有止也。"

他日又曰："圣如尧舜，然尧舜之上善无尽；恶如桀纣，然桀纣之下恶无尽。使桀纣未死，恶宁止此乎？使善有尽时，文王何以'望道而未之见'[2]？"

---

[1] 语出《河南程氏遗书》。意为天地浑然未分时，万事万物的理就已经在冥冥之中。

[2] 语出《孟子·离娄下》。意为文王渴求大道，道已至而如未见。

【译文】

先生说:"义理没有固定的处所,没有穷尽的可能。我与你讲学,不能因为稍有所得,便觉得满足。即便与你再讲个十年、二十年、五十年,也没有止境。"

一天,先生又说:"圣人做到像尧和舜一样就足够了,但在尧舜之上,善也还未穷尽;恶人做到像桀和纣那样就十分可恶了,但在桀和纣之下,恶也并未穷尽。假如桀和纣不死,恶难道到他们那儿就终止了吗?假如善有尽头,周文王为何会'看到大道,却还像没有见到一样'呢?"

【二三】

问:"静时亦觉意思好,才遇事便不同。如何?"

先生曰:"是徒知静养,而不用克己工夫也。如此,临事便要倾倒。人须在事上磨,方立得住,方能'静亦定,动亦定'[1]。"

【译文】

陆澄问:"静守时感觉不错,但遇到事情就感觉不同。为何会如此?"

先生说:"这是因为你只知道在静守中存养,却不去努力下克制私欲的功夫。这样一来,遇到事情就会动摇。人必须在事情上磨炼自己,这样才能站得稳,达到'无论静守还是做事,都能够保持内心的安定'的境界。"

【二四】

问上达[2]工夫。

先生曰:"后儒教人,才涉精微,便谓'上达'未当学,且说'下学'。是分'下学''上达'为二也。夫目可得见,耳可得闻,口可得言,心可得思者,皆下学也;目不可得见,耳不可得闻,口不可得言,心不可得思者,'上达'也。如木之栽培灌溉,是'下学'也;至于日夜之所息,条达畅茂,乃是

---

[1] 程颢《定性书》:"所谓定者,动亦定,静亦定,无内外,无将迎。"将迎:指刻意地思虑。

[2] 《论语·宪问》:"子曰:'莫我知也夫!'子贡曰:'何为其莫知子也?'子曰:'不怨天,不尤人,下学而上达,知我者其天乎!'"上达:意为通达天道,认识事物的一般规律;下学:即一般意义上的学习。

'上达'。人安能预其力哉？故凡可用功、可告语者皆'下学'，'上达'只在'下学'里。凡圣人所说，虽极精微，俱是'下学'。学者只从'下学'里用功，自然'上达'去，不必别寻个'上达'的工夫。"

【译文】

陆澄向先生请教如何通达天道的功夫。

先生说："后世的儒者教导人，才涉及精深细微之处，就说这是'上达'的学问，现在还不到学习的时候，然后就去讲'下学'的功夫。这是将'下学'与'上达'分开了。眼睛能看到、耳朵能听到、嘴上能表达、心里能想到的学问，都是'下学'；眼睛看不到、耳朵听不到、嘴上说不出、心里没法想的学问，都是'上达'。就好比是种树，栽培、灌溉就是'下学'；树木日夜生长、枝叶繁茂，就是'上达'。人又怎能强制干预呢？所以，那些可以用功、可以言说的都是'下学'的功夫，而'上达'就包含在'下学'里。但凡圣人所说的道理，即便再精深、微妙，也都是'下学'的功夫。为学之人只要在'下学'上用功，自然能够'上达'，不必去别处寻找'上达'的功夫。"

【二五】[1]

"持志如心痛。一心在痛上，岂有工夫说闲话、管闲事？"

【二六】

问："'惟精''惟一'，是如何用功？"

先生曰："'惟一'是'惟精'主意，'惟精'是'惟一'功夫。非'惟精'之外复有'惟一'也。'精'字从'米'，姑以米譬之：要得此米纯然洁白，便是'惟一'意，然非加舂簸筛拣'惟精'之工，则不能纯然洁白也。舂簸筛拣是'惟精'之功，然亦不过要此米到纯然洁白而已。博学、审问、慎思、明辨、笃行者，皆所以为'惟精'而求'惟一'也。他如'博文'者即'约礼'之功、'格物致知'者即'诚意'之功、'道问学'即'尊德性'之功、'明善'即'诚身'之功，无二说也。"

---

[1] 此条与第九六条重复，疑误，注释及译文详见第九六条。

【译文】

陆澄问:"如何做'精研'和'专一'的功夫?"

先生说:"'专一'是'精研'所要达到的目的,'精研'是'专一'的实现手段。不是在'精研'之外另有'专一'。'精'字是米字旁,姑且就用米来做比喻:要使得大米纯净洁白,便是'专一'的意思,但是如果不对米进行舂簸筛拣精选,那么大米便不能纯净洁白。舂簸筛拣便是'精研'的功夫,其目的也只不过是使大米纯净洁白罢了。博学、审问、慎思、明辨、笃行,都是通过'精研'来达到'专一'的目的。其他诸如'博文'是'约礼'的手段、'格物致知'是'诚意'的手段、'道问学'是'尊德性'的手段、'明善'是'诚身'的手段,其中的道理都是一致的。"

【二七】

"知者行之始,行者知之成。圣学只一个功夫,知行不可分作两事。"

【译文】

"知是行的开端,行是知的结果。圣人的学问只有一个功夫,知与行不可分作两件事。"

【二八】

"漆雕开曰:'吾斯之未能信。'[1]夫子说之。子路使子羔为费宰,子曰:'贼夫人之子!'[2]曾点言志[3],夫子许之。圣人之意可见矣。"

---

[1]《论语·公冶长》:"子使漆雕开仕。对曰:'吾斯之未能信。'子说。""说",通"悦",高兴的意思。漆雕开认为应当通过学习不断提升自己的道德品性,而非急着做官。漆雕开,字子开,又字子若,鲁国人,孔子的学生,以道德品性著称。

[2]《论语·先进》:"子路使子羔为费宰,子曰:'贼夫人之子。'子路曰:'有民人焉,有社稷焉,何必读书,然后为学?'子曰:'是故恶夫佞者。'""贼夫人之子"意为,这是害了这孩子(指子羔)。子路,鲁国卞(今山东泗水)人,姓仲,名由,字子路,又字季路,孔子学生;子羔,齐国人,姓高,名柴,孔子学生。通过这两个例子的对比,王阳明所要表达的是,必须先通过学习提高自己的道德品性,然后才可以出仕为官,即所谓"学而优则仕"。

[3]曾点:鲁国人,字皙,孔子学生。关于"曾点言志"的典故,参见第三十条。

【译文】

"漆雕开说:'我对此(做官)还没有自信。'孔子听了很高兴。子路让子羔当费邑的地方官,孔子说:'这是去残害别人家的孩子!'曾点谈自己的志向,孔子十分赞许。圣人的心意可想而知。"

【二九】

问:"宁静存心时,可为'未发之中'[1]否?"

先生曰:"今人存心,只定得气。当其宁静时,亦只是气宁静,不可以为'未发之中'。"

曰:"'未'便是'中',莫亦是求'中'功夫?"

曰:"只要去人欲、存天理,方是功夫。静时念念去人欲、存天理,动时念念去人欲、存天理,不管宁静不宁静。若靠那宁静,不惟渐有喜静厌动之弊,中间许多病痛,只是潜伏在,终不能绝去,遇事依旧滋长。以循理为主,何尝不宁静?以宁静为主,未必能循理。"

【译文】

陆澄问:"在宁静之中存心养性,这算不算是'感情未发出来时的中正'呢?"

先生说:"现在的人存心养性,只是使气不动。当他平静的时候,也只不过是气得到平静,不能认为是'未发之中'。"

陆澄说:"未发出来便是中道,这不也是求'中'的功夫吗?"

先生说:"只有摒弃私欲、存养天理,才能算是功夫。在平静时心心念念要摒弃私欲、存养天理,在行动中也要心心念念摒弃私欲、存养天理,无论外在是否平静,都要如此。如果只一味依靠外在的平静,不但会逐渐养成喜静厌动的弊病,还会有许多其他的毛病,只是潜伏着,终究不能根除,一遇到事情便会滋长。只要内心时刻依循天理,又怎会不平静呢?然而仅仅追求平静,未必能够依循天理。"

---

[1]《中庸》:"喜怒哀乐之未发,谓之中。"指心中有喜怒哀乐等情感,但未表露于外,称为中道。

【三〇】

问:"孔门言志,由、求任政事,公西赤任礼乐,多少实用。及曾晳说来,却似耍的事,圣人却许他,是意何如?"[1]

曰:"三子是有意必,有意必便偏着一边,能此未必能彼。曾点这意思却无意必,便是'素其位而行,不愿乎其外,素夷狄行乎夷狄,素患难行乎患难,无入而不自得矣'[2]。三子所谓'汝,器也'[3],曾点便有'不器'[4]意。然三子之才各卓然成章,非若世之空言无实者,故夫子亦皆许之。"

【译文】

陆澄问:"孔门的弟子各谈志向,子路、冉有想从政,公西赤想从事礼乐教化,多少有点实际用处。等到曾晳来说,却跟玩耍似的,圣人偏偏赞许他,这是何意?"

先生说:"其他三人的志向多少都有些主观和绝对,而有了这两种心态的影响就会偏执于一个方面,能做这件事就未必能做那件事。曾晳的志向却没有主观和绝对的意思,这就是'在其位而谋其政,不做超出自己分内的事,身处荒蛮之地便做身处荒蛮之地该做的事,身处患难之时便做身处患难时该做的事,无论何种情况都能恰当自处'。其他三人是孔子所说的具有某种才能的人,而曾点便有点不拘泥于某种特定才能的意思。不过其余三人的才能也各有过人之处,并非当今许多只会空谈却无实干的人,所以孔子也都认可他们。"

【三一】

问:"知识不长进,如何?"

---

[1] 由:仲由,即子路。求:冉求,字子有。公西赤:字子华。曾晳:名点,字晳。四人都是孔子的学生。据《论语·先进》载,孔子曾与四人讨论志向。当时子路、冉有、公西华三人都各自以自己的志向回答,而且都是关乎为官、为政、治理邦国等具体事宜。曾晳却边鼓瑟边回答:"莫春者,春服既成,冠者五六人,童子六七人,浴乎沂,风乎舞雩,咏而归。"孔子唯独对曾晳表示了赞许。

[2] 语出《中庸》。

[3] 《论语·公冶长》:"子贡问曰:'赐也何如?'子曰:'女,器也。'"器,比喻具备某种特定才能却无法相通的人。"女",通"汝"。

[4] 《论语·为政》:"君子不器。"即君子不限于某一特定才能,而是要融会贯通。

先生曰:"为学须有本原,须从本原上用力,渐渐'盈科而进'[1]。仙家说婴儿,亦善譬。婴儿在母腹时,只是纯气,有何知识?出胎后,方始能啼,既而后能笑,又既而后能识认其父母兄弟,又既而后能立、能行、能持、能负,卒乃天下之事无不可能。皆是精气日足,则筋力日强,聪明日开,不是出胎日便讲求推寻得来。故须有个本原。圣人到'位天地,育万物'[2],也只从'喜怒哀乐未发之中'上养来。后儒不明格物之说,见圣人无不知、无不能,便欲于初下手时讲求得尽。岂有此理!"

又曰:"立志用功,如种树然。方其根芽,犹未有干;及其有干,尚未有枝;枝而后叶;叶而后花实。初种根时,只管栽培灌溉,勿作枝想,勿作叶想,勿作花想,勿作实想。悬想何益?但不忘栽培之功,怕没有枝叶花实?"

【译文】

陆澄问:"知识没有长进,该怎么办?"

先生说:"为学必须有个本源,从本源上下功夫,循序渐进。道家用婴儿作比喻,也十分精辟。婴儿在母亲腹中,只是一团气,有什么知识?出生后,一开始能哭,继而能笑,再然后可以认得父母兄弟,再然后可以站立行走,能拿东西能负重,最后世上各种事情都能做。这都是因为婴儿的精气日益充足,筋骨力量日益增强,耳目的聪明日益增长。并不是婴儿一出生就可以推究到这个地步。因此才需要有个本源。圣人达到'天地各安其位、万物生长繁育'的境界,也只是从'喜怒哀乐未发之中'培养出来的。后世的儒者不明白格物的学问,看到圣人无所不知、无所不能,便想在初学时就达到这样的境界。哪有这样的道理呢!"

先生又说:"立志下功夫,就像种树一样。刚有根芽的时候,还没有树干;等到有树干了,还没有树枝;有了树枝之后,才会发叶;发叶之后才会开花、结果。起初种下根芽的时候,只需要栽培灌溉,不必想到往后的枝、叶、花、实。空想这些有什么用?只要不忘栽培灌溉的功夫,何必担心没有枝、叶、花、实?"

---

[1]《孟子·离娄上》:"原泉混混,不舍昼夜。盈科而后进,放乎四海。"盈科而进:表达循序渐进之意。

[2]《中庸》:"致中和,天地位焉,万物育焉。"意为圣人与天同德,能使天地各安其位,万物生长繁育。

【三二】

问:"看书不能明,如何?"

先生曰:"此只是在文义上穿求,故不明。如此,又不如为旧时学问。他到看得多,解得去。只是他为学虽极解得明晓,亦终身无得。须于心体上用功,凡明不得、行不去,须反在自心上体当,即可通。盖《四书》《五经》不过说这心体。这心体即所谓道,心体明即是道明,更无二。此是为学头脑处。"

【译文】

陆澄问:"看书却不能明白其中的含义,该怎么办?"

先生说:"这是因为仅仅在文字意思上探求,所以才不能明白。要是这样,还不如专做朱子的学问。朱子的学问看得多了,意思自然能理解得明白。只是朱子的学问虽然讲得十分明白,但对于自己终其一生了无所获。所以必须在自己的心体上用功,凡是不明白、行不通的地方,需要返回自己的心中去体会,这样自然会想得通。《四书》《五经》也不过是说这个心体。这个心体便是道,心体明白,就是大道彰明,两者是一致的。这就是为学的宗旨。"

【三三】

"'虚灵不昧,众理具而万事出。'[1] 心外无理,心外无事。"

【译文】

"'让心体空灵而不为外物所迷,各种事物的道理存于心中,万事万物则会自然呈现。'离开了心,便没有什么道理;离开了心,也不存在事物。"

【三四】

或问:"晦庵先生曰:'人之所以为学者,心与理而已。'此语如何?"

曰:"心即性,性即理。下一'与'字,恐未免为二。此在学者善观之。"

【译文】

有人问:"朱子说:'人之所以要学习,不过是学习心和天理罢了。'这句话

---

[1] 朱熹《大学章句》:"明德者,人之所得乎天;而虚灵不昧,以具众理而应万事者也。"意为心体无一物所执着,故清明不昧,可以具备众理,承载万事。

对吗？"

先生说："心就是性，性就是天理。将'与'字放在'心'与'理'之间，难免是将心和理分作两边了。这一点是为学之人需要善加观察体会的。"

【三五】

或曰："人皆有是心，心即理，何以有为善，有为不善？"

先生曰："恶人之心，失其本体。"

【译文】

有人问："既然每个人都有这颗心，这心就是天理，那为何会有善与不善呢？"

先生说："恶人的心，已然不是心的本然状态了。"

【三六】

问："'析之有以极其精而不乱，然后合之有以尽其大而无余'[1]，此言如何？"

先生曰："恐亦未尽。此理岂容分析？又何须凑合得？圣人说精一，自是尽。"

【译文】

陆澄问："朱熹说'条分缕析可以使得天理极其精确，不至于混乱，然后加以综合就可以让天理最大化而无所不包'，这句话如何？"

先生说："恐怕不确切。天理怎么可以条分缕析？又怎么能够加以综合呢？圣人说精研专一，已经把天理的意思说到位了。"

【三七】

"省察是有事时存养，存养是无事时省察。"

---

[1] 语出朱熹《大学或问》，意为条分缕析可以使得天理极其精确，不至于混乱，然后加以综合就可以让天理最大化而无所不包。

【译文】

"反省体察是在有事时的存心养性,存心养性是在无事时对天理的反省体察。"

【三八】

澄尝问象山[1]在人情事变上做工夫之说。

先生曰:"除了人情事变,则无事矣。喜怒哀乐非人情乎?自视、听、言、动以至富贵、贫贱、患难、死生,皆事变也。事变亦只在人情里,其要只在'致中和','致中和'只在'谨独'[2]。"

【译文】

陆澄曾经向先生请教陆九渊在人情世变上下功夫的学说。

先生说:"除却人情世变,就没有别的事了。喜怒哀乐难道不是人情吗?从视、听、言、动到富贵、贫贱、患难、生死,都是事变。事变也都体现在人情里,关键是要维持心绪的中正平和,而要维持心绪的中正平和关键在于独处时要恪守本己。"

【三九】

澄问:"仁、义、礼、智之名,因已发而有?"

曰:"然。"

他日,澄曰:"恻隐、羞恶、辞让、是非[3],是性之表德[4]邪?"

---

[1] 象山:陆九渊(1139—1193),字子静,自号存斋,江西抚州人。曾讲学于象山,被学者称为象山先生。南宋时期著名思想家,著有《象山先生全集》。陆九渊主张心即理、心外无物、心外无道,与朱熹主理的学问有较多争论。他的学说经由王阳明继承发展,故心学一脉亦称陆王心学。

[2] 谨独:即慎独,意为独处时也要严格要求自己。

[3] 《孟子·公孙丑上》:"恻隐之心,仁之端也;羞恶之心,义之端也;辞让之心,礼之端也;是非之心,智之端也。""端"即萌芽、开端,孟子认为扩充"四端",即能实现仁义礼智"四德"。

[4] 《颜氏家训·风操》:"古者,名以正体,字以表德。"后世就用"表德"指代人之表字或别号。

曰:"仁、义、礼、智也是表德。性一而已。自其形体也,谓之天;主宰也,谓之帝;流行也,谓之命;赋于人也,谓之性;主于身也,谓之心。心之发也,遇父便谓之孝,遇君便谓之忠,自此以往,名至于无穷,只一性而已。犹人一而已,对父谓之子,对子谓之父,自此以往,至于无穷,只一人而已。人只要在性上用功,看得一性字分明,即万理灿然。"

【译文】

陆澄问:"仁、义、礼、智的名称,是不是由发见于外的感情而得名的?"

先生说:"是的。"

又一天,陆澄说:"恻隐、羞恶、辞让、是非这四种感情,是性的别名吗?"

先生说:"仁、义、礼、智也是性的别名。性只有一个。就其具有形体而言,称为天;就其主宰万物而言,称为帝;就其流动于天地而言,称为命;就其赋予人而言,称为性;就其主宰人之身体而言,称为心。心则有其作用,表现在事亲上便称为孝,表现在事君上便称为忠,以此类推,各种名称没有穷尽,其实只是一个性而已。好比同一个人,对父亲而言称为子,对儿子而言称为父,以此类推,也没有穷尽,但只是一个人而已。所以,为学只要在性上下功夫,只要能够把握这个性字,那么一切道理都能明白了。"

【四〇】

一日,论为学工夫。

先生曰:"教人为学,不可执一偏。初学时心猿意马,拴缚不定,其所思虑多是人欲一边。故且教之静坐,息思虑。久之,俟其心意稍定。只悬空静守,如槁木死灰,亦无用。须教他省察克治。省察克治之功则无时而可间,如去盗贼,须有个扫除廓清之意。无事时,将好色好货好名等私逐一追究搜寻出来,定要拔去病根,永不复起,方始为快。常如猫之捕鼠,一眼看着,一耳听着,才有一念萌动,即与克去。斩钉截铁,不可姑容、与他方便,不可窝藏,不可放他出路,方是真实用功,方能扫除廓清。到得无私可克,自有端拱时在。虽曰'何思何虑'[1]，非初学时事，初学必须思。省察克治即是思诚，只思一个天理，到得天理纯全，便是'何思何虑'矣。"

【译文】

一天，大家讨论做学问的功夫。

先生说："教人做学问，不能偏执于一边。人在刚开始学习的时候，容易心猿意马，不能集中心思，而且所考虑的更多是私欲方面的东西。故而要先教他静坐，使其停止思虑。久而久之，待得心思稍能安定。但如果只悬空静坐，身如槁木、心如死灰一般，也没有作用。这时需要教他内省体察、克制私欲的功夫。省察克制的功夫在任何时候都要持守，就像铲除盗匪，必须要有彻底扫除的决心。闲来无事的时候，要将好色、贪财、求名的私欲逐一省察，务必拔去病根，使它永不复起，才算是痛快。就好比猫捉老鼠，一边用眼睛盯着，一边用耳朵听着，私心妄念一起，就要克制它。态度必须坚决，不能姑息纵容、给它方便，不能窝藏它，不能放它生路，这才算是真真切切地下苦功，才能够将私欲扫除干净。等到没有任何私欲可以克制的时候，自然可以安安心心地坐着。虽然说'何思何虑'，但这不是初学时的功夫，初学的时候必须去思考。内省体察、克制私欲就是使念头诚敬，只要心念所思均是天理，等到心中纯然都是天理，就是'何思何虑'的境界了。"

【四一】

澄问："有人夜怕鬼者，奈何？"

先生曰："只是平日不能'集义'[2]，而心有所慊，故怕。若素行合于神明，何怕之有？"

子莘[3]曰："正直之鬼不须怕，恐邪鬼不管人善恶，故未免怕。"

先生曰："岂有邪鬼能迷正人乎？只此一怕，即是心邪！故有迷之者，非鬼

---

[1]《周易·系辞》："天下何思何虑？天下同归而殊涂，一致而百虑。天下何思何虑！"意为与天合德，无需人为思虑。

[2] 出自《孟子·公孙丑上》。集义：即积善，让所作所为均合乎仁义。

[3] 子莘，马明衡，字子莘，福建莆田人，王阳明的学生。

迷也，心自迷耳。如人好色，即是色鬼迷；好货，即是货鬼迷；怒所不当怒，是怒鬼迷；惧所不当惧，是惧鬼迷也。"

【译文】

陆澄问："有的人晚上怕鬼，怎么办？"

先生说："只是因为平时不能积德行善，心中有所愧疚，才会怕鬼。如果平日里做事都能合乎神明的意志，那又有什么好怕的？"

子莘说："正直的鬼不需要怕，怕的是恶鬼，不管好人坏人都要加害，所以才会害怕。"

先生说："哪里有恶鬼可以迷惑正直的人的？仅仅有这个怕的感情在，心就已经不正了！所以有被鬼迷的人，不是真正被鬼迷惑，而是被自己内心迷惑。比如喜欢美色的人就被色鬼迷惑；贪财的人就被贪财鬼迷惑；易怒的人就被怒鬼迷惑；胆小的人就被胆小鬼迷惑。"

【四二】

"定者心之本体，天理也。动静，所遇之时也。"

【译文】

"心的本然状态就是安定平和，也就是天理。心之所以有动有静，都是在不同的境遇下的表现不同罢了。"

【四三】

澄问《学》《庸》同异。

先生曰："子思括《大学》一书之义为《中庸》首章。"

【译文】

陆澄问《大学》与《中庸》两书的异同。

先生说："子思总结概括《大学》的主旨作为《中庸》的首章。"

【四四】

问:"孔子正名[1]。先儒说上告天子、下告方伯、废辄立郢[2],此意如何?"

先生曰:"恐难如此。岂有一人致敬尽礼待我而为政,我就先去废他,岂人情天理?孔子既肯与辄为政,必已是他能倾心委国而听。圣人盛德至诚,必已感化卫辄,使知无父之不可以为人,必将痛哭奔走,往迎其父。父子之爱,本于天性,辄能悔痛真切如此,蒯聩岂不感动底豫?蒯聩既还,辄乃致国请戮。聩已见化于子,又有夫子至诚调和其间,当亦决不肯受,仍以命辄。群臣百姓又必欲得辄为君。辄乃自暴其罪恶,请于天子,告于方伯诸侯,而必欲致国于父。聩与群臣百姓亦皆表辄悔悟仁孝之美,请于天子,告于方伯诸侯,必欲得辄而为之君。于是集命于辄,使之复君卫国。辄不得已,乃如后世上皇故事,率群臣百姓尊聩为太公,备物致养,而始退复其位焉。则君君、臣臣、父父、子子,名正言顺,一举而可为政于天下矣。孔子正名,或是如此。"

【译文】

陆澄问:"孔子主张正名分。朱熹说孔子是上报天子、下告诸侯、废黜公孙辄而拥立公子郢,这样解释对吗?"

先生说:"恐怕不是这样。哪有一个人待我恭敬有礼,希望我帮他治理国家,我还想要废黜他的,这符合人情和天理吗?孔子既然愿意帮助公孙辄治理国家,一定是公孙辄愿意将国家托付给孔子、听孔子的指教。孔子的德性隆盛、内心诚挚,一定已经感化了公孙辄,使他明白不孝顺父亲的人不可以称为人,故而公孙辄才会痛哭,亲自去迎接父亲。父子之间的感情是出于人的天性,公孙辄能如此真切地悔悟,蒯聩又怎会不被感动呢?蒯聩既然归国了,公孙辄便将国事交予父亲,并请求以死谢罪。蒯聩已经为儿子的行为所感动,又有孔子从中斡旋,当然绝对不肯接受,仍然要让公孙辄担任国君。群臣和百姓也想让公孙辄继续担任国君。公孙辄向天下昭告自己的罪行,请示天子,告知诸侯,坚持把国君之位还给父亲。蒯聩和群臣、百姓也都赞扬公孙辄改过、仁

---

[1] 出自《论语·子路》。正名:即使名实相得。

[2] 朱熹《论语集注》引胡瑗注:"卫世子蒯聩耻其母南子之淫乱,欲杀之,不果而出奔。灵公欲立公子郢,郢辞。公卒,夫人立之,又辞,乃立蒯聩之子辄,以拒蒯聩。"事详见《左传·定公十四年》。

孝的美德，请示天子，告知诸侯，坚持让公孙辄担任国君。所有的因素都决定了公孙辄必须出任国君，才使他再次主掌卫国。公孙辄不得已，只能像后世帝王一样，率领群臣和百姓尊蒯聩为太上皇，让他得到尊崇的奉养，这才重新出任卫国之君。这样君臣父子才各得其位，名正而言顺，天下才得到治理。孔子所说的正名分，大概就是这个意思吧。"

【四五】

澄在鸿胪寺仓居[1]，忽家信至，言儿病危，澄心甚忧闷，不能堪。

先生曰："此时正宜用功，若此时放过，闲时讲学何用？人正要在此等时磨炼。父之爱子，自是至情，然天理亦自有个中和处，过即是私意。人于此处多认做天理当忧，则一向忧苦，不知已是'有所忧患，不得其正'[2]。大抵七情所感，多只是过，少不及者。才过便非心之本体，必须调停适中始得。就如父母之丧，人子岂不欲一哭便死，方快于心？然却曰'毁不灭性'[3]，非圣人强制之也，天理本体自有分限，不可过也。人但要识得心体，自然增减分毫不得。"

【译文】

陆澄跟随先生在南京鸿胪寺居住，突然收到家书，说儿子病危，陆澄十分担心、郁闷，难以纾解。

先生说："此时正是修养的好时机，如若放过这个机会，平时讲学讨论又有什么用呢？人就是要在这样的时刻多加磨炼。父亲爱儿子，是十分真切的感情，不过天理告诉我们应当适度，超过合适的度就是人欲。许多人在这种时候往往认为按照天理应当有所忧虑，于是就一味地忧愁痛苦，却不知道如此已经是'过度忧患，心绪已然不正了'。大致而言，人有七种感情，感情流露得太多就是过度，流露得太少则是不够。才超过一点就已不是心的本然状态了，所以必须通过调节，使得心绪中正平和才可以。以子女哀悼父母的丧事为例，作

---

[1] 鸿胪寺：掌管赞导相礼的衙门。王阳明于明正德九年（1514年）升任南京鸿胪寺卿。仓居：在衙舍居住。

[2] 《大学》："所谓修身在正其心者……有所忧患，则不得其正。"

[3] 《孝经·丧亲》："孝子之丧亲也……三日而食，教民无以死伤生。毁不灭性，此圣人之政也。"

为父母的孝子，难道不想一下哭死才能纾解悲痛之心？然而圣人说'哀伤不能害了性命'，这不是圣人要强人所难，只是天理的本来状态规定了一定的限度，因此不能超过。人只要能够认识心的本来状态，自然一丝一毫都不会有所增减。"

【四六】

"不可谓'未发之中'常人俱有。盖'体用一源'[1]，有是体即有是用。有'未发之中'，即有'发而皆中节之和'。今人未能有'发而皆中节之和'，须知是他'未发之中'亦未能全得。"

【译文】

"不能说常人都能保持'感情未发出来时的中正'。因为'本体与作用同源'，有怎样的本体就有怎样的作用。有'未发之中'的本体，自然有'发而皆中节之和'的作用。现在的人没有做到'发而皆中节之和'，可见是因为还没有完全实现'未发之中'。"

【四七】

"《易》之辞是'初九，潜龙勿用'[2]六字；《易》之象是初画；《易》之变是值其画；《易》之占是用其辞。"[3]

【译文】

"《易经》乾卦的初九爻爻辞是'初九，潜龙勿用'六个字；其卦象是指初九爻；其变化是出现新爻；《易经》的占卜就是用的卦辞和爻辞。"

---

[1] "体用一源"，语出程颐《易传·序》："至微者，理也；至著者，象也。体用一源，显微无间。""未发之中"参见第二九条注。

[2] 初九，潜龙勿用：《易经·乾卦》之爻辞，象征潜伏的龙，不能发挥作用。初九，指乾卦从下数第一爻，亦称初画。《易经》中用九代表阳爻，用六代表阴爻。

[3] 《易经·系辞上》："《易》有圣人之道四焉：以言者尚其辞，以动者尚其变，以制器者尚其象，以卜筮者尚其占。"

【四八】

"'夜气'[1]是就常人说。学者能用功,则日间有事无事,皆是此气翕聚发生处。圣人则不消说'夜气'。"

【译文】

"'夜气'是就常人而言的。学者能时刻用功,那么无论白天有事还是无事,都是这'气'聚散发生作用的时候。圣人则不必讲求'夜气'。"

【四九】

澄问"操存舍亡"[2]章。

曰:"'出入无时,莫知其乡'。此虽就常人心说,学者亦须是知得心之本体亦元是如此,则操存功夫始没病痛。不可便谓出为亡,入为存。若论本体,元是无出无入的。若论出入,则其思虑运用是出。然主宰常昭昭在此,何出之有?既无所出,何入之有?程子所谓'腔子'[3],亦只是天理而已。虽终日应酬而不出天理,即是在腔子里。若出天理,斯谓之放,斯谓之亡。"

又曰:"出入亦只是动静,动静无端,岂有乡邪?"

【译文】

陆澄问先生关于《孟子》"操存舍亡"那一章。

先生说:"'心的出入并没有规律,也不知道它的方向'。这虽然是针对常人的心而言,为学之人应当明白心的本体也是如此,操持与存守时才不会出问题。不能随随便便认为出就是失去,入就是保有。就心的本然状态而言,原本并无出和入。就出和入而言,则人的思虑运用就是出。然而人心明明就在里面,怎么能叫出呢?既然没有所谓出,那又何来的入呢?程颐先生所说的'腔

---

[1]《孟子·告子上》:"其日夜之所息,平旦之气,其好恶与人相近也者几希,则其旦昼之所为,有梏亡之矣。梏之反复,则其夜气不足以存;夜气不足以存,则其违禽兽不远矣。"夜气,即晚间静思所得的良知善念。

[2]《孟子·告子上》:"孔子曰:'操则存,舍则亡,出入无时,莫知其乡。'惟心之谓欤?"操:操持。舍:摈弃。乡:方向。意为把握住就存在,放弃就失去,出入没有一定的时候,也不知道它去向何方。

[3]《河南程氏遗书》:"心要在腔子里。"腔子:指胸腔。

子'，也只是天理而已。虽然每天应酬，也不外乎天理，那么心体就在胸腔里。如若超出天理，便是放纵心体，放纵心体就是失去了心体了。"

先生又说："心的出入也只是动和静，动和静并无端倪，怎么会有方向呢？"

【五〇】

王嘉秀[1]问："佛以出离生死诱人入道，仙以长生久视诱人入道，其心亦不是要人做不好。究其极至，亦是见得圣人上一截[2]，然非入道正路。如今仕者，有由科、有由贡、有由传奉，一般做到大官，毕竟非入仕正路，君子不由也。仙佛到极处，与儒者略同。但有了上一截，遗了下一截，终不似圣人之全。然其上一截同者，不可诬也。后世儒者又只得圣人下一截，分裂失真，流而为记诵、词章、功利、训诂，亦卒不免为异端。是四家者，终身劳苦，于身心无分毫益，视彼仙佛之徒清心寡欲、超然于世累之外者，反若有所不及矣。今学者不必先排仙佛，且当笃志为圣人之学。圣人之学明，则仙佛自泯。不然，则此之所学，恐彼或有不屑，而反欲其俯就，不亦难乎？鄙见如此，先生以为何如？"

先生曰："所论大略亦是。但谓上一截、下一截，亦是人见偏了如此。若论圣人大中至正之道，彻上彻下，只是一贯，更有甚上一截、下一截？'一阴一阳之谓道'，但'仁者见之便谓之仁，知者见之便谓之智，百姓又日用而不知，故君子之道鲜矣'[3]，仁智岂可不谓之道？但见得偏了，便有弊病。"

【译文】

王嘉秀问道："佛家用超脱生死轮回来引诱人信佛，道家以长生不老来引诱人修道，他们的本心也并非要人去作恶。究其根本，他们两家也都能看到圣人之教的'上达'功夫，但不是入道的正途。好比如今为官的人，有的通过科考，有的通过举荐，有的通过继承，同样做到了大官，但如果不是为官的

---

[1] 王嘉秀：字实夫，王阳明的学生，喜欢谈论佛、道。

[2] 上一截：即"上达"功夫。"上达"与"下学"参见第二四条注。

[3] 以上两句均出自《易经·系辞上》。

正途，君子是不会去做的。道家与佛家到达极致，与儒家有相同之处。然而有了'上达'的功夫，失去了'下学'的功夫，终究不像圣人的学问全体兼备。然而佛与道在'上达'方面与儒家的相同，这点不能随便否认。后世的儒者又都只得到了圣人之学'下达'的功夫，分割了圣学，使之失去本真，沦落为记诵、词章、功利、训诂的学问，最终也难免沦为异端邪说。从事这四种学问的人，一生劳苦，却于自家的身心没有丁点益处，相比佛家、道家那些清心寡欲、超脱于世俗牵累之外的人，反而有所不及。如今的学者，不必起先就排斥佛、道，而应当笃志于圣人之学。圣人之学发扬光大了，佛道的学说自然就会消亡。如若不然，对于儒者所学的东西，佛、道两家恐怕不屑一顾，还想使佛、道两家拜服儒学，可能吗？这是我的浅见，先生认为如何？"

先生说："你的看法大体上正确。但你区分了'上达'和'下学'，也只是一般人的见识罢了。如若讲到圣人大中至正的道，则是通天彻地，一贯而下，哪里有上与下的区分呢？'一阴一阳之谓道'，然而'仁者见仁，智者见智，百姓与大道日日相处却视若无睹，故而君子所遵循的大道很少有人能够明白'，仁爱与睿智不也是道吗？但理解得片面，就会有弊病。"

【五一】

"蓍固是《易》，龟亦是《易》。"

【译文】

"用蓍草占卜是《易经》，用龟甲占卜也是《易经》。"

【五二】

问："孔子谓武王未尽善[1]，恐亦有不满意？"

先生曰："在武王自合如此。"

曰："使文王未没，毕竟如何？"

---

[1] 《论语·八佾》："子谓《韶》：'尽美矣，又尽善也。'谓《武》：'尽美矣，未尽善也。'"《韶》和《武》均是古代的乐舞，前者歌颂虞舜，后者歌颂周武王。

曰："文王在时，天下三分已有其二[1]。若到武王伐商之时，文王若在，或者不致兴兵，必然这一分亦来归了。文王只善处纣，使不得纵恶而已。"

【译文】

陆澄问："孔子说周武王还没有达到至善，恐怕是孔子对武王伐纣的行为有所不满吧？"

先生说："作为周武王来说，自然应当如此做。"

陆澄接着问："假如周文王没有死，那会如何？"

先生说："文王在世时，三分之二的诸侯已归顺了周。如果武王伐纣时文王还在，或许不需要兴兵，另外三分之一也会归顺。文王只是善于与纣王相处，使他不能肆意为恶罢了。"

【五三】

问孟子言"执中无权犹执一"[2]。

先生曰："中只是天理，只是易。随时变易，如何执得？须是因时制宜，难预先定一个规矩在。如后世儒者要将道理一一说得无罅漏，立定个格式，此正是执一。"

【译文】

有人向先生请教孟子所说的"执中无权犹执一"的意思。

先生说："中道便是天理，便是权变。随时而变，又如何可以执着？必须因时制宜，很难预先设定一个标准。后世的儒者要把各种道理阐述得没有纰漏，确立一个固定的格式，这正是执着于一。"

【五四】

唐诩[3]问："立志是常存个善念，要为善去恶否？"

---

[1]《论语·泰伯》："三分天下有其二，以服事殷。周之德，其可谓至德也已矣。"意为三分之二的诸侯国已归顺周，而文王依旧恪守臣节，尊奉殷商。

[2]《孟子·尽心上》："子莫执中，执中为近之，执中无权，犹执一也。"执中：即持守中道。无权：即不通权变。执一：即固执于一。

[3] 唐诩：江西人，王阳明的学生。

曰："善念存时，即是天理。此念即善，更思何善？此念非恶，更去何恶？此念如树之根芽，立志者长立此善念而已。'从心所欲不逾矩'[1]，只是志到熟处。"

【译文】

唐诩问："立志就是要时刻存守善念，时刻想着为善去恶吗？"

先生说："善念得到存守之时，便是天理。这个念头本身就是善，还要去想什么善？这个念头本身就不是恶，还要去什么恶？这个念头好比树木的根芽，立志之人只要时刻确立这个善念便足够了。孔子说'从心所欲不逾矩'，只是立志达到醇熟的境界而已。"

【五五】

"精神、道德、言动，大率收敛为主，发散是不得已。天、地、人、物皆然。"

【译文】

"精神、道德、语言、行动，大多以收敛为主，发散于外是特定情况下不得已而为。天、地、人乃至万物都是如此。"

【五六】

问："文中子是如何人？"

先生曰："文中子庶几'具体而微'[2]，惜其蚤死。"

问："如何却有续经之非？"

曰："续经亦未可尽非。"

请问。良久，曰："更觉'良工心独苦'[3]。"

---

[1]《论语·为政》："吾十有五而志于学，三十而立，四十而不惑，五十而知天命，六十而耳顺，七十而从心所欲不逾矩。"不逾矩：即不越出规矩。

[2]《孟子·公孙丑上》："子夏、子游、子张，皆有圣人之一体；冉牛、闵子、颜渊，则具体而微，敢问所安？"具体而微：指具备圣人的才智而略有所逊。

[3] 杜甫《题李尊师松树障子歌》："已知仙客意相亲，更觉良工心独苦。"形容优秀艺术家的作品，在创作过程中都费尽心思。

【译文】

陆澄问:"王通是怎样的人?"

先生说:"王通几乎已具备圣人的才智,只是在某些方面还略有欠缺,可惜死得太早了。"

陆澄问:"那他为何会做出仿作经典这种错事呢?"

先生说:"仿作经典也并不全错。"

陆澄接着问。先生过了好一会儿,说:"通过王通这件事,我更能体会到'良工心独苦'这句诗的含义了。"

【五七】

"许鲁斋[1]谓儒者以治生为先之说,亦误人。"

【译文】

"许鲁斋认为儒者以谋生为第一要务的说法,实在是误人子弟。"

【五八】

问仙家元气、元神、元精。

先生曰:"只是一件,流行为气,凝聚为精,妙用为神。"

【译文】

陆澄向先生请教道家所说的元气、元神、元精究竟是什么。

先生说:"这三者只是同一个事物,流动的时候就是气,凝聚起来就是精,发挥奇妙的作用就是神。"

【五九】

"喜怒哀乐,本体自是中和的,才自家着些意思,便过不及,便是私。"

【译文】

先生说:"喜怒哀乐的感情,其本然面貌便是中正平和的,只要加入一点自

---

[1] 许鲁斋:名衡,字仲平,号鲁斋,怀州河内(今河南沁阳)人。元代思想家,提倡程朱理学,为理学在北方传播做出重要贡献。他曾说:"为学者治生最为先务。"

己的意思，便会过度或不及，便是私欲。"

【六〇】

问"哭则不歌"[1]。

先生曰："圣人心体自然如此。"

【译文】

陆澄问孔子的"哭过便不再唱歌"的含义。

先生说："圣人的心体自然而然就是如此。"

【六一】

"克己须要扫除廓清，一毫不存方是。有一毫在，则众恶相引而来。"

【译文】

"克制自己的私欲必须彻底扫除干净，一丝一毫都不能存留。只要有一丝一毫的私欲尚存，众多的恶念便会接踵而至。"

【六二】

问《律吕新书》[2]。

先生曰："学者当务为急，算得此数熟亦恐未有用，必须心中先具礼乐之本方可。且如其书说，多用管以候气[3]，然至冬至那一刻时，管灰之飞或有先后，须臾之间，焉知那管正值冬至之刻？须自心中先晓得冬至之刻始得。此便有不通处。学者须先从礼乐本原上用功。"

---

[1]《论语·述而》："子于是日哭，则不歌。"意为如果孔子在这一天哭过了，就不会再唱歌。

[2]《律吕新书》：南宋蔡元定所著，上卷《律吕本原》，下卷《律吕辨证》，一本关于音律的著作。

[3] 候气：古代以芦草薄膜之灰置于律管，以确定气候。律管由十二个管组成，其由右至左为黄钟、大吕、泰簇、夹钟、姑洗、仲吕、蕤宾、林钟、夷则、南吕、无射、应钟，分别对应不同气候。比如冬至这一节气对应律管中的黄钟，那么冬至这一天，律管中黄钟这一节内的芦灰便会被吹动。

【译文】

陆澄向先生请教《律吕新书》。

先生说:"学者以确立礼乐的根本为当务之急,否则将乐律算得再熟也未必有用,心中必须有礼乐的根本才行。就像《律吕新书》中所说,一般用律管来查看阴阳二气的变化,但是到冬至那一刻,律管中的芦苇灰飞扬或许有先后,顷刻之间,怎么能确定是哪根律管中芦苇灰的飞扬表示了冬至的到来呢?必须心中事先知道冬至的时刻才行。所以这是说不通的。学者必须从礼乐的根本上下功夫。"

【六三】

曰仁云:"心犹镜也,圣人心如明镜,常人心如昏镜。近世格物之说,如以镜照物,照上用功,不知镜尚昏在,何能照?先生之格物,如磨镜而使之明,磨上用功,明了后亦未尝废照。"

【译文】

徐爱说:"人心好比镜子,圣人之心好比明亮的镜子,而常人之心好比昏暗的镜子。朱熹的格物学说,好比拿镜子去照物,只在照的行为上下功夫,却不知道镜子本身是昏暗的,又怎么能够照物呢?先生的格物之说,好比是打磨镜子,使它明亮,在打磨镜子上下功夫,镜子明亮了自然能够照物。"

【六四】

问道之精粗。

先生曰:"道无精粗,人之所见有精粗。如这一间房,人初进来,只见一个大规模如此。处久,便柱壁之类,一一看得明白。再久,如柱上有些文藻,细细都看出来。然只是一间房。"

【译文】

陆澄向先生请教道的精与粗的问题。

先生说:"道无所谓精粗,是人对道的体会认识有精粗之分。好比这一间房子,人刚进来时,只看到个大概。待得久了,才将梁柱、墙壁一一看清楚。再待一段时间，柱子上的花纹都能看清楚了。然而，从头至尾也只是同一间房而已。"

【六五】

先生曰："诸公近见时少疑问，何也？人不用功，莫不自以为已知，为学只循而行之是矣。殊不知私欲日生，如地上尘，一日不扫便又有一层。着实用功，便见道无终穷，愈探愈深，必使精白无一毫不彻方可。"

【译文】

先生说："你们近来疑问少了，这是为何？人不用功，就会以为自己什么都知道，认为只要按过去的方法做就可以了。殊不知私欲日益增长，好比地上的灰尘，一日不扫便会多一层。如果在实处下功夫，便会发现大道无穷无尽，愈探究便愈精深，只有做到精确明白，没有一丝一毫不彻底之处方可。"

【六六】

问："知至然后可以言诚意，今天理、人欲知之未尽，如何用得克己工夫？"

先生曰："人若真实切己用功不已，则于此心天理之精微，日见一日，私欲之细微，亦日见一日。若不用克己工夫，终日只是说话而已，天理终不自见，私欲亦终不自见。如人走路一般，走得一段方认得一段；走到歧路处，有疑便问；问了又走，方渐能到得欲到之处。今人于已知之天理不肯存，已知之人欲不肯去，且只管愁不能尽知，只管闲讲，何益之有？且待克得自己无私可克，方愁不能尽知，亦未迟在。"

【译文】

陆澄问："致知的功夫实现了才可以谈诚意的，如今天理和人欲还没弄明白，如何去做克制私欲的功夫呢？"

先生说："一个人如果自己切实不断地下功夫，那么对于心中天理的体会认识必然日益精微，而对私欲的认识也日益精微。如若不去做克制私欲的功夫，整天只是嘴上说说，终究看不清天理和私欲。好比人学习走路，走过一段路才认识这段路；走到分岔路口时，有疑问便问；问了再走，才能慢慢到达目的地。现如今有些人，对于已经体会到的天理不愿存养，对于已经认识到的人欲不肯除去，自顾自地去担心是否能够全部弄明白，只顾空谈，又有什么作用？等到克己的功夫下到无私欲可克的地步，再去担心不能全部弄明白，也还不算迟。"

【六七】

问："道一而已，古人论道往往不同，求之亦有要乎？"

先生曰："道无方体[1]，不可执着，却拘滞于文义上求道，远矣。如今人只说天，其实何尝见天？谓日、月、风、雷即天，不可；谓人、物、草、木不是天，亦不可。道即是天。若识得时，何莫而非道？人但各以其一隅之见，认定以为道止如此，所以不同。若解向里寻求，见得自己心体，即无时无处不是此道，亘古亘今，无终无始，更有甚同异？心即道，道即天，知心则知道、知天。"

又曰："诸君要实见此道，须从自己心上体认，不假外求，始得。"

【译文】

陆澄问："道只有一个，古人所谈论的大道却往往有所不同，求道也有要领吗？"

先生说："道没有具体的形体，无法把捉，所以不能执着，若拘泥于文字意思上探求大道，实则差得远了。好比现如今的人们谈论天，他们又何曾真正见到过天？将日、月、风、雷等天象视作天，不对；认为人、物、草、木就不是天，却也未必如此。道就是天。如果体会到这层意思，那还有什么不能认为是道的呢？人们只是各自依据自己的偏见，就认为道只不过如此，因而所见才会有所不同。如若不断向内探求，体认到自己的心体，道便会周流于任何时间与地点，从古至今，自始至终，哪有什么不同呢？心就是道，道就是天，体认心体就是体认道、体认天。"

---

[1]《易经·系辞上》："故神无方而易无体。"意为易的运动变化神妙莫测，无法切实地把握。

先生又说："诸位要想真正体认大道，必须从自己的心上去体认，不能向外去探求，这样才能有所发现。"

【六八】

问："名物度数，亦须先讲求否？"

先生曰："人只要成就自家心体，则用在其中。如养得心体，果有'未发之中'，自然有'发而中节之和'，自然无施不可。苟无是心，虽预先讲得世上许多名物度数，与己原不相干，只是装缀，临时自行不去。亦不是将名物度数全然不理，只要'知所先后则近道'[1]。"

又曰："人要随才成就，才是其所能为。如夔之乐、稷之种[2]，是他资性合下便如此。成就之者，亦只是要他心体纯乎天理，其运用处，皆从天理上发来，然后谓之才。到得纯乎天理处，亦能'不器'，使夔、稷易艺而为，当亦能之。"

又曰："如'素富贵行乎富贵，素患难行乎患难'，皆是'不器'。此惟养得心体正者能之。"

【译文】

陆澄问："事物的名称与度量，是否需要预先讲究？"

先生说："人只要能存养自己的心体，具体的作用便自然在心体之中了。如果存养心体能够达到'感情未发出来时的中正'状态，自然会有'发而中节之和'的作用，自然无所不到、无事不可。如果没有确立心体，即便预先探求许多事物的知识，与自己的心体也毫无关系，只是装点门面的功夫，遇到事情没有任何作用。当然，也并非全然不讲究事物的知识，只是'要知道何者为先、何者为后，就接近道了'。"

先生又说："人要根据自己的才能去成就事业，才能有所作为。如同夔之于音乐、稷之于农事一样，是他们的天性适合做这样的事情才能如此。要有所成就，就是要让心体纯粹都是天理，心的运动作用，都是从天理上发见出来，方

---

[1]《大学》："物有本末，事有终始。知所先后，则近道矣。"

[2] 夔：相传为舜的乐官；稷：周人的祖先，尧舜时期主管农事的官。

能称之为才。等到心里纯粹都是天理,甚至可以不为具体的才能所束缚,让夔和稷互换工作,他们也能够做好。"

先生又说:"像《中庸》所说,'身处富贵则做富贵时该做的事,身处患难则做患难时该做的事',都是不为具体的才能所束缚。而这只有心体达到中正的人才能够做到。"

【六九】

"与其为数顷无源之塘水,不若为数尺有源之井水,生意不穷。"

时先生在塘边坐,旁有井,故以之喻学云。

【译文】

"与其挖一个数顷之大而无源头的水塘,不如挖数尺深而有源头的井,井水会源源不断。"

那时先生正坐在池塘边,旁边有一口井,因而先生以此来比喻做学问。

【七〇】

问:"世道日降,太古时气象如何复见得?"

先生曰:"一日便是一元[1]。人平旦时起坐,未与物接,此心清明景象,便如在伏羲时游一般。"

【译文】

陆澄问:"如今世风日下,上古时代的景象如何才能再见到呢?"

先生说:"一天便是一个循环。人早晨起来,还未与物接触,心中清明平和,就好像悠游于伏羲之世一般。"

【七一】

问:"心要逐物,如何则可?"

先生曰:"人君端拱清穆,六卿分职,天下乃治。心统五官,亦要如此。今

---

[1] 北宋著名的理学家邵雍有"元会运世"之说,1元=12会=360运=4320世=12966年。一元之后又是一元。

眼要视时，心便逐在色上；耳要听时，心便逐在声上。如人君要选官时，便自去坐在吏部；要调军时，便自去坐在兵部。如此，岂惟失却君体，六卿亦皆不得其职。"

【译文】

陆澄问："心要去追逐外物，该怎么办？"

先生说："君主庄严肃穆，垂拱而坐，六卿各司其职，天下才能得到治理。心统摄五官，也要如此。如果眼睛要看时，心便在追逐颜色上；耳朵要听时，心便在追逐声音上。就好比君主要选任官员时，便去吏部；要调用军队时，又去兵部。如果这样，不但君主失去了体统，六卿也无法各司其职。"

【七二】

"善念发而知之，而充之；恶念发而知之，而遏之。知与充与遏者，志也，天聪明也。圣人只有此，学者当存此。"

【译文】

先生所说："善念萌发时要认识它、扩充它；恶念萌发时，要认识它、遏制它。认知、扩充、遏制，都是意志的作用，都是天所赋予的聪明才智。圣人也只是有这个意志，学者应当时刻存养这个意志。"

【七三】

澄曰："好色、好利、好名等心固是私欲，如闲思杂虑，如何亦谓之私欲？"

先生曰："毕竟从好色、好利、好名等根上起，自寻其根便见。如汝心中决知是无有做劫盗的思虑。何也？以汝元无是心也。汝若于货、色、名、利等心，一切皆如不做劫盗之心一般都消灭了，光光只是心之本体，看有甚闲思虑？此便是'寂然不动'，便是'未发之中'，便是'廓然大公'。自然'感而遂通'[1]，自然'发而中节'，自然'物来顺应'[2]。"

---

[1]《易经·系辞上》："寂然不动，感而遂通天下之故也。"

[2] 程颢《答横渠先生定性书》："故君子之学，莫若廓然而大公，物来而顺应。"

【译文】

陆澄说:"好色、贪财、求名等心固然是私欲,而那些闲思杂念,为何也叫私欲呢?"

先生说:"这是因为闲思杂念也是从好色、贪财、求名这些根上生发出来的,找到其根源你就能明白了。比如你心中知道自己绝对不会去做抢劫、盗窃之事。为什么?因为你原本就没有这个念头。如果你贪财、好色、追求名利等念头,一切都像不做抢劫、盗窃之事的念头一般消灭殆尽,恢复到心体的本然状态,那还有什么闲思杂念?这便是心体寂静不动,便是一切情感未发时的中正平和,便是心胸广阔、公正。这样的心体自然能够感遇外物而无所不通,心体的发用也自然能够符合中正节制,有事物呈现于心体也自然能够顺应了。"

【七四】

问"志至气次"[1]。

先生曰:"志之所至,气亦至焉之谓,非极至、次二之谓。'持其志',则养气在其中;'无暴其气',则亦持其志矣。孟子救告子[2]之偏,故如此夹持说。"

【译文】

陆澄问为何"志至气次"的问题。

先生说:"这是说意志所到之处,气也相继而至的意思,并非以志为先而以气为从的意思。'坚持自己的志',则养气也在其中了;'不要滥用自己的气',也就是保持自己的志了。孟子补救告子的偏颇,才兼顾两边而立说。"

---

[1]《孟子·公孙丑上》:"夫志,气之帅也;气,体之充也。夫志至焉,气次焉。故曰:'持其志,无暴其气。'"表达意志的主导作用。

[2] 告子:名不害,与孟子同时,提出"食色,性也""生之谓性"等观点,与孟子性善之论多有悖。

【七五】

问："先儒曰：'圣人之道，必降而自卑；贤人之言，则引而自高。'[1]如何？"

先生曰："不然，如此却乃伪也。圣人如天。无往而非天：三光之上，天也；九地之下，亦天也。天何尝有降而自卑？此所谓大而化之也。贤人如山岳，守其高而已。然百仞者不能引而为千仞，千仞者不能引而为万仞。是贤人未尝引而自高也，引而自高则伪矣。"

【译文】

陆澄问："程颐先生说：'圣人之道，必然谦逊而朴素；贤人的言说，则自我抬高。'这话如何？"

先生说："不对，如果这样就是作假了。圣人像天一般。没有什么不是天：日月星辰之下是天；九泉之下也是天。天何尝需要自己降低自己、让自己显得谦卑呢？这是孟子所谓'大而化之'的含义。贤人则像高山，固守其高处而已。然而百仞的高山不能抬高自己到千仞，千仞的高山不能抬高自己到万仞。所以贤人也并未抬高自己，若是这样便是作假了。"

【七六】

问："伊川谓'不当于喜怒哀乐未发之前求中'[2]，延平[3]却教学者看未发之前气象，何如？"

先生曰："皆是也。伊川恐人于未发前讨个中，把中做一物看，如吾向所谓认气定时做中，故令只于涵养省察上用功。延平恐人未便有下手处，故令人时时刻刻求未发前气象，使人正目而视惟此，倾耳而听惟此，即是'戒慎不睹，恐惧不闻'[4]的工夫。皆古人不得已诱人之言也。"

---

[1] 朱熹在《论语集注》中引用程颐的话："圣人之道，必降而自卑，不如此则人不亲；贤人之言，则引而自高，不如此则道不尊。"王阳明不同意这种说法。

[2] 语出《河南程氏遗书》。

[3] 延平：姓李，名侗，字愿中，世称延平先生，南剑州剑浦（今福建南平）人。程颐三传弟子，朱熹曾从游其门下。

[4] 《中庸》："是故君子戒慎乎其所不睹，恐惧乎其所不闻。莫见乎隐，莫显乎微。故君子慎其独也。"意为君子在别人不闻不见之处，亦要恪守道德。

【译文】

陆澄问:"程颐先生说'不该在喜怒哀乐未发之前追求中正之道',李侗先生却教导学者要体会情感未发之前的境界,他们的说法对吗?"

先生说:"都对。程颐先生唯恐人们在感情未发之前追求中正,把中正看作一件事物,就如同我曾经说的把气的安定当作中正平和一般,所以才让学者只在涵养省察上下功夫。延平先生害怕人们一开始找不到下手之处,所以要人时刻观察体会感情未发前的境界,使人全神贯注地去听、去看这个未发前的境界。这就是'戒慎不睹,恐惧不闻'的功夫。这都是古人不得已,引导别人做学问的话头罢了。"

【七七】

澄问:"喜怒哀乐之中和,其全体常人固不能有。如一件小事当喜怒者,平时无喜怒之心,至其临时,亦能中节,亦可谓之中和乎?"

先生曰:"在一时一事,固亦可谓之中和,然未可谓之大本、达道[1]。人性皆善,中和是人人原有的,岂可谓无?但常人之心既有所昏蔽,则其本体虽亦时时发见,终是暂明暂灭,非其全体大用矣。无所不中,然后谓之大本。无所不和,然后谓之达道。惟天下之至诚,然后能立天下之大本。"

曰:"澄于中字之义尚未明。"

曰:"此须自心体认出来,非言语所能喻。中只是天理。"

曰:"何者为天理?"

曰:"去得人欲,便识天理。"

曰:"天理何以谓之中?"

曰:"无所偏倚。"

曰:"无所偏倚是何等气象?"

曰:"如明镜然,全体莹彻,略无纤尘染着。"

曰:"偏倚是有所染着,如着在好色、好利、好名等项上,方见得偏倚;若

---

[1]《中庸》:"喜怒哀乐之未发,谓之中;发而皆中节,谓之和。中也者,天下之大本也;和也者,天下之达道也。"

未发时，美色、名、利皆未相着，何以便知其有所偏倚？"

曰："虽未相着，然平日好色、好利、好名之心，原未尝无。既未尝无，即谓之有。既谓之有，则亦不可谓无偏倚。譬之病疟之人，虽有时不发，而病根原不曾除，则亦不得谓之无病之人矣。须是平日好色、好利、好名等项一应私心扫除荡涤，无复纤毫留滞，而此心全体廓然，纯是天理，方可谓之喜怒哀乐'未发之中'，方是天下之大本。"

【译文】

陆澄问："喜怒哀乐等感情中正平和的状态，要全体皆备，常人固然很难做到。比如遇到一件应当高兴或愤怒的小事，平时没有喜怒之心，等遇到事情也能使感情符合中正的标准，这是否也能算是中正平和呢？"

先生说："于一时一事上可以说达到了中正平和，然而并未真正实现中道的根本、平和的大道境界。人性都是善的，中和也是人人俱有的，怎么能说没有呢？不过常人的心有所蒙蔽，心之本体虽然时不时地显现，终究断断续续，并非心之全备之体、广大之用。时时刻刻都是中正，就是'大本'，时时刻刻都是平和，就是'达道'。只有天下最真诚的人，才能确立中道的根本。"

陆澄说："我对'中'字的含义还不甚明白。"

先生说："这必须从自己的心体上体会出来，不是言语所能说清楚的。'中'其实就是天理。"

陆澄问："什么是天理？"

先生说："摒弃私欲，便能体认天理。"

陆澄说："天理为什么被称为'中'呢？"

先生说："因为天理不偏不倚。"

陆澄说："没有偏倚是怎样的呢？"

先生说："就好比是明镜，通体晶莹剔透，无纤尘沾染。"

陆澄说："偏倚就是有所沾染，如沾染上好色、好名、好利等事，便是有所偏倚；如果感情并未萌发，美色、名利等都未显现，如何知道它是否有所偏倚呢？"

先生说："虽然没有表现出来，但平日里好色、好名、好利的念头并非没有。既然并非没有，那就是有这些念头。既然有这些念头，便不能没有偏倚。比如患疟疾的人，虽然有时病未发作，但病根没有根除，那么也不能认为他是没有病的人。必须把平日里好色、好利、好名等事一一扫除干净，丝毫不留，而心里纯然都是天理，才可以称为喜怒哀乐'未发出来时的中正'，这才是天地间中道的根本。"

【七八】

问："'颜子没而圣学亡'[1]，此语不能无疑。"

先生曰："见圣道之全者惟颜子，观'喟然一叹'[2]可见。其谓'夫子循循然善诱人，博我以文，约我以礼'，是见破后如此说。'博文''约礼'如何是善诱人？学者须思之。道之全体，圣人亦难以语人，须是学者自修自悟。颜子'虽欲从之，末由也已'，即文王'望道未见'意。望道未见，乃是真见。颜子没而圣学之正派遂不尽传矣。"

【译文】

陆澄问："先生您曾说'颜渊死后孔子之学便衰亡了'，对此我有疑问。"

先生说："能够全部领会孔子圣学的，只有颜回一人，这从颜渊'喟然一叹'便可以看出。他说'孔子善于循序渐进引导学生，以文教扩充我的学识，以礼仪约束我的行为'，这是他全部领会孔子之学后才能说的话。'博文''约礼'怎么能够善于教导人呢？为学之人必须认真思考。对于道的全体，即便是圣人也很难告诉人，必须是为学之人自己去修行、去体悟。颜回'想要再向前迈进一步，却又不知怎样着手'，也就是文王'见到大道却如同没有见到一样渴求'的意思。见到大道而如同未见到一般渴求，才是真正的见到。颜回死后，孔子的学说正宗便无法尽数流传下来。"

---

[1] 语出《王文成公全书·送甘泉书》。颜渊：名回，字子渊，是孔子最得意的学生，被后世尊为"复圣"。

[2] 《论语·子罕》："颜渊喟然叹曰：'仰之弥高，钻之弥坚；瞻之在前，忽焉在后。夫子循循然善诱人，博我以文，约我以礼，欲罢不能。既竭吾才，如有所立卓尔。虽欲从知，末由也已。'"

【七九】

问:"身之主为心,心之灵明是知,知之发动是意,意之所着为物,是如此否?"

先生曰:"亦是。"

【译文】

陆澄问:"身体的主宰是心,而心的灵动明亮就是知,知的生发作用就是意,意所指向的对象就是物,是这么理解吗?"

先生说:"可以这么说。"

【八〇】

"只存得此心常见在便是学。过去未来事,思之何益?徒放心耳。"

【译文】

"只要时刻存养本心就是学习。过去与将来的事,想它又有何益处?只会迷失本心罢了。"

【八一】

"言语无序,亦足以见心之不存。"

【译文】

"说话颠来倒去,也足以说明心没有得到存养。"

【八二】

尚谦[1]问孟子之"不动心"与告子异[2]。

先生曰:"告子是硬把捉着此心,要他不动。孟子却是集义到自然不动。"

又曰:"心之本体原自不动。心之本体即是性,性即是理。性元不动,理元不动。集义是复其心之本体。"

---

[1] 尚谦:即薛侃,字尚谦,号中离,广东揭阳人,王阳明的学生。

[2] 孟子与告子"不动心"之区别详见《孟子·公孙丑上》。简言之,告子之"不动心"是通过外力框住心,使心不动。而孟子之"不动心"则是心的自然不动。

【译文】

薛侃问孟子所说的"不动心"与告子所说的"不动心"有何差别。

先生说:"告子的不动心是强行把捉住心,使心不动。孟子的不动心则是通过不断修养德性使心自然不动。"

先生又说:"心的本体原本是不动的。心的本体便是性,性便是理。性原本不动,理也原本不动。不断修养德性,就是复归心的本体。"

【八三】

"万象森然时,亦冲漠无朕;冲漠无朕,即万象森然[1]。冲漠无朕者,一之父;万象森然者,精之母。一中有精,精中有一。"

【译文】

"万事万物都了然于心,就达到了寂然无我的境界;而达到寂然无我的境界,那么万事万物也就可以了然于心了。寂然无我的境界,就是统摄万物的'专一';了然于心的状态,就是孕育万物的'精研'。'专一'之中有'精研','精研'之中有'专一'。"

【八四】

"心外无物。如吾心发一念孝亲,即孝亲便是物。"

【译文】

"心之外没有事物。如果我的心中产生一个孝顺父母的念头,那么孝顺父母便是一件事物。"

【八五】

先生曰:"今为吾所谓格物之学者,尚多流于口耳,况为口耳之学者,能反于此乎?天理、人欲,其精微必时时用力,省察克治,方日渐有见。如今一说话之间,虽只讲天理,不知心中倏忽之间,已有多少私欲。盖有窃发而不知者,虽用力察之,尚不易见,况徒口讲而可得尽知乎?今只管讲天理来顿放着

---

[1]《二程遗书》卷十五:"冲漠无朕,万象森然已具,未应不是先,已应不是后。"

不循，讲人欲来顿放着不去，岂格物致知之学？后世之学，其极至，只做得个'义袭而取'[1]的工夫。"

【译文】

先生说："现在许多学习我的格物之学的人，大多停留在口耳之间，何况那些喜欢空谈学问的人，怎能不如此呢？天理和人欲的分辨，在精微之处必须时刻下功夫，反省体察，时时克制，才能逐渐有所得。就我们现在说话的这点时间，虽然讲的只是天理，却不知心里一瞬间又夹杂了多少的私欲。对于那些偷偷地发生而无法察觉的私欲，虽然下苦功去体察，也不容易发觉，何况仅仅口头上说说，又如何能够全部发现呢？如今空讲天理，却放着它不去遵循，空讲人欲，却放着它不去摒弃，这怎么是格物之学呢？后世的学问，即便做到极致，也不过是个'不通过积累便想获得成就'的功夫。"

【八六】

问格物。

先生曰："格者，正也。正其不正以归于正也。"

【译文】

陆澄向先生请教格物。

先生说："格就是纠正的意思。格物就是使那些不正的念头复归于正。"

【八七】

问："知止者，知至善只在吾心，元不在外也，而后志定？"

曰："然。"

【译文】

陆澄问："'知止'是否就是明白至善只在自己心中，并不在外面，然后志向就能够确定了？"

先生说："是的。"

---

[1]《孟子·公孙丑上》："（浩然之气）是集义所生者，非义袭而取之也。"集义，即所作所为均符合义，自然会慢慢培养出浩然之气；义袭而取，即只是偶尔良心发现，做一些符合义的事，这样是无法养成浩然之气的。

【八八】

问:"格物于动处用功否?"

先生曰:"格物无间动静,静亦物也。孟子谓'必有事焉'[1],是动静皆有事。"

【译文】

陆澄问:"格物是否是在动的时候下功夫?"

先生说:"格物不分动静,静处时也有事物。孟子说'必有事焉',意思是在动和静的时候都要与事物相处。"

【八九】

"工夫难处,全在格物致知上。此即'诚意'之事。意既诚,大段心亦自正,身亦自修。但'正心''修身'工夫亦各有用力处,'修身'是已发边,'正心'是未发边。心正则中,身修则和。"

【译文】

"做功夫的困难之处,全部在格物致知上。这就是如何'诚意'的问题了。意念如果真诚,那么心也差不多能够摆得正,修身也就水到渠成了。不过'正心'和'修身'的功夫也各自有着力点,'修身'是就已经发出来的情感而言,'正心'是就还未发出来的情感而言。心摆得端正,那么未发的情感就能够中正;身得以修养,那么已发情感就可以平和。"

【九〇】

"自'格物''致知'至'平天下',只是一个'明明德'。虽'亲民',亦'明德'事也。'明德'是此心之德,即是仁。仁者以天地万物为一体[2],使有一物失所,便是吾仁有未尽处。"

---

[1]《孟子·公孙丑上》:"必有事焉而勿正,心勿忘,勿助长也。"必有事焉,即于动于静均有事物,存养功夫不可须臾间断之意。

[2]《河南程氏遗书》:"学者须先识仁。仁者,浑然与物同体。"

【译文】

"从'格物''致知'到'平天下',只是'明明德'的具体展开而已。虽然说'亲民',其实也是'明明德'的分内事。'明德'就是内在的德性,就是仁。有仁德的人将天地万物视作一个整体,只要有一物不得其所,便是仁德还不完备。"

【九一】

"只说'明明德'而不说'亲民',便似老佛。"

【译文】

"只谈'明明德'而不谈'亲民',就和佛、道两家的思想接近了。"

【九二】

"至善者性也。性元无一毫之恶,故曰至善。止之,是复其本然而已。"

【译文】

"至善是天性使然。天性原本没有一丝一毫的恶,所以才叫至善。止于至善,就是复归于本来的天性而已。"

【九三】

问:"知至善即吾性,吾性具吾心。吾心乃至善所止之地,则不为向时之纷然外求,而志定矣。定则不扰扰而静,静而不妄动则安,安则一心一意只在此处。千思万想,务求必得此至善,是'能虑而得'[1]矣。如此说是否?"

先生曰:"大略亦是。"

【译文】

陆澄问:"明白至善是人的本性,而本性就包含在人的心中。人的本心就是至善的所在,明白这个道理就不会像以前那样去外面探求至善,这样意志才能确定。意志确定之后就可以不受干扰、内心平静,内心平静就不会心念妄动,就会感到心安,心安就能够一心一意只关注至善。思来想去,都是要探求这个

---

[1]《大学》:"知止而后有定,定而后能静,静而后能安,安而后能虑,虑而后能得。"

至善，这样便是'能虑而得'了。这样理解可以吗？"

先生说："大体上不错。"

【九四】

问："程子云：'仁者以天地万物为一体。'何墨氏兼爱[1]，反不得谓之仁？"

先生曰："此亦甚难言，须是诸君自体认出来始得。仁是造化生生不息之理，虽弥漫周遍，无处不是，然其流行发生，亦只有个渐，所以生生不息。如冬至一阳生，必自一阳生，而后渐渐至于六阳[2]，若无一阳之生，岂有六阳？阴亦然。惟有渐，所以便有个发端处；惟其有个发端处，所以生；惟其生，所以不息。譬之木，其始抽芽，便是木之生意发端处；抽芽然后发干，发干然后生枝生叶，然后是生生不息。若无芽，何以有干有枝叶？能抽芽，必是下面有个根在。有根方生，无根便死。无根何从抽芽？父子兄弟之爱，便是人心生意发端处。如木之抽芽，自此而仁民、而爱物，便是发干、生枝、生叶。墨氏兼爱无差等，将自家父子兄弟与途人一般看，便自没了发端处。不抽芽，便知得他无根，便不是生生不息，安得谓之仁？孝弟为仁之本，却是仁理从里面发生出来。"

【译文】

陆澄问："程颢先生说：'有仁德的人将天地万物视为一个整体。'为何墨子的兼爱之说，反而不能认为是仁德呢？"

先生说："这很难说清楚，必须诸位自己体会才能明白。仁德是造化万物、生生不息的天理，虽然弥散流动在天地之间、无所不在，然而它的流动变化、作用发生，也都是逐渐发生的过程，因此才能够生生不息。好比冬至的时候，阳气刚刚生发出来，阳气慢慢积聚才会旺盛，如果没有一开始阳气的发生，哪里来后面旺盛的阳气呢？阴气的变化也是同样的道理。正因为仁德的作用是一

---

[1] 墨氏兼爱：墨子，名翟，春秋战国之际的思想家，鲁国人。墨家学派的创始人，后世尊称为墨子。其主要学说为兼爱非攻、尚同尚贤、天志明鬼等。

[2] 此为用阴阳消长之说来表明四季寒暑之更替。

个过程，所以才会有一个发端之处；正因其有个发端之处，所以才能生出万物；正因其能生出万物，所以才能不停不歇。例如树木，一开始发芽，就是树木生生之意的发端之处；发芽后长出树干，继而长出树枝、树叶，才得以生生不息。如果没有发芽，何来的树枝、树叶？而树木之所以能够发芽，是因为下面有一个树根。有树根才能够生，没有树根就会枯死。没有树根如何发芽呢？父子、兄弟之间的感情，便是人心中生生之意的发端之处。就像树木发芽一样，从孝悌之情开始，渐渐能发展成仁民和爱物的感情，就好比是树木长出树干、树枝和树叶。墨子的兼爱之说提倡没有差别的感情，将自己的父亲兄弟视作与路人相同，这就没有了发端之处。无法发芽，就知道墨子的兼爱是没有根的感情，便无法生生不息，这样怎能称其为仁德呢？孝悌之情是仁德的根本，而仁德正是从孝悌之情中生发出来。"

【九五】

问："延平云：'当理而无私心。'[1] '当理'与'无私心'如何分别？"

先生曰："心即理也，'无私心'即是'当理'，未'当理'便是'私心'。若析心与理言之，恐亦未善。"

又问："释氏于世间一切情欲之私都不染着，似无私心。但外弃人伦，却是未当理。"

曰："亦只是一统事，都只是成就他一个私己的心。"

【译文】

陆澄问："延平先生说：'合乎天理而没有私心。'合乎天理与没有私心如何区别？"

先生说："心就是天理，没有私心就是合乎天理，不合乎天理就是有私心。如果将心和理分开来说，恐怕不太好。"

陆澄接着问："佛家对于世间一切情欲私心都不沾染，似乎没有私心。但将一切外在的人伦关系全都抛弃，也不合乎天理。"

先生说："佛家和世人都是一回事，都只是要成就自己的一己私心而已。"

---

[1] 语出李侗《延平问答》。

【九六】[1]

侃问:"持志如心痛,一心在痛上,安有工夫说闲语、管闲事?"

先生曰:"初学工夫如此用亦好,但要使知'出入无时,莫知其乡'[2]。心之神明原是如此,工夫方有着落。若只死死守着,恐于工夫上又发病。"

【译文】

薛侃问:"持守意志好比心痛,一心一意全都放在感受这个痛上,哪还有功夫说闲话、管闲事?"

先生说:"初学时这样用功固然好,但是要知道意志的生发与作用是'出现与消失都无法确定时间,也不知道去往何方'的。心的神妙灵明本来就是如此,功夫才能够有所着落。如果只是死守着,恐怕又犯了执着的毛病了。"

【九七】

侃问:"专涵养而不务讲求,将认欲作理,则如之何?"

先生曰:"人须是知学,讲求亦只是涵养。不讲求,只是涵养之志不切。"

曰:"何谓知学?"

曰:"且道为何而学?学个甚?"

曰:"尝闻先生教,学是学存天理。心之本体即是天理。体认天理,只要自心地无私意。"

曰:"如此则只须克去私意便是,又愁甚理欲不明?"

曰:"正恐这些私意认不真。"

曰:"总是志未切。志切,目视耳听皆在此,安有认不真的道理!'是非之心,人皆有之'[3],不假外求。讲求亦只是体当自心所见,不成去心外别有个见。"

【译文】

薛侃问:"专注于涵养德性而不注重讲究求索的功夫,把私欲认作天理,应

---

[1] 自此条起至第一三〇条为薛侃所录。

[2] 参见第四九条注。

[3] 语出《孟子·告子上》。

该怎么办？"

先生说："人必须知道如何学习，讲究求索也只是涵养德性。不做讲究求索的功夫，只是涵养德性的意志不够坚定。"

薛侃问："什么叫知道如何学习？"

先生说："你且说说为何要学习？学些什么东西？"

薛侃说："以前曾听闻先生说过，学只是学习如何存养天理。心的本体就是天理。体认天理，就是要使得心中没有私欲。"

先生说："如果是这样，就只需要克除私欲便可，又何愁不明白天理和私欲呢？"

薛侃说："我正是担心辨认不清哪些是私欲。"

先生说："说到底还是意志不够坚定的缘故。如果意志坚定，眼睛、耳朵都在察觉私欲上，怎么会认不清呢！'辨别是非的能力，是人天生所具备的'，不需要向外去求。讲究求索也只是体会内心的感受，并非向外去求别的认识。"

【九八】

先生问在坐之友："比来工夫何似？"

一友举虚明意思。先生曰："此是说光景。"

一友叙今昔异同。先生曰："此是说效验。"

二友惘然，请是。

先生曰："吾辈今日用功，只是要为善之心真切。此心真切，见善即迁，有过即改，方是真切工夫。如此，则人欲日消，天理日明。若只管求光景，说效验，却是助长外驰病痛，不是工夫。"

【译文】

先生问在座的学友："近来功夫有何进展？"

一位学友说自己心中感到清澈明亮。先生说："这是说做功夫的情景。"

一位学友叙述了自己过去和现在的区别。先生说："这是说做功夫的效果。"

两位学友一片茫然，向先生求教。

先生说："我们现在下功夫，只是要使得为善之心更加真切。为善之心真切了，见到善就自然会贴近，有过错就会改正，这才是真切的功夫。只有这样，才能使得人欲日渐消弭，天理日渐明白。如果只是探求做功夫的情景和效果，反而会助长向外求的毛病，不是真正的功夫。"

【九九】

朋友观书，多有摘议晦庵者。

先生曰："是有心求异，即不是。吾说与晦庵时有不同者，为入门下手处有毫厘千里之分，不得不辩。然吾之心与晦庵之心，未尝异也。若其余文义解得明当处，如何动得一字？"

【译文】

学友们看书，时常指摘议论朱子。

先生说："存心去找区别，就是错误的。我的学说与朱子往往有所不同，在入门功夫上甚至有毫厘千里的差别，必须分辨清楚。然而我的用心与朱子并无二致。如果朱子在文义上解释得清楚明白的地方，又怎能改动一个字呢？"

【一〇〇】

希渊[1]问："圣人可学而至，然伯夷、伊尹于孔子才力终不同，其同谓之圣者[2]安在？"

先生曰："圣人之所以为圣，只是其心纯乎天理而无人欲之杂。犹精金之所以为精，但以其成色足而无铜铅之杂也。人到纯乎天理方是圣，金到足色方是精。然圣人之才力，亦有大小不同。犹金之分两有轻重。尧舜犹万镒[3]，文王、孔子犹九千镒，禹、汤、武王犹七八千镒，伯夷、伊尹犹四五千镒。才力不

---

[1] 希渊：即蔡宗兖，字希渊，号我斋，山阴（今浙江绍兴）人，王阳明的学生。

[2] 《孟子·万章下》："伯夷，圣之清者也；伊尹，圣之任者也；柳下惠，圣之和者也；孔子，圣之时者也。孔子之谓集大成。"

[3] 镒：古代重量单位。一镒合二十两，一说为二十四两。

同，而纯乎天理则同，皆可谓之圣人。犹分两虽不同，而足色则同，皆可谓之精金。以五千镒者而入于万镒之中，其足色同也。以夷尹而厕之尧、孔之间，其纯乎天理同也。盖所以为精金者，在足色而不在分两；所以为圣者，在纯乎天而不在才力也。故虽凡人而肯为学，使此心纯乎天理，则亦可为圣人，犹一两之金，比之万镒，分两虽悬绝，而其到足色处，可以无愧。故曰'人皆可以为尧舜'[1]者以此。学者学圣人，不过是去人欲而存天理耳，犹炼金而求其足色。金之成色所争不多，则煅炼之工省而功易成；成色愈下，则煅炼愈难。人之气质清浊粹驳；有中人以上、中人以下；其于道，有生知安行，学知利行。其下者必须人一己百，人十己千[2]，及其成功则一。后世不知作圣之本是纯乎天理，却专去知识才能上求圣人，以为圣人无所不知、无所不能，我须是将圣人许多知识才能，逐一理会始得。故不务去天理上看工夫，徒弊精竭力，从册子上钻研，名物上考索，形迹上比拟。知识愈广而人欲愈滋，才力愈多而天理愈蔽。正如见人有万镒精金，不务煅炼成色，求无愧于彼之精纯，而乃妄希分两，务同彼之万镒。锡、铅、铜、铁杂然而投，分两愈增而成色愈下，既其梢末，无复有金矣。"

时曰仁在旁，曰："先生此喻足以破世儒支离[3]之惑，大有功于后学。"

先生又曰："吾辈用力，只求日减，不求日增。减得一分人欲，便是复得一分天理，何等轻快脱洒！何等简易！"

【译文】

希渊问："圣人可以通过学习来达到，然而伯夷、伊尹与孔子相比，才学与能力终究不同，为什么孟子均称其为圣人呢？"

先生说："圣人之所以为圣人，只是心中纯粹都是天理而不夹杂着人欲。好比纯金之所以是纯金，只是因其成色足而没有铜和铅等杂质。人达到心中纯

---

[1]《孟子·告子下》："曹交问曰：'人皆可以为尧舜，有诸？'孟子曰：'然。'"

[2]《中庸》："人一能之，己百之；人十能之，己千之。果能此道矣，虽愚必明，虽柔必强。"

[3] 朱子与陆氏兄弟曾在鹅湖山辩论。陆氏之学以"发明本心"教人，认为朱子之学"支离"；而朱子强调格物而穷理，以为陆氏之功夫过于简易。故而陆九渊有诗云："易简功夫终久大，支离事业竟浮沉。"

然是天理就是圣人，金达到成色十足就是纯金。然而圣人的才学能力也有大小的区别，好比金的分量有轻有重。尧舜好比是万镒的黄金，文王、孔子好比是九千镒的黄金，大禹、商汤、武王好比是七八千镒的黄金，伯夷、伊尹好比是四五千镒的黄金。他们的才学与能力虽然不同，但心中纯粹都是天理这一点是相同的，因此都可以称为圣人。这就好比黄金的分量虽然不同，但成色十足是相同的，故而都可以称为纯金。将五千镒的纯金融入一万镒的纯金中，成色还是相同的。以伯夷、伊尹的圣德与尧、孔子的圣德相比较，心中纯粹都是天理是相同的。因此，纯金之所以为纯金，在于成色是否十足，而不在于分量的多少；圣人之所以为圣人，在于心中是否纯粹都是天理而不在于才学和能力的大小。因此，即便是一般人，只要肯用功学习，使得心中纯粹都是天理，也可以成为圣人。好比一镒的纯金，相比于万镒的纯金，虽然分量上相差悬殊，但就其作为足色的黄金而言并没有可以挑剔的地方。正因为如此，孟子才说'人人都可以成为尧舜'。为学之人向圣人学习，也不过是学习摒弃人欲、存养天理的功夫，好比学习炼金也就是学习如何将黄金炼到纯净。如果原料成色本身就比较足，冶炼的功夫就相对省力，炼成足金也相对容易；成色越差的原料，冶炼起来也就越难。人的气质禀赋有清澈浑浊、纯粹驳杂的差异；有一般人以上、一般人以下的才能差异；对于道的体悟，有生而知之、安而行之、学而知之、践而行之的差别。各方面较差的人，必须比别人多下数倍，甚至数十倍、数百倍的功夫，然而一旦功夫做成了就都是一样的。后世的学者不理解学做圣人的根本在于心中纯粹都是天理，却专门在知识与才能上下功夫，认为圣人无所不知、无所不能，认为自己必须将圣人的许多知识和才能都逐一掌握，才能成为圣人。故而，这些人不务求在存养天理上下功夫，却费尽心思钻研书本、考究事物、追求形迹。知识愈发广博，人欲也日益滋长；才能愈发增进，天理却日益遮蔽。好比看到有人有万镒的黄金，就不去冶炼黄金的成色、不求在成色上无可挑剔，却妄想在分量上与他人相同。锡、铅、铜、铁等杂质一并投下去，分量是增长了，成色下来了，炼到最后，连黄金都不是了。"

这时徐爱在旁边，说："先生这个比喻足以破除现今儒者唯恐学问支离破碎的困惑，对后世的学者大有裨益。"

先生又说:"我们做功夫,只求每日减少,不求每日增加。减去一分人欲,便恢复得一分天理,多么轻快洒脱、多么简单的功夫!"

【一〇一】

士德[1]问曰:"格物之说,如先生所教,明白简易,人人见得。文公[2]聪明绝世,于此反有未审,何也?"

先生曰:"文公精神气魄大,是他早年合下便要继往开来,故一向只就考索著述上用功。若先切己自修,自然不暇及此。到得德盛后,果忧道之不明,如孔子退修六籍,删繁就简,开示来学,亦大段不费甚考索。文公早岁便着许多书,晚年方悔[3],是倒做了。"

士德曰:"晚年之悔,如谓'向来定本之误',又谓'虽读得书,何益于吾事',又谓'此与守书籍、泥言语,全无交涉'[4],是他到此方悔从前用功之错,方去切己自修矣。"

曰:"然。此是文公不可及处,他力量大,一悔便转。可惜不久即去世,平日许多错处皆不及改正。"

【译文】

杨骥问:"格物的学说,确实像先生所讲的那样明白简单,人人都能理解。但为何像朱子那样绝世聪明的人,对此不能明白呢?"

先生说:"朱子的精神气魄十分宏大,他早年就下决心要做继往开来的学问事业,所以一心一意都在考据学问和著书立说上下功夫。如果他能先切实地修养自身,自然就无暇顾及考据与著述的事业。等到他德业鼎盛之后,如果真的担忧大道无法昌明,就会像孔子那样删述《六经》,去繁就简,启示后学,也就不必花费大量精力去考据求索了。朱子早年写下许多书,到了晚年才悔悟到

---

[1] 士德:即杨骥,字士德,广东潮州人,王阳明的学生。

[2] 文公:即朱熹,朱熹谥号"文",故称文公。

[3] 王阳明所撰的《朱子晚年定论》认为朱熹于晚年对自己的学说有所反思,并且提出朱陆"早异晚同"等观点。详见本书附录《朱子晚年定论》。

[4] 以上均出自《朱子晚年定论》。

自己是将功夫做颠倒了。"

杨骥问："朱子晚年的悔悟，比如他说'当初确定根本的错误''虽然读了那么多书，但对我的事业又有何帮助''这与固守书本、拘泥词句没有关系'等话，说明朱子到此时才后悔过去功夫下错了，才开始认真地切己修养。"

先生说："是的。这就是朱子的过人之处，他的才能高，一旦悔悟就能转到正道上。可惜不久之后就去世了，过去的许多错误还没来得及改正。"

【一〇二】

侃去花间草，因曰："天地间何善难培，恶难去？"

先生曰："未培未去耳。"少间曰，"此等看善恶，皆从躯壳起念，便会错。"

侃未达。

曰："天地生意，花草一般，何曾有善恶之分？子欲观花，则以花为善，以草为恶。如欲用草时，复以草为善矣。此等善恶，皆由汝心好恶所生，故知是错。"

曰："然则无善无恶乎？"

曰："无善无恶者理之静，有善有恶者气之动。不动于气，即无善无恶，是谓至善。"

曰："佛氏亦无善无恶，何以异？"

曰："佛氏着在无善无恶上，便一切都不管，不可以治天下。圣人无善无恶，只是'无有作好''无有作恶'，不动于气。然'遵王之道''会其有极'[1]，便自一循天理，便有个裁成辅相[2]。"

曰："草既非恶，即草不宜去矣？"

曰："如此却是佛老意见。草若是碍，何妨汝去？"

曰："如此又是作好作恶。"

---

[1]《尚书·洪范》："无有作好，遵王之道；无有作恶，遵王之路。"作好，凭一己私意去喜好、偏袒；作恶，凭一己私意去厌恶、陷害。

[2]《周易·泰卦·象传》："天地交，泰。后以财成天地之道，辅相天地之宜，以左右民。""财成"：同"裁成"，成就；辅相：帮助；左右：佐佑。

曰："不作好恶，非是全无好恶，却是无知觉的人。谓之不作者，只是好恶一循于理，不去又着一分意思。如此，即是不曾好恶一般。"

曰："去草如何是一循于理，不着意思？"

曰："草有妨碍，理亦宜去，去之而已；偶未即去，亦不累心。若着了一分意思，即心体便有贻累，便有许多动气处。"

曰："然则善恶全不在物？"

曰："只在汝心。循理便是善，动气便是恶。"

曰："毕竟物无善恶？"

曰："在心如此，在物亦然。世儒惟不知此，舍心逐物，将'格物'之学错看了，终日驰求于外，只做得个'义袭而取'，终身行不著、习不察[1]。"

曰："'如好好色，如恶恶臭'则如何？"

曰："此正是一循于理，是天理合如此，本无私意作好作恶。"

曰："如好好色，如恶恶臭，安得非意？"

曰："却是诚意，不是私意。诚意只是循天理。虽是循天理，亦着不得一分意。故有所忿懥好乐，则不得其正。须是'廓然大公'，方是心之本体。知此，即知'未发之中'。"

伯生[2]曰："先生云'草有妨碍，理亦宜去'，缘何又是躯壳起念？"

曰："此须汝心自体当。汝要去草，是甚么心？周茂叔窗前草不除[3]，是甚么心？"

【译文】

薛侃在花园里除草，问道："天地间为何善难以培养，恶难以除去呢？"

先生说："只是因为没有真正去做培养善、去除恶的功夫罢了。"过了一会

---

[1]《孟子·尽心上》："行之而不著焉，习矣而不察焉，终身由之而不知其道者，众也。"意为做的时候不明白原因，习惯后也不去探究其所以然，一生都在这条大路上走，却不了解这是什么道路，这就是普通人的状态。"义袭而取"参见第八五条注。

[2] 伯生：即孟源，字伯生，王阳明的学生。

[3] 周茂叔：即周敦颐（1017—1073），字茂叔，别称濂溪先生，宋明理学的先驱，是程颢、程颐的老师。《河南程氏遗书》卷三载："周茂叔窗前草不除去，问之，云：'与自家意思一般。'"周敦颐认为草是天地的产物，而他的心与天地相通，故而不除。

儿又说，"像你这样看待善和恶，都是因为从自己的身体出发来思考，这样就会出错。"

薛侃没有理解。

先生说："天地间的生命，比如花和草，又有什么善恶之分？你想要赏花，就认为花是好的，草是坏的。如你想要用草，又会认为草是好的了。像这样的善恶之分，都来自你心中喜欢与厌恶的感情，所以我才知道这是错的。"

薛侃说："难道世间就没有善恶之分了吗？"

先生说："无善无恶是天理的静止状态，有善有恶的是气化的流动。气如果不动，便没有善与恶的区分，这就是至善。"

薛侃说："佛家也说无善无恶，如何与之区别开来呢？"

先生说："佛家执着于无善无恶，一切人事都不管不顾，不能用来治理天下。圣人所说的无善无恶，只是让人'别刻意去为善为恶'，不为气所动。然而'遵循王道''归于标准'，就是自然遵循天理，自然会有帮助天地万物各得其所的力量。"

薛侃说："既然草并不是坏的，那也没有除去的必要了。"

先生说："这样说的话就又是佛、道的观点了。草如果有所妨碍，去掉又何妨？"

薛侃说："那这样又是刻意地为善为恶了。"

先生说："不刻意去为善为恶，并不是要你完全没有好恶之心，要是这样就成了没有知觉的人了。所谓不刻意，只是说好恶都依循天理，不夹杂一点私意。做到这样，就好像自己没有了好恶一样。"

薛侃说："去除杂草怎样才能算是依循天理，不夹杂一点私意？"

先生说："草有妨碍，理当去除，去除便是；即便并未去除，也不要放在心上。如若夹杂了一点私意，那么心就会受到拖累，就会为气所动。"

薛侃说："那么善恶完全与事物无关吗？"

先生说："善恶只在你自己的心上。依循天理就是善，为气所动就是恶。"

薛侃说："事物本身终究没有善恶吗？"

先生说："对于心而言是如此，对于事物而言也是这样。世俗之儒就是因为不知道这个道理，舍弃本心去追逐外物，将格物的意思理解错了，整日向外去求，只是妄想'不通过积累便获得成就'，刚开始做时不明白其所以然，习惯后更不明白其所以然。"

薛侃说："'好比喜欢美色，好比厌恶恶臭'，要如何理解呢？"

先生说："这正是依循天理，是天理要求人应当如此，并非刻意而为。"

薛侃说："喜欢美色、厌恶恶臭，如何不是刻意的行为呢？"

先生说："这是因为其中的意念是诚挚的意念，而非私意。诚意只是依循天理。依循天理，便是没有一丝一毫私意。故而有愤怒、怨恨、喜欢、快乐的感情，心便无法保持中正。必须使得心胸广阔公正，才是心的本体。了解到这个层面，就能知道什么是感情未发时的中正了。"

孟源说："先生说'草如果有妨碍，理当去除'，为何又说是从自己身上产生的念头呢？"

先生说："这需要你自己去心中体会。你要除草，是出于什么用心？周敦颐窗前的草不除去，又是什么用心？"

【一〇三】

先生谓学者曰："为学须得个头脑，工夫方有着落。纵未能无间，如舟之有舵，一提便醒。不然，虽从事于学，只做个'义袭而取'，只是行不著、习不察，非大本、达道也。"

又曰："见得时，横说竖说皆是。若于此处通，彼处不通，只是未见得。"

【译文】

先生对学生们说："做学问必须有个宗旨，功夫才有着落之处。即便功夫与宗旨之间有所阻断，但就好比船有舵一样，只要一提就能明白。如若不然，虽然还是做学问，却只是做个'不通过积累便想获得成就'的功夫，刚开始做时不明白其所以然，习惯后更不明白其所以然，这不是学习的根本，也不是通往大道的路径。"

先生又说："如果能够明白为学的宗旨，怎么说都能明白。如果这里懂了，那里却不懂，那只是因为还没把握为学的宗旨。"

【一〇四】

或问:"为学以亲故,不免业举之累。"

先生曰:"以亲之故而业举为累于学,则治田以养其亲者,亦有累于学乎?先正云:'惟患夺志。'[1]但恐为学之志不真切耳。"

【译文】

有人问:"因父母要求而学习,难免要被科举所牵累。"

先生说:"为父母参加科举会妨碍学习,那么种田赡养父母也会妨碍学习吗?程颐先生说:'只是害怕科举事业会使学者失去志向。'为学之人只需要担心自己为学的志向不够坚定罢了。"

【一〇五】

崇一[2]问:"寻常意思多忙,有事固忙,无事亦忙,何也?"

先生曰:"天地气机,元无一息之停。然有个主宰,故不先不后,不急不缓。虽千变万化,而主宰常定。人得此而生。若主宰定时,与天运一般不息,虽酬酢万变,常是从容自在,所谓'天君泰然,百体从令'[3]。若无主宰,便只是这气奔放,如何不忙?"

【译文】

欧阳德问:"平常思想意念多忙乱,有事时固然忙乱,无事时却也忙乱,这是为何?"

先生说:"天地万物生生不息,没有一刻停止。然而天地之间有一个主宰,所以天地万物才不会乱了秩序。虽然有千变万化,但主宰不变。人正是因这个主宰才得以产生的。主宰恒定不变,与天地运动不息一起存在,即便万物运动变化不止,主宰还是能够从容自在,这就是所谓'天君泰然不动,百体遵令而从'。如果没有主宰,只是气的奔放流窜,怎么能够不忙乱呢?"

---

[1] 《河南程氏外书》:"故科举之事,不患妨功,惟患夺志。"

[2] 崇一:即欧阳德(1495—1554),字崇一,号南野,江西泰和人,王阳明的学生。

[3] 语出宋代范浚《香溪集》。

【一〇六】

先生曰:"为学大病在好名。"

侃曰:"从前岁自谓此病已轻,此来精察,乃知全未。岂必务外为人?只闻誉而喜,闻毁而闷。即是此病发来?"

曰:"最是。名与实对。务实之心重一分,则务名之心轻一分。全是务实之心,即全无务名之心。若务实之心如饥之求食,渴之求饮,安得更有工夫好名?"

又曰:"'疾没世而名不称'[1],'称'字去声读,亦'声闻过情,君子耻之'[2]之意。实不称名,生犹可补,没则无及矣。'四十五十而无闻'[3],是不闻道,非无声闻也。孔子云:'是闻也,非达也。'[4]安肯以此望人?"

【译文】

先生说:"做学问最大的毛病在于爱好虚名。"

薛侃说:"从去年起,我认为我的这个毛病已经减轻了,现在认真省察,才知道并非如此。难道我真的十分在意外人的看法吗?只是听到赞誉便高兴,听到诋毁便郁闷罢了。想必这就是这个毛病发作时的表现?"

先生说:"正是如此。虚名与实务相对。务实之心多一分,务名之心就少一分。如果全都是务实之心,就没有务名之心了。如果务实之心像饿了要吃饭、渴了要喝水一样迫切,哪里还有工夫爱好虚名呢?"

先生又说:"'疾没世而名不称'中的"称"字读第四声,也就是'声名超过实情,君子感到羞耻'的意思。实情与声名不相称,在世时还可以弥补,过

---

[1] 语出《论语·卫灵公》。一解为"君子到去世时还不为人所称道",则"称"字读第一声;二解为"君子去世时名不副实,君子引以为憾",则"称"字读第四声。王阳明取后者。

[2] 语出《孟子·离娄下》。

[3] 《论语·子罕》:"后生可畏,焉知来者之不如今也?四十、五十而无闻焉,斯亦不足畏也已。"一解为"到了四五十岁在社会上还没什么声名",一解为"到了四五十岁还未听闻大道"。本文中,王阳明取后者。

[4] 《论语·颜渊》:"子曰:'是闻也,非达也。夫达也者,质直而好义,察言而观色,虑以下人,在邦必达,在家必达;夫闻也者,色取仁而行违,居之不疑,在邦必闻,在家必闻。'"孔子认为"达"的实质境界比"闻"高。

世后便没有办法了。'四十五十而无闻'是指没有听闻大道,并不是没有声名在外的意思。孔子说过'这是声名,并非贤达'的话,他又怎么会用声名来评价人呢?"

【一〇七】

侃多悔。

先生曰:"悔悟是去病之药,然以改之为贵。若留滞于中,则又因药发病。"

【译文】

薛侃经常后悔。

先生说:"悔悟是治病的良药,然而悔后能改才难能可贵。如果悔悟之情滞留在心中,又会因药而病了。"

【一〇八】

德章[1]曰:"闻先生以精金喻圣,以分两喻圣人之分量,以煅炼喻学者之工夫,最为深切。惟谓尧舜为万镒,孔子为九千镒,疑未安。"

先生曰:"此又是躯壳上起念,故替圣人争分两。若不从躯壳上起念,即尧舜万镒不为多,孔子九千镒不为少。尧舜万镒,只是孔子的,孔子九千镒,只是尧舜的,原无彼我。所以谓之圣,只论'精一',不论多寡,只要此心纯乎天理处同,便同谓之圣,若是力量气魄,如何尽同得?后儒只在分两上较量,所以流入功利。若除去了比较分两的心,各人尽着自己力量精神,只在此心纯天理上用功,即人人自有,个个圆成,便能大以成大,小以成小,不假外慕,无不具足。此便是实实落落明善诚身的事。后儒不明圣学,不知就自己心地'良知良能'[2]上体认扩充,却去求知其所不知,求能其所不能,一味只是希高慕大,不知自己是桀纣心地,动辄要做尧舜事业,如何做得?终年碌碌,至于

---

[1] 德章:姓刘,王阳明的学生。

[2] 《孟子·尽心上》:"人之所不学而能者,其良能也;所不虑而知者,其良知也。"即人先天具有某种无须学习便掌握的能力,称为良能;先天具有某种无须思考便能把握的认知,称为良知。

老死，竟不知成就了个甚么，可哀也已！"

【译文】

刘德章说："听闻先生用纯金比喻圣人，用金的分量比喻圣人的才力，用炼金比喻学习，十分深刻。只是说到尧舜是万镒的纯金，孔子是九千镒的纯金，似乎不妥。"

先生说："你这又是从外在的事物上起念头，所以才要替圣人去争些分量。如果不从外在的事物上起念头，就不会认为把尧舜比作万镒纯金太多、把孔子比作九千镒纯金太少。尧舜的万镒也是孔子的，孔子的九千镒也是尧舜的，原本没有彼此之分。圣人之所以为圣人，只看心体是否'精研专一'，不论才力多寡，只要心中纯粹都是天理这一点相同，便都可以称为圣人。如果在才力气魄上比较，如何能够相同呢？后世的儒者只是在分量上计较，所以才流于功利。如果去除计较分量的心思，每个人尽力让心中纯粹是天理，那么人人都能有所成就，才力大的人成就大，才力小的人成就小，无须向外追求就都能完备。这便是实实在在、明于至善、以诚立身的事业。后世的儒者不明白圣人之学，不知道在自己心里的'良知良能'上去体认扩充，却去追求那些自己所不知道的知识，学自己所不会的技艺，一味地希求高远、羡慕博大，不知道自己依然是桀纣的心思，却动不动想做尧舜的事业，这又怎么办得到呢？一年到头忙忙碌碌，等到老死，却不知道自己做成了什么事业，可哀可叹！"

【一〇九】

侃问："先儒以心之静为体，心之动为用[1]，如何？"

先生曰："心不可以动静为体用。动静，时也。即体而言，用在体；即用而言，体在用。是谓'体用一源'。若说静可以见其体，动可以见其用，却不妨。"

【译文】

薛侃问："程颐先生认为，静止状态是心的本体，运动状态是心的作用，对吗？"

---

[1] 语出程颐《与吕大临论中书》。

先生说:"心不能够用动静来区分体用。动静是针对时间而言的。就本体而言,作用蕴含在本体之中;就作用而言,本体呈现于作用之间。这就是'体用一源'。如果说心在静止的时候可以看到本体,在运动的时候可以看到作用,倒也无妨。"

【一一〇】

问:"上智下愚,如何不可移[1]?"

先生曰:"不是不可移,只是不肯移。"

【译文】

薛侃问:"孔子为什么说,最聪明的人和最愚笨的人,他们的性情都不能改变呢?"

先生说:"并不是说不能改变,而是不愿改变。"

【一一一】

问"子夏门人问交"[2]章。

先生曰:"子夏是言小子之交,子张是言成人之交。若善用之,亦俱是。"

【译文】

有人向先生请教"子夏门人问交"这一章。

先生说:"子夏说的是小孩间的交往,子张说的是成人间的交往。如果善于运用,就都是正确的。"

---

[1]《论语·阳货》:"子曰:'唯上知与下愚不移。'"

[2] 语出《论语·子张》。关于结交朋友,子夏认为:"可以相交的就和他交朋友,不可以相交的就拒绝他。"子张认为:"君子既尊重贤人,又能容纳众人;能够赞美善人,又能同情能力不够的人。如果我是十分贤良的人,那我对别人有什么不能容纳的呢?我如果不贤良,那人家就会拒绝我,又怎么能说拒绝人家呢?"

【一一二】

子仁[1]问:"'学而时习之,不亦说乎?'[2]先儒以学为'效先觉之所为'[3],如何?"

先生曰:"学是学去人欲、存天理。从事于去人欲、存天理,则自正诸先觉。考诸古训,自下许多问辨思索、存省克治工夫,然不过欲去此心之人欲,存吾心之天理耳。若曰'效先觉之所为',则只说得学中一件事,亦似专求诸外了。'时习'者'坐如尸'[4],非专习坐也,坐时习此心也;'立如斋',非专习立也,立时习此心也。'说'是'理义之说我心'之'说'。人心本自说理义,如目本说色、耳本说声,惟为人欲所蔽所累,始有不说。今人欲日去,则理义日洽浃,安得不说?"

【译文】

子仁问:"孔子说:'学习并时时练习,不是很愉快的事情吗?'朱熹认为学习是后觉者效法先觉者的过程,对吗?"

先生说:"学是学习摒弃人欲、存养天理。只要专注于摒弃人欲、存养天理,便自然是效法先觉者了。推究古人的遗训,许多学问思辨、存养省察克制的功夫,也不过是为了去除心中的私欲、存养心中的天理罢了。说'效法先觉者的行为',其实只说了为学的一件事,而且也还是向外求索。'时习'的时候'像受祭者一样端坐',并不是专门学习静坐,而是在静坐时修习本心;'像斋戒那样恭敬地站着'也不是专门学习站立,而是在站立时修习本心。'悦'是'天理道义愉悦我心'的'悦'。人心原本就会对天理道义感到愉悦,好比眼睛喜好美色、耳朵喜好美声,只是被私欲遮蔽牵累,才会不愉悦。如今人欲日益去除,天理道义日渐滋养,岂会不愉悦呢?"

---

[1] 子仁:即冯恩,字子仁,号南江,王阳明的学生。

[2] 语出《论语·学而》。"说":通"悦",愉快。

[3] 朱熹《论语章句》:"人性皆善,而觉有先后。后觉者,必效先觉之所为,乃可以明善而复其初也。"

[4] 《礼记·曲礼》:"坐如尸,立如齐。"尸:指祭祀中扮作先祖的样子代其受祭的人。"齐":通"斋",指古人祭祀前的斋戒。

【一一三】

国英[1]问:"曾子三省[2]虽切,恐是未闻一贯[3]时工夫?"

先生曰:"一贯是夫子见曾子未得用功之要,故告之。学者果能忠恕上用力,岂不是一贯？'一'如树之根本,'贯'如树之枝叶,未种根,何枝叶之可得？体用一源,体未立,用安从生？谓'曾子于其用处盖已随事精察而力行之,但未知其体之一'[4],此恐未尽。"

【译文】

陈桀问:"曾子每日多次反省自身,虽然真诚,恐怕还是没有领会一以贯之的功夫吧？"

先生说:"一以贯之是孔子看到曾子没有掌握下功夫的关键才告诉他的。为学之人如果能在忠和恕上下功夫,不就是一以贯之吗？'一'好比树木的根,'贯'好比树木的枝叶,没有根,何来的枝叶？本体与作用本就同源,本体未能确立,作用如何生发出来？朱熹说'曾子在体会心的作用方面,已经能够做到随事情精确体察并努力践行了,只是还不知道心的本体和作用是合一的道理',这样说恐怕不全面。"

【一一四】

黄诚甫[5]问"汝与回也,孰愈"[6]章。

先生曰:"子贡多学而识,在闻见上用力,颜子在心地上用功,故圣人问以启之。而子贡所对,又只在知见上。故圣人叹惜之,非许之也。"

---

[1] 国英:即陈桀,字国英,福建莆田人,王阳明的学生。

[2] 《论语·学而》:"曾子曰:'吾日三省吾身:为人谋而不忠乎？为朋友交而不信乎？传不习乎？'"

[3] 《论语·里仁》:"子曰:'参乎！吾道一以贯之。'"意为用一个基本思想贯彻所有的道理。

[4] 语出朱熹《论语集注》。

[5] 黄诚甫:名宗贤,字诚甫,号至斋,王阳明的学生。

[6] 《论语·公冶长》:"子谓子贡曰:'女与回也,孰愈？'对曰:'赐也何敢望回？回也闻一以知十,赐也闻一以知二。'子曰:'弗如也,吾与女弗如也。'"子贡:即端木赐,孔子的学生。"女":通"汝"。

【译文】

黄诚甫向先生请教《论语》"女与回也,孰愈"一章。

先生说:"子贡博学多识,在闻见上下功夫,颜回则在心性上下功夫,所以孔子通过设问来启发他。然而子贡所回答的,只停留在所见所知上,所以孔子只是感慨叹息,并没有称许他。"

【一一五】

"颜子不迁怒,不二过,亦是有'未发之中'始能。"

【译文】

"颜回不迁怒于人,同样的过错不犯两次,这也是有'感情未发出来时的中正'的心体才能做到的。"

【一一六】

"种树者必培其根,种德者必养其心。欲树之长,必于始生时删其繁枝;欲德之盛,必于始学时去夫外好。如外好诗文,则精神日渐漏泄在诗文上去。凡百外好皆然。"

又曰:"我此论学,是无中生有的工夫。诸公须要信得及,只是立志。学者一念为善之志,如树之种,但勿助勿忘,只管培植将去,自然日夜滋长。生气日完,枝叶日茂。树初生时,便抽繁枝,亦须刊落,然后根干能大。初学时亦然。故立志贵专一。"

【译文】

先生说:"种树必须先培育树根,培养德性必须先存养本心。想要树木生长,必须在初生时就删剪繁枝;想要德性隆盛,必须在初学时就摒弃外在的爱好。如果除此之外还喜好诗文,那么精神就会渐渐转到诗文上去。凡是各种外在的喜好,都是这样的。"

先生又说:"我这样论述学问,是无中生有的功夫。诸位如果相信,便要立志。为学之人有一个为善的念头,就像是树的种子,既不要去助长它,也不要忘却它,只管慢慢培育,自然会日渐生长起来。生机一天天旺盛,枝叶一天天繁茂。树木初生时，便会长出多余的繁枝，必须加以剪去，然后根干才能粗壮。初学的时候也是一样的道理。所以立志贵在专一。"

【一一七】

因论先生之门，某人在涵养上用功，某人在识见上用功。

先生曰："专涵养者，日见其不足；专识见者，日见其有余。日不足者，日有余矣；日有余者，日不足矣。"

【译文】

在论及先生的弟子时，谈到某人在德性存养上下功夫，某人在知识见闻上下功夫。

先生说："专注于德性存养的人，每天都会发现自己德性上的不足；专注于知识见闻的人，每天都会发现自己知识的富余。每日发现自己德性不足的人，德性便会日益富余起来；每日发现自己知识富余的人，德性却会日益不足。"

【一一八】

梁日孚[1]问："居敬、穷理是两事[2]，先生以为一事，何如？"

先生曰："天地间只有此一事，安有两事？若论万殊，'礼仪三百，威仪三千'，又何止两？公且道居敬是如何？穷理是如何？"

曰："居敬是存养工夫，穷理是穷事物之理。"

曰："存养个甚？"

曰："是存养此心之天理。"

曰："如此，亦只是穷理矣。"

曰："且道如何穷事物之理？"

曰："如事亲便要穷孝之理，事君便要穷忠之理。"

曰："忠与孝之理，在君亲身上？在自己心上？若在自己心上，亦只是穷此

---

[1] 梁日孚：即梁焯，字日孚，广东南海人，王阳明的学生。

[2] 朱熹《朱子语类》："学者工夫，唯在居敬、穷理二事。"居敬即持守恭敬之心，穷理即穷究事物之理。

心之理矣。且道如何是敬？"

曰："只是主一。"

曰："如何是主一？"

曰："如读书便一心在读书上，接事便一心在接事上。"

曰："如此则饮酒便一心在饮酒上，好色便一心在好色上。却是逐物，成甚居敬功夫？"

日孚请问。

曰："一者，天理。主一是一心在天理上。若只知主一，不知一即是理，有事时便是逐物，无事时便是着空。惟其有事无事，一心皆在天理上用功。所以居敬亦即是穷理。就穷理专一处说，便谓之居敬；就居敬精密处说，便谓之穷理。却不是居敬了别有个心穷理，穷理时别有个心居敬。名虽不同，功夫只是一事。就如《易》言'敬以直内，义以方外'，敬即是无事时义，义即是有事时敬，两句合说一件。如孔子言'修己以敬'，即不须言义；孟子言'集义'，即不须言敬。会得时，横说竖说，工夫总是一般。若泥文逐句，不识本领，即支离决裂，工夫都无下落。"

问："穷理何以即是尽性？"

曰："心之体，性也，性即理也。穷仁之理真要仁极仁，穷义之理真要义极义。仁义只是吾性，故穷理即是尽性。如孟子说'充其恻隐之心至仁不可胜用'，这便是穷理工夫。"

日孚曰："先儒谓'一草一木亦皆有理，不可不察'[1]，如何？"

先生曰："'夫我则不暇。'[2]公且先去理会自己性情，须能尽人之性，然后能尽物之性。"

日孚悚然有悟。

【译文】

梁日孚问："朱熹认为居敬和穷理是两件事，而先生认为两者是一件事，

---

[1]《二程遗书》："然一草一木皆有理，须是察。"

[2]《论语·宪问》："子贡方人。子曰：'赐也贤乎哉？夫我则不暇。'"方人：即讥评别人。

为何？"

先生说："天地之间只有一件事，何来的两件？如果从万物分殊的角度来看，《中庸》说'礼仪有三百条，威仪有三千条'，又何止两件事？你且说说看，居敬是怎么一回事，穷理又是怎么一回事？"

梁日孚说："居敬是存养的功夫，穷理则是穷究事物的道理。"

先生说："存养是存养什么呢？"

梁日孚说："存养是存养心中的天理。"

先生说："如果是这样，那存养也就是穷理了。"先生接着问，"你再说说如何穷究事物的道理？"

梁日孚说："例如侍奉双亲便要穷究孝的道理，辅佐君主便要穷究忠的道理。"

先生说："忠和孝的道理是在君主和双亲的身上，还是在自己的心上呢？如果在自己的心上，也只是穷究自己心中的理罢了。你且说说看什么是敬？"

梁日孚说："专一就是敬。"

先生说："怎样才是专一呢？"

梁日孚说："好比读书便一心在读书上，做事便一心在做事上。"

先生说："如果是这样，那么喝酒便一心在喝酒上，好色便一心在好色上，这是追逐物欲，怎能算是居敬的功夫呢！"

梁日孚向先生请教。

先生说："专一的'一'指的是天理。专一便是一心在天理上。如果只知道专一，而不知道'一'就是天理，有事时就会追逐事物，无事时就会心中空空落落。只有无论有事无事，一心都在天理上用功才可以。所以居敬也就是穷理。就穷理的专一之处而言，便称为居敬；就居敬的精密之处而言，便称为穷理。并不是在居敬之外还有个穷理的功夫，在穷理之外还有个居敬的功夫。两者的名称虽然不同，其实只是一个功夫。好比《易》中所说的'恭敬可以使人的内心正直，道义可以规范人的外在行为'，恭敬就是没有事情时候的道义，道义就是有事情时候的恭敬，两句话说的是同一件事。例如孔子说'以恭敬之心修养自己'，便不需要再说道义了；孟子说'积累道义'，便不需要再说恭敬了。如果能够领会，随便怎么说，功夫都是一致的。如果拘泥于词句，不知道功夫的根本，就会支离破碎，功夫也没有下手处。"

梁日孚问："那么穷理为何就是尽性呢？"

先生说："心的本体就是天性，而天性就是天理。穷尽仁的道理，就是要使得仁达到极致；穷尽义的道理，就是要使得义达到极致。仁与义是人的天性，所以穷理就是尽性。如孟子所说的'扩充恻隐之心，仁的作用便会源源不竭'，这就是穷理的功夫。"

梁日孚说："程颐先生说'一草一木也都有各自的道理，不能不仔细研究'，对吗？"

先生说："'要是我就没空去做这个功夫。'你姑且先去修养自己、体会自己的性情，只有先穷尽人的本性，然后才能穷尽事物的本性。"

梁日孚猛然有所省悟。

【一一九】

惟乾[1]问："知如何是心之本体？"

先生曰："知是理之灵处，就其主宰处说，便谓之心；就其禀赋处说，便谓之性。孩提之童，无不知爱其亲，无不知敬其兄，只是这个灵能不为私欲遮隔，充拓得尽，便完完是他本体，便与天地合德。自圣人以下，不能无蔽，故须'格物'以致其知。"

【译文】

惟乾问："知为什么是心的本体？"

先生说："知是天理的灵动之处，就其作为天地的主宰而言，称为心；就天所赋予人而言，称为性。孩童没有不知道亲爱父母、尊敬兄长的，只是由于心的灵动之处能够不被私欲蒙蔽、充分发挥出来，就是完完全全的心的本体，就能与天地同德。除了圣人，所有人的心体都多多少少被蒙蔽了，所以必须通过'格物'的功夫来致良知。"

---

[1] 惟乾：即冀元亨，字惟乾，武陵（今湖南常德）人，王阳明的学生。

【一二〇】

守衡问:"《大学》工夫只是'诚意','诚意'工夫只是'格物'。'修齐治平',只'诚意'尽矣。又有'正心'之功,'有所忿懥好乐则不得其正',何也?"

先生曰:"此要自思得之,知此则知'未发之中'矣。"

守衡再三请。

曰:"为学工夫有浅深,初时若不看实用意去好善恶恶,如何能为善去恶?这着实用意,便是'诚意'。然不知心之本体原无一物,一向着意去好善恶恶,便又多了这分意思,便不是廓然大公。《书》所谓'无有作好、作恶',方是本体。所以说'有所忿懥好乐,则不得其正','正心'只是'诚意'工夫里面体当自家心体,常要鉴空衡平[1],这便是'未发之中'。"

【译文】

守衡问:"《大学》的功夫就是'诚意',而'诚意'的功夫就是'格物'。'修身、齐家、治国、平天下'的含义,一个'诚意'便囊括了。然而《大学》中还有'正心'的功夫,认为'心中有怨恨、愤怒、喜好、快乐的感情,便会使得心体失去中正',这是为什么?"

先生说:"这需要你自己思考才能明白,明白其中的道理就能体会到'感情未发出来时的中正'了。"

守衡再三请教。

先生说:"做学问的功夫有浅有深,开始学习的时候如果不切实用功去让自己喜欢善、讨厌恶,怎么能够积累善、去除恶呢?这个切实的意念,就是'诚意'。然而,如果不知道心的本体原本就是纯粹无物的,时时刻意地让自己喜欢善、讨厌恶,就会凭空多出一分意念,就不是心体开阔公正了。《尚书》中说'不刻意为善,不刻意为恶',这就是心的本体。所以说'有怨恨、愤怒、喜好、快乐的感情,会使得心体失去中正','正心'只是在'诚意'的功夫中去体会自己的心体,使自己的心体像镜子一般空明、像秤一样平衡,这就是

---

[1] 朱熹《大学或问》:"人之一心,湛然虚明,如鉴之空,如衡之平,以为一身之主者,固其真体之本然。""鉴"就是镜,"衡"就是秤。这句话是用镜子本然无物的特征和秤自然平衡的特征来比喻心中本无一物染着。

'感情未发出来时的中正之道'。"

【一二一】

正之[1]问:"戒惧是己所不知时工夫,慎独是己所独知时工夫,此说如何?"

先生曰:"只是一个工夫。无事时固是独知[2],有事时亦是独知。人若不知于此独知之地用力,只在人所共知处用功,便是作伪,便是'见君子而后厌然'[3]。此独知处便是诚的萌芽,此处不论善念恶念,更无虚假,一是百是,一错百错,正是王霸、义利、诚伪、善恶界头。于此一立立定,便是端本澄源,便是立诚[4]。古人许多诚身的工夫,精神命脉,全体只在此处,真是莫见莫显,无时无处,无终无始,只是此个工夫。今若又分戒惧为己所不知,即工夫便支离,亦有间断。既戒惧即是知,己若不知,是谁戒惧?如此见解,便要流入断灭禅定[5]。"

曰:"不论善念恶念,更无虚假,则独知之地,更无无念时邪?"

曰:"戒惧亦是念。戒惧之念,无时可息。若戒惧之心稍有不存,不是昏聩,便已流入恶念。自朝至暮,自少至老,若要无念,即是己不知。此除是昏睡,除是槁木死灰。"

【译文】

黄弘纲问:"戒惧是在自己不知道的时候下的功夫,慎独是独处时下的功夫,这么说对吗?"

先生说:"两者只是同一个功夫。无事时固然是独处,有事时也是独处。

---

[1] 正之:即黄弘纲(1492—1561),字正之,号洛村,王阳明的学生。

[2] 独知:只有自己知道。

[3] 《大学》:"小人闲居为不善,无所不至,见君子而后厌然,掩其不善而著其善。"意为小人为不善,见到君子便遮掩其恶行而标榜其善行。

[4] 《周易·乾·文言》:"君子进德修业。忠信,所以进德也;修辞立其诚,所以居业也。"立诚:就是尊重事实,持守诚德。

[5] 断灭禅定:佛家思想。断灭,指死后生命便完全归于无;禅定,即专注于某一对象达到参悟事物道理的效果。

人如果不在独处时下功夫，只在与他人共处时用功，就是作假，就是'见到君子然后收敛恶行'。独处的时候便是诚的萌芽，这时无论善念恶念，没有丝毫作假，一对都对，一错都错，这正是王道与霸道、义和利、诚和伪、善与恶的分界处。在此时坚定志向，就是正本清源，就是确立诚德。古人所说的许多至诚修身的功夫，精神实质也都在此，真是看不见也不显现，不知在何处，也不知从何处开始的功夫。如今若把戒惧看成是自己不知道的时候的功夫，便把功夫分开来看了，中间多出了隔断。戒惧就是知，如果自己不知，那么是谁在戒惧？如果持这种见解，就会沦入断灭禅定了。"

黄弘纲说："不管善念恶念，毫无虚假，那么独处时，就没有无思无虑的时候了吗？"

先生说："戒惧便是意念。戒惧的意念一时一刻都不能间断。如果戒惧的心有片刻不在，不是人心昏聩，就是已然流入恶念了。从早到晚，从小到老，如果想要没有意念，就是使得自己没有知觉。这种情况要么是昏睡，要么是身如槁木、心如死灰。"

【一二二】

志道[1]问："荀子云'养心莫善于诚'[2]，先儒非之[3]，何也？"

先生曰："此亦未可便以为非。诚字有以工夫说者。诚是心之本体，求复其本体，便是思诚的工夫。明道说'以诚敬存之'，亦是此意。《大学》'欲正其心，先诚其意'，荀子之言固多病，然不可一例吹毛求疵。大凡看人言语，若先有个意见，便有过当处。'为富不仁'之言，孟子有取于阳虎[4]，此便见圣贤大公之心。"

---

[1] 志道：姓管，字登之，号东溟，王阳明学生耿定向的弟子。

[2] 《荀子·不苟》："君子养心莫善于诚，致诚则无它事矣。"

[3] 《河南程氏遗书》："孟子言'养心莫善于寡欲'，寡欲则心自诚；荀子言'养心莫善于诚'，既诚矣，又何养？此已不识诚，又不知所以养。"

[4] 《孟子·滕文公上》："阳虎曰：'为富不仁矣，为富不仁矣。'"即孟子所引阳虎之言。阳虎：又作"阳货"，春秋晚期鲁国人，曾挟持季氏专政鲁国，后失败流亡，被孔子视为乱臣贼子。

【译文】

志道问:"荀子说'养心最好的方法就是培养诚德',程子认为不妥,为何?"

先生说:"倒也不是不对。'诚'字可以就功夫上来理解。诚是心的本体,恢复心的本体,就是思诚的功夫。程颢先生说'用诚敬之心来存养它',也是这个意思。《大学》里说'要端正人心,先诚敬其意',荀子的话固然有毛病,但不能一概吹毛求疵。但凡看待他人的话,如果有先入之见,就会失之过当。'为富不仁',是孟子征引阳虎的话,这便足以看到圣贤大公无私的心了。"

【一二三】

萧惠[1]问:"己私难克,奈何?"

先生曰:"将汝己私来,替汝克。"先生曰,"人须有为己之心,方能克己。能克己,方能成己。"

萧惠曰:"惠亦颇有为己之心,不知缘何不能克己。"

先生曰:"且说汝有为己之心是如何。"

惠良久曰:"惠亦一心要做好人,便自谓颇有为己之心。今思之,看来亦只是为得个躯壳的己,不曾为个真己。"

先生曰:"真己何曾离着躯壳?恐汝连那躯壳的己也不曾为。且道汝所谓躯壳的己,岂不是耳目口鼻四肢?"

惠曰:"正是为此。目便要色,耳便要声,口便要味,四肢便要逸乐,所以不能克。"

先生曰:"'美色令人目盲,美声令人耳聋,美味令人口爽,驰骋田猎令人发狂。'[2]这都是害汝耳目口鼻四肢的,岂得是为汝耳目口鼻四肢?若为着耳目口鼻四肢时,便须思量耳如何听、目如何视、口如何言、四肢如何动。必须非礼勿视听言动[3],方才成得个耳目口鼻四肢,这个才是为着耳目口鼻四肢。

---

[1] 萧惠:王阳明的学生。

[2] 语出《老子》。

[3] 《论语·颜渊》:"子曰:'非礼勿视,非礼勿听,非礼勿言,非礼勿动。'"

汝今终日向外驰求，为名为利，这都是为着躯壳外面的物事。汝若为着耳目口鼻四肢，要非礼勿视听言动时，岂是汝之耳目口鼻四肢自能勿视听言动？须由汝心。这视听言动皆是汝心。汝心之视，发窍于目；汝心之听，发窍于耳；汝心之言，发窍于口；汝心之动，发窍于四肢。若无汝心，便无耳目口鼻。所谓汝心，亦不专是那一团血肉。若是那一团血肉，如今已死的人，那一团血肉还在，缘何不能视听言动？所谓汝心，却是那能视听言动的，这个便是性，便是天理。有这个性，才能生。这性之生理，便谓之仁。这性之生理，发在目便会视，发在耳便会听，发在口便会言，发在四肢便会动，都只是那天理发生。以其主宰一身，故谓之心。这心之本体，原只是个天理，原无非礼。这个便是汝之真己，这个真己是躯壳的主宰。若无真己，便无躯壳。真是有之即生，无之即死。汝若真为那个躯壳的己，必须用着这个真己，便须常常保守着这个真己的本体。戒慎不睹，恐惧不闻，惟恐亏损了他一些。才有一毫非礼萌动，便如刀割、如针刺，忍耐不过，必须去了刀、拔了针。这才是有为己之心，方能克己。汝今正是认贼作子，缘何却说有为己之心、不能克己？"

【译文】

萧惠问："自己的私意难以克除，怎么办？"

先生说："把你的私意说出来，我来帮你克。"又说，"人必须有为自己考虑的心才能克除自己的私意。能克除自己的私意，才能成为真正的自己。"

萧惠说："我也挺有为自己考虑的心的，不知为何还是无法克去己私。"

先生说："且说说你为自己考虑的心是怎样的。"

萧惠想了很久，说："我一心想做好人，便自认为挺为自己考虑的。如今想来，恐怕也只是为了自己的身体考虑，并不是为了真正的自己。"

先生说："真正的自己又怎能离得开身体呢？恐怕你都不曾真正为自己的身体考虑。你且说说，你所谓的为了自己的身体考虑，不就是为了自己的耳、目、口、鼻、四肢吗？"

萧惠说："正是这样。眼睛要看美色，耳朵要听美声，口舌要尝美味，四肢要享安逸，所以才不能克己。"

先生说："《老子》里说过：'美色令人目盲，美声令人耳聋，美味令人口爽，驰骋田猎令人心发狂。'这些都是对你耳、目、口、鼻、四肢有害的东西，怎么是为了你的耳、目、口、鼻、四肢好呢？如果真正为了耳、目、口、鼻、四肢好，便要考虑耳朵如何去听、眼睛如何去看、嘴巴如何去说、四肢如何去动。必须做到'非礼勿视、非礼勿听、非礼勿言、非礼勿动'，这才是成就耳、目、口、鼻、四肢的作用，才是真正为了耳、目、口、鼻、四肢好。你现在终日向外追求，为名为利，都是为了自己的身外之物。如果你为了耳、目、口、鼻、四肢的好，要非礼勿视、听、言、动时，难道是你的耳、目、口、鼻、四肢自己能够不视、听、言、动的吗？归根到底，还是通过你的心才能做到的。视、听、言、动都是心的作用。心通过眼睛而看，通过耳朵而听，通过口舌而说，通过四肢而动。如果没有心，就没有耳、目、口、鼻、四肢。所谓心，并不是指那一团血肉。如果只是那一团血肉，如今已经死掉的人，那一团血肉还在，为何不能视、听、言、动了？所谓心是指那个使得视、听、言、动得以可能的东西，也就是天性，就是天理。有了这个天性，才会产生与性相对应的生生之理，这就是仁。天性的生生之理，表现于眼睛便能看，表现于耳朵便能听，表现于口舌便能说，表现于四肢便能动，这都是天理的作用。而天理就其主宰具体的身体而言，便称为心。心的本体就是天理，原来就没有不合乎礼仪之处。这才是你真正的自己，这个真正的自己才是身体的主宰。如果没有真正的自己，就没有身体。可以说是得之便生，失之便死。如果真的为了自己的身体着想，必须时刻在真正的自己上下功夫，必须时刻保持着这个真己的本体。独处时也持守德性，唯恐对其造成一点伤害。稍有一点非礼的念头萌动，就像刀割、针刺一般难以忍受，必将刀去掉、针拔除。这才是真正为自己考虑，才能克除私欲。现在你就好比是认贼作子，为何还说有为自己考虑的心，还说不能克除私欲呢？"

【一二四】

有一学者病目，戚戚甚忧。先生曰："尔乃贵目贱心。"

【译文】

有一个学者眼睛得了病，十分忧心。先生说："你这是看重眼睛却轻视本心。"

【一二五】

萧惠好仙释。

先生警之曰:"吾亦自幼笃志二氏,自谓既有所得,谓儒者为不足学。其后居夷三载,见得圣人之学若是其简易广大,始自叹悔错用了三十年气力。大抵二氏之学,其妙与圣人只有毫厘之间。汝今所学,乃其土苴,辄自信自好若此,真鸱鸮窃腐鼠[1]耳。"

惠请问二氏之妙。

先生曰:"向汝说圣人之学简易广大,汝却不问我悟的,只问我悔的!"

惠惭谢,请问圣人之学。

先生曰:"汝今只是了人事问,待汝办个真要求为圣人的心,来与汝说。"

惠再三请。

先生曰:"已与汝一句道尽[2],汝尚自不会!"

【译文】

萧惠喜欢谈论佛、道。

先生提醒他,说:"我小时候也笃信佛、道的学问,自以为颇有见地,认为儒家不值得学习。然后在贵州龙场待了三年,体悟到圣人的学问如此简易广大,才叹息悔恨,浪费了三十年的时间和精力。大概来说,这两家的学问在精妙之处与圣人的学问相差不多。你如今所学的不过是两家的糟粕,却还自信欢喜到如此程度,真像是猫头鹰捉住一只腐烂的老鼠一样。"

萧惠向先生请教两家的妙处。

先生说:"刚和你说圣人的学问简易广大,你不问我所领悟的学问,却只问我后悔的学问!"

萧惠向先生道歉,请教圣人之学。

先生说:"你现在是为了应付我才问的,等你真正有了探求圣人之学的心时,我再和你说。"

---

[1]《庄子·秋水》:"夫鹓鶵,发于南海而飞于北海,非梧桐不止,非练实不食,非醴泉不饮。于是鸱鸮得腐鼠,鹓鶵过之,仰而视之,曰:'吓!'"鸱鸮:即猫头鹰,以为鹓鶵要夺它的腐鼠,便发出恐吓的声音。比喻自以为是,以一己私心度人。

[2]"一句"指上句"为圣人之心"。

萧惠再三请教。

先生说:"我已经用一句话跟你说完了,你却还是不明白!"

【一二六】

刘观时[1]问:"'未发之中'是如何?"

先生曰:"汝但戒慎不睹,恐惧不闻,养得此心纯是天理,便自然见。"

观时请略示气象。

先生曰:"哑子吃苦瓜,与你说不得。你要知此苦,还须你自吃。"

时曰仁在旁,曰:"如此才是真知,即是行矣。"

一时在座诸友皆有省。

【译文】

刘观时问:"'感情未发出来时的中正'是怎样的?"

先生说:"你只要在别人看不见、听不到的时候保持戒慎恐惧,存养心体到达纯粹都是天理的境界,自然就能明白了。"

刘观时请先生略微开示"未发之中"的境界。

先生说:"哑巴吃苦瓜,与你说不得。你要知此苦,还须你自吃。"

这时,徐爱在旁边说:"这才是真正的知,才是真正的行。"

一时间在座的同学都有所省悟。

【一二七】

萧惠问死生之道。

先生曰:"知昼夜即知死生。"

问昼夜之道。

曰:"知昼则知夜。"

曰:"昼亦有所不知乎?"

先生曰:"汝能知昼?懵懵而兴、蠢蠢而食,行不著、习不察,终日昏昏,

---

[1] 刘观时:王阳明的学生。

只是梦昼。惟'息有养，瞬有存'[1]，此心惺惺明明，天理无一息间断，才是能知昼。这便是天德，便是通乎昼夜之道而知，更有甚么死生？"

【译文】

萧惠向先生请教生死的道理。

先生说："明白昼夜的变化就知道生死的道理了。"

于是萧惠向先生请教昼夜变化的道理。

先生说："知道白天就是知道黑夜。"

萧惠说："白天也有不知道的吗？"

先生说："你难道能知道白天？迷迷糊糊起床、傻乎乎吃饭，刚开始做时不明白其所以然，习惯后更不明白其所以然，终日昏昏沉沉，只是在做白日梦。只有做到'时时刻刻都有所存养'，心中清醒明白，天理没有片刻的间断，才算是知道白天。这就是与天相同的德性，就是通达昼夜之道才领悟的知，除此之外，哪里还有什么生和死的道理？"

【一二八】

马子莘问："'修道之教'[2]，旧说谓圣人品节吾性之固有[3]，以为法于天下，若礼乐刑政之属。此意如何？"

先生曰："道即性即命，本是完完全全，增减不得，不假修饰的，何须要圣人品节？却是不完全的物件。礼乐刑政是治天下之法，固亦可谓之教，但不是子思本旨。若如先儒之说，下面由教入道的，缘何舍了圣人礼乐刑政之教，别说出一段戒慎恐惧工夫？却是圣人之教为虚设矣。"

子莘请问。

先生曰："子思性、道、教皆从本原上说，天命于人则命便谓之性，率性而行则性便谓之道，修道而学则道便谓之教。率性是诚者事，所谓'自诚明，谓

---

[1]《张子全书》卷三："言有教，动有法，昼有为，宵有得，息有养，瞬有存。"

[2]《中庸》："天命之谓性，率性之谓道，修道之谓教。"

[3] "旧说"指朱熹在《中庸章句》中的解释："圣人因人物之所当行者而品节之，以为法于天下，则谓之教，若礼、乐、刑、政之属是也。"品节：即按等级、层次加以评价和规定。

之性'也；修道是诚之者事，所谓'自明诚，谓之教'[1]也。圣人率性而行即是道；圣人以下，未能率性，于道未免有过不及，故须修道。修道则贤知者不得而过，愚不肖者不得而不及，都要循着这个道，则道便是个教。此'教'字与'天道至教'[2]'风雨霜露，无非教也'[3]之'教'同。'修道'字与'修道以仁'[4]同。人能修道，然后能不违道，以复其性之本体，则亦是圣人率性之道矣。下面'戒慎恐惧'便是修道的工夫，'中和'便是复其性之本体。如《易》所谓'穷理尽性，以至于命''中和位育'便是尽性至命。"

【译文】

马子莘问："《中庸》说'修道之谓教'，朱熹将这句话理解为圣人对世人进行评价分类并规定相应的德性，作为世人所需要遵守的规范，例如礼、乐、刑、政等，这种说法对吗？"

先生说："道就是天性、就是天命，本来就十分完备，不能增减，也不需要修饰，哪里还需要圣人来评价规范？又不是什么不完备的东西。礼、乐、刑、政是治理天下的法度，固然可以称为教，但这并不是子思的本意。如果像朱熹所说的，天资较下者通过教化得以领悟大道，为何舍弃圣人礼、乐、刑、政的教化，却另外讲一个'戒慎恐惧'的功夫呢？这是将圣人的教诲当作摆设了。"

马子莘继续向先生请教。

先生说："子思所说的性、道和教都是从本原上说的。天授命于人，那么命就是人的性；人率性而行，那么性就是人所行的道；人修道而学，那么道就是人所施的教。率性是'自然而然真诚的人'的事业，所谓'通过诚挚之心明白通达，是天性使然'；修道是'想要做到真诚的人'的事业，所谓'由明白通达养成诚挚之心，是教化使然'。圣人率性而行就是大道；圣人以下的人做不到率性，对于道的理解难免有过或不及，所以才需要修道。修道就可以使贤

---

[1] 语出《中庸》。"诚"：即真诚的德性；"明"：即明白通晓。

[2] 《礼记·礼器》："天道至教，圣人至德。"

[3] 《礼记·孔子闲居》："天有四时，春秋冬夏，风雨霜露，无非教也。"

[4] 《中庸》："故为政在人，取人以身，修身以道，修道以仁。"

者、智者不会过分，愚者、不肖者不会欠缺，所有人都要遵循这个道，在这个道之中便蕴含教化的意思了。此处的'教'与'天道至教''风雨霜露，无非教也'的'教'是同一个意思。'修道'与'修道以仁'的意思相同。人能够修道，就能够不违背大道，恢复天性的本然，也就是圣人率性而行的大道了。《中庸》后文所说的'戒慎恐惧'，就是修道的功夫，'中和'就是恢复本来的天性。就像《易经》所说的'穷理尽性以至于命''中和位育'，都是穷尽天性、通达天命的意思。"

【一二九】

黄诚甫问："先儒以孔子告颜渊为邦[1]之问，是立万世常行之道[2]，如何？"

先生曰："颜子具体圣人，其于为邦的大本大原都已完备，夫子平日知之已深，到此都不必言，只就制度文为上说。此等处亦不可忽略，须要是如此方尽善。又不可因自己本领是当了，便于防范上疏阔，须是要'放郑声，远佞人'。盖颜子是个克己向里、德上用心的人，孔子恐其外面末节或有疏略，故就他不足处帮补说。若在他人，须告以'为政在人，取人以身，修身以道，修道以仁''达道''九经'[3]及'诚身'许多工夫，方始做得，这个方是万世常行之道。不然，只去行了夏时，乘了殷辂，服了周冕，作了韶舞，天下便治得？后人但见颜子是孔门第一人，又问个为邦，便把做天大事看了。"

【译文】

黄诚甫问："朱熹认为孔子回答颜渊关于治理邦国问题的话，是为万世确立治国的原则，对吗？"

先生说："颜回大体上具备圣人的品质，对于治国安邦的大体方略也都已掌

---

[1]《论语·卫灵公》："颜渊问为邦。子曰：'行夏之时，乘殷之辂，服周之冕，乐则《韶》《武》。放郑声，远佞人。郑声淫，佞人殆。'"

[2] 朱熹《论语集注》引程颐言："盖三代之治，皆因时损益。及其久也，不能无弊……故孔子斟酌先王之礼，立万世常行之道。"

[3]《中庸》："天下之达道五，所以行之者三，曰君臣也，父子也，夫妇也，昆弟也，朋友之交也……凡为天下国家有九经，曰修身也，尊贤也，亲亲也，敬大臣也，体群臣也，子庶民也，来百工也，柔远人也，怀诸侯也。"

握,孔子对此也十分了解,当颜渊提问时也就没必要再多说,只是就典章制度稍稍谈一下。不过这方面也不能忽略,必须各方面全都具备才算完善。也不能因为自己的能力已经足够担当治理邦国的责任,就疏于防范,必须'禁止郑国的靡靡之音,远离阿谀奉承的小人'。颜回是一个严于克己、韬光养晦的人,孔子担心他在制度文章等外在的问题上会有所疏漏,才针对他的不足之处加以补充说明。如果别人问到治理邦国的问题,孔子肯定会告诉他'为政在人,取人以身,修身以道,修道以仁''达道''九经''诚身'等许多道理,这样才能将国家治理好,这才是万世常行的准则。如若不然,只是去推行夏朝的历法,乘坐商朝的辂车,穿上周朝的冠冕,听《韶》《武》的音乐,天下就能治理好吗?后世的学者只看到颜回是孔子最出色的弟子,又去问如何治理国家的道理,就认为孔子讲的是完备无疑的道理了。"

【一三〇】

蔡希渊问:"文公《大学》新本,先'格致'而后'诚意'工夫,似与首章次第相合。若如先生从旧本之说,即'诚意'反在'格致'之前,于此尚未释然。"

先生曰:"《大学》工夫即是'明明德','明明德'只是个'诚意','诚意'的工夫只是'格物致知'。若以'诚意'为主,去用'格物致知'的工夫,即工夫始有下落。即为善去恶,无非是'诚意'的事。如新本先去穷格事物之理,即茫茫荡荡,都无着落处,须用添个'敬'字,方才牵扯得向身心上来,然终是没根源。若须用添个'敬'字,缘何孔门倒将一个最紧要的字落了,直待千余年后要人来补出?正谓以'诚意'为主,即不须添'敬'字。所以提出个'诚意'来说,正是学问的大头脑处。于此不察,真所谓'毫厘之差,千里之缪'。大抵《中庸》工夫只是'诚身','诚身'之极便是'至诚'。《大学》工夫只是'诚意','诚意'之极便是'至善'。工夫总是一般。今说这里补个'敬'字,那里补个'诚'字,未免画蛇添足。"

【译文】

蔡希渊问:"朱熹《大学》新本,先有'格物致知',然后才是'诚意'的功夫,似乎与《大学》首章的次序不合。如果遵从先生旧本的说法,'诚意'应当在'格物致知'之后,对此我还有点不明白。"

先生说:"《大学》的功夫就是'明明德','明明德'就是'诚意','诚意'的功夫就是'格物致知'。如果以'诚意'为主,再去'格物致知',功夫才有着落之处。所谓为善去恶,无非都是'诚意'的功夫。如果像朱熹新本的次序,先去穷尽事物的道理,便会空空荡荡,没有着落,必须再加一个'敬'字,才能与自己的身心关联起来,然而这终究是缺乏根源的。如果必须加一个'敬'字,为何《大学》的作者却将这个最紧要的字落下了,等到千余年后的人补出来?所以我才说以'诚意'为主,就不需要添加一个'敬'字。之所以提出'诚意',正是因为这是做学问的根本宗旨。对此没有体察,真是'差之毫厘,谬之千里'了。大体而言,《中庸》的功夫只是'诚身','诚身'的功夫做到极致就是'至诚'。《大学》的功夫只是'诚意','诚意'的功夫做到极致就是'至善'。功夫总是相同的。现在在这里补一个'敬'字,那里补一个'诚'字,未免画蛇添足了。"

传习录中

德洪[1]曰：昔南元善[2]刻《传习录》于越，凡二册，下册摘录先师手书，凡八篇。其答徐成之[3]二书，吾师自谓："天下是朱非陆，论定既久，一旦反之为难。二书姑为调停两可之说，使人自思得之。"故元善录为下册之首者，意亦以是欤？今朱、陆之辩明于天下久矣，洪刻先师《文录》[4]，置二书于《外集》者，示未全也，故今不复录。

其余指知、行之本体，莫详于答人论学与答周道通、陆清伯、欧阳崇一四书；而谓格物为学者用力日可见之地，莫详于答罗整庵一书。平生冒天下之非诋推陷，万死一生，遑遑然不忘讲学，惟恐吾人不闻斯道，流于功利机智，以日堕于夷狄禽兽而不觉。其一体同物之心，譊譊终身，至于毙而后已。此孔、孟以来贤圣苦心，虽门人子弟，未足以慰其情也。是情也，莫见于答聂文蔚之第一书。此皆仍元善所录之旧。而揭"必有事焉"即"致良知"功夫，明白简切，使人言下即得入手，此又莫详于答文蔚之第二书，故增录之。

元善当时汹汹，乃能以身明斯道，卒至遭奸被斥，油油然惟以此生得闻斯学为庆，而绝无有纤芥愤郁不平之气。斯录之刻，人见其有功于同志甚大，而

---

[1] 德洪：即钱德洪（1496—1574），名宽，字洪甫，号绪山，浙江余姚人，王阳明的学生。早年以授徒为业，明正德十六年（1521年），王阳明省亲归姚，钱德洪率门生七十余人迎请于中天阁，拜王阳明为师。后始终致力于讲学、整理阳明之学，为王阳明最为重要的弟子之一。此篇为钱德洪所作的序。

[2] 南元善（1487—1541）：名大吉，号瑞泉，陕西渭南人，性豪宕，雄于文。

[3] 徐成之：名守诚，绍兴人。

[4] 指《阳明先生文录》，嘉靖十五年（1536年）出版，为《王文成公全书》本第4～25卷。

不知其处时之甚艰也。今所去取，裁之时义则然，非忍有所加损于其间也。

【译文】

钱德洪记：以前南元善在浙江刊刻《传习录》上、下两册，下册收录先生的八篇书信。在回答徐成之的两封信中，先生强调："天下间肯定朱熹否定陆九渊的论断已经确定很久了，难以一下子就改变。这两封信姑且作为调停二说的尝试，使世人能够通过自己的思考得出结论。"南元善将这两封信放在下册的卷首，大概就是由于这个原因吧？而今朱陆之争早已大白于天下，我刊刻《文录》，则将这两封信放在《外集》之中，以表明信中的思想还不完备，本次刊印就不再收录了。

其他关于知与行本来面貌的讨论，最详细的莫过于回答顾东桥、周道通、陆原静、欧阳崇一的四封信；讨论格物为学及每日用功可见之处最详细的，是回答罗整庵的信。先生一生不顾天下之人的非难、诋毁，在九死一生中始终不忘讲学，唯恐我辈不了解他的学说，沦落于功利和机巧之中，堕落得像愚昧之徒和禽兽一样。他为他那万物一体的思想奔走一生，至死才停下脚步。这种孔孟以来圣贤所独有的良苦用心，就算是先生有如此多的门人弟子也无法宽慰他的苦心。这一用心，最可见于回答聂文蔚的第一封信中。这些都是南元善旧本就刊录的。讨论"必有事焉"就是"致良知"的功夫，简单明了，使学者可以一听便能领悟的，莫过于在回答聂文蔚的第二封信里，所以此次增补进来。

南元善正处在天下人对先生群起而攻之的时代，他能够以身明道，遭到奸佞排挤被罢了官，但依旧以此生能够听闻先生的学说感到庆幸，没有丝毫愤怒、抑郁、不平的情绪。他刊印《传习录》，一般人只看到它对同学们的帮助很大，却不知道他当时处境的艰难。我这次刊印对他的版本所做的取舍，是出于目前情况的考量，并非刻意要做增减。

答顾东桥书[1]

【一三一】

来书云:"近时学者务外遗内,博而寡要。故先生特倡'诚意'一义,针砭膏肓,诚大惠也!"

吾子洞见时弊如此矣,亦将何以救之乎?然则鄙人之心,吾子固已一句道尽,复何言哉!复何言哉!若"诚意"之说,自是圣门教人用功第一义,但近世学者乃作第二义看,故稍与提掇紧要出来,非鄙人所能特倡也。

【译文】

来信写道:"近些日子,学者治学注重外在而忽视内心,追求博学却不得要领。所以先生特别提倡'诚意'的说法,来治疗那些病入膏肓的人,实在是大有裨益!"

你对时弊颇有洞见,又想用什么来补救时弊呢?我的用心你已一语道破,我还用说什么呢!我还用说什么呢!至于"诚意"之说,固然是圣人之学教人用功的根本出发点,然而近世的学者放到第二位了,所以我才稍稍将它的重要性提出来,这并不是我本人所独自提倡的。

【一三二】

来书云:"但恐立说太高,用功太捷,后生师传,影响谬误,未免坠于佛氏明心见性[2]、定慧顿悟[3]之机,无怪闻者见疑。"

区区格、致、诚、正之说,是就学者本心日用事为间,体究践履,实地用功,是多少次第、多少积累在!正与空虚顿悟之说相反。闻者本无求为圣人之

---

[1] 答顾东桥书:即钱德洪序中所称"答人论学"。顾东桥(1476—1545),名璘,字华玉,号东桥,南京上元(今江苏江宁)人。

[2] 明心见性:禅宗主张通过内心的澄明而见到自己的佛性,无须假借外在义理的探求。

[3] 定慧顿悟:定即禅定,慧即智慧,顿悟即为突然之间的省悟。

志,又未尝讲究其详,遂以见疑,亦无足怪。若吾子之高明,自当一语之下便了然矣,乃亦谓"立说太高,用功太捷",何邪?

【译文】

来信写道:"只怕先生的学说太过高妙,下功夫的途径又太过便捷,后学传来传去会出现谬误,不免沦入佛家明心见性、定慧顿悟的禅机之中,这也难怪那些听闻先生学说的人会有所怀疑了。"

我关于格物、致知、诚意、正心的学说,是指学者必须在日常用功中体察本心,体会、探究、亲身实践,在切实之处用功,其中要经历多少阶段、多少积累才能做到这般境界!这正是与佛家在空虚之中寻求顿悟的学说截然相反之处。听到我学说的人本就没有做圣人的志向,又未曾仔细探究我的学说,所以才会有怀疑,这也不足为怪。像你这般高明的人,自然一点便透,为何又说"学说太过高妙,下功夫的途径太过便捷"呢?

【一三三】

来书云:"所喻知行并进,不宜分别前后,即《中庸》'尊德性而道问学'之功,交养互发,内外本末一以贯之之道。然工夫次第,不能无先后之差:如知食乃食,知汤乃饮,知衣乃服,知路乃行,未有不见是物先有是事。此亦毫厘倏忽之间,非谓有等,今日知之而明日乃行也。"

既云"交养互发,内外本末一以贯之",则知行并进之说无复可疑矣。又云"工夫次第,不能不[1]无先后之差",无乃自相矛盾已乎?"知食乃食"等说,此尤明白易见,但吾子为近闻障蔽,自不察耳。夫人必有欲食之心,然后知食,欲食之心即是意,即是行之始矣。食味之美恶,必待入口而后知,岂有不待入口而已先知食味之美恶者邪?必有欲行之心,然后知路,欲行之心即是意,即是行之始矣。路岐之险夷,必待身亲履历而后知,岂有不待身亲履历而已先知路岐之险夷者邪?"知汤乃饮,知衣乃服",以此例之,皆无可疑。若如吾子之喻,是乃所谓不见是物而先有是事者矣。吾子又谓"此亦毫厘倏忽之

---

[1] 据来信原文,此处"不"字系误印。

间，非谓截然有等，今日知之而明日乃行也"，是亦察之尚有未精。然就如吾子之说，则知行之为合一并进，亦自断无可疑矣。

【译文】

来信写道："先生所讲的知行并进，不应该区分先后，这就是《中庸》所说的'尊德性而道问学'的功夫，这是相互存养、交相督促，内外本末一以贯之的道理。然而，功夫毕竟是有一定的顺序，不能没有先后差别：比如见到食物才吃，见到汤才喝，见到衣服才穿，见到路才走，不存在没有看到对象却先有行为的。这中间不过一瞬间的事，并不是截然二分，并不是今天看到了要等明天再去做。"

你既然说"相互存养、交相督促，内外本末一以贯之"，那么知行并进之说便没有什么可以怀疑的了。你又说"功夫有一定的顺序，不能没有先后差别"，这难道不是自相矛盾吗？"知食乃食"等说法，十分明白简单，然而你被朱子的学说蒙蔽，没有觉察罢了。人必然有想吃的心，然后去认识食物，想吃的心便是意念，便是行动的开端。食物是否美味，要等尝了之后才知道，岂有没有尝过就已然知道食物美味与否的道理？必然先有想要走路的心，才会认识路，想要走路的心就是意念，就是行动的开端。路是否崎岖险恶，必然要亲自走一番才知道，岂有不亲自走过就已然知道路是否崎岖险恶的道理？"知汤乃饮，知衣乃服"都能以此类推，没什么可怀疑的。如果像你所说的那样，这就是没看到对象却想先去行动。你又说"这中间不过一瞬间的事，并不是截然二分，并不是今天看到了要等明天再去做"，这是你省察还没有精确到位。不过就你自己所说的这些话来看，知行并进是断然无疑的。

【一三四】

来书云："真知即所以为行，不行不足谓之知，此为学者吃紧立教，俾务躬行则可。若真谓行即是知，恐其专求本心，遂遗物理，必有暗而不达之处，抑岂圣门知行并进之成法哉？"

知之真切笃实处即是行，行之明觉精察处即是知。知行工夫本不可离，只为后世学者分作两截用功，失却知行本体，故有合一并进之说。真知即所以为行，不行不足谓之知。即如来说所云"知食乃食"等说可见，前已略言之矣。此虽吃紧救弊而发，然知行之体本来如是，非以己意抑扬其间，姑为是说，以苟一时之效者也。

"专求本心，遂遗物理"，此盖先其本心者也。夫物理不外于吾心，外吾心而求物理，无物理矣。遗物理而求吾心，吾心又何物邪？心之体，性也，性即理也。故有孝亲之心即有孝之理，无孝亲之心即无孝之理矣；有忠君之心即有忠之理，无忠君之心即无忠之理矣。理岂外于吾心邪？晦庵谓"人之所以为学者，心与理而已。心虽主乎一身，而实管乎天下之理；理虽散在万事，而实不外乎一人之心"[1]，是其一分一合之间，而未免已启学者心、理为二之弊。此后世所以有"专求本心，遂遗物理"之患，正由不知心即理耳。夫外心以求物理，是以有暗而不达之处，此告子义外之说，孟子所以谓之不知义也[2]。心一而已，以其全体恻怛而言谓之仁，以其得宜而言谓之义，以其条理而言谓之理。不可外心以求仁，不可外心以求义，独可外心以求理乎？外心以求理，此知行之所以二也。求理于吾心，此圣门知行合一之教，吾子又何疑乎？

【译文】

来信写道："真正具备了某种认知便会去实践，不去实践便不能叫作认知，这是告诫学者要切实用功、脚踏实地去实践才行。如果真的认为行就是知，恐怕专注于探求本心，不顾事物的道理，必然会有不明白、无法理解的地方，这难道是圣人强调知行并进的既定方法吗？"

认知达到真切笃实的地步就是实践，实践达到明觉精察的地步就是认知。知与行的功夫本来就不可分离，只是后世的学者将功夫分作两截，认识不到知行关系的本然面貌，因此才会有知行合一、知行并进的说法。真切的认知就是实践，不去实践便不能称为认知。参照你信中所提及的"知食乃食"等说法便可明白，前文已经约略谈到了。这虽然是出于补救时弊才如此说的，但知行关系的本然状态便是如此，并非为了以一己私意揣度才这么说的，来达到一时之

---

[1] 语出朱熹《大学或问》。

[2] 《孟子·告子上》："告子曰：'仁，内也，非外也；义，外也，非内也。'"孟子评价道："告子未尝知义，以其外之也。"

间的效果。

"专注于探求本心，不顾事物的道理"，这大概是失去本心了。事物的道理并不在自己的心外，向自己的心外探求事物的道理，是求不得的。遗弃事物的道理而探求本心，那本心又是什么东西呢？心的本体就是性，性就是理。因此，有孝亲之心就有孝顺的道理，没有孝亲之心就没有孝顺的道理；有忠君之心就有忠诚的道理，没有忠君之心就没有忠诚的道理。理难道在心外吗？朱熹所说"人所学习的东西，无非就是心和理。心虽然主宰身体而实则统管着天下万物的道理；理虽然散见于万事万物之中，实则均在于人心"，在这将心和理一分又一合之间，却误导了学者将心和理看作两边了。后来的人之所以有"专注于探求本心，不顾事物的道理"的错误，正是由于不知道心就是理。在心外探求物理，才会有不明白不理解的问题，这正是告子"以义为外"的说法，因此，孟子批评告子不懂得何谓义。心是一个整体，就其全然都是恻隐之心而言称为仁，就其处事得宜而言称为义，就其有条有理而言称为理。不能向心之外求义，难道能向心外求理吗？向心外求理，就是将知与行视作两件事了。向心中求理，正是圣人之学知行合一的教诲，你又有什么疑惑呢？

【一三五】

来书云："所释《大学》古本谓致其本体之知，此固孟子'尽心'之旨。朱子亦以虚灵知觉为此心之量[1]。然尽心由于知性，致知在于格物。"

"尽心由于知性，致知在于格物"，此语然矣。然而推本吾子之意，则其所以为是语者，尚有未明也。朱子以"尽心、知性、知天"为物格、知致，以"存心、养性、事天"为诚意、正心、修身，以"夭寿不二，修身以俟"为知至、仁尽，圣人之事。若鄙人之见，则与朱子正相反矣。夫"尽心、知性、知天"者，生知安行，圣人之事也；"存心、养性、事天"者，学知利行，贤人

---

[1] 朱熹《中庸章句序》："心之虚灵知觉，一而已。"

之事也；"夭寿不二，修身以俟"者，困知勉行，学者之事也[1]。岂可专以"尽心知性"为知，"存心养性"为行乎？吾子骤闻此言，必又以为大骇矣。然其间实无可疑者，一为吾子言之。

夫心之体，性也。性之原，天也。能尽其心，是能尽其性矣。《中庸》云："惟天下至诚为能尽其性。"又云，"知天地之化育，质诸鬼神而无疑，知天也。"此惟圣人而后能然。故曰：此"生知安行"，圣人之事也。存其心者，未能尽其心者也。故须加存之之功。心存之既久，不待于存而自无不存，然后可以进而言"尽"。盖"知天"之"知"，如知州、知县之"知"，知州则一州之事皆已事也，知县则一县之事皆已事也，是与天为一者也。"事天"则如子之事父、臣之事君，犹与天为二也。天之所以命于我者，心也、性也，吾但存之而不敢失，养之而不敢害，如"父母全而生之，子全而归之"[2]者也。故曰：此"学知利行"，贤人之事也。至于"夭寿不二"，则与存其心者又有间矣。存其心者虽未能尽其心，固已一心于为善，时有不存则存之而已。今使之"夭寿不二"，是犹以夭寿二其心者也。犹以夭寿二其心，是其为善之心犹未能一也。存之尚有所未可，而何"尽"之可云乎？今且使之不以夭寿二其为善之心。若曰死生夭寿皆有定命，吾但一心于为善，修吾之身以俟天命而已，是其平日尚未知有天命也。"事天"虽与天为二，然已真知天命之所在，但惟恭敬奉承之而已耳。若俟之云者，则尚未能真知天命之所在，犹有所俟者也。故曰：所以立命。立者，"创立"之"立"，如立德、立言、立功、立名[3]之类。凡言"立"者，皆是昔未尝有，而本始建立之谓。孔子所谓"不知命，无以为君子"[4]者也。故曰：此"困知勉行"，学者之事也。

今以"尽心、知性、知天"为格物致知，使初学之士尚未能不二其心者，而遽责之以圣人生知安行之事，如捕风捉影，茫然莫知所措其心，几何而不至

---

[1] "尽心、知性、知天""存心、养性、事天""夭寿不二，修身以俟""生知安行""学知利行""困知勉行"等概念，参见第六条注。

[2] 《礼记·祭义》："父母全而生之，子全而归之，可谓孝矣。"

[3] 《左传·襄公二十四年》："太上有立德，其次有立功，其次有立言。虽久不废，此之谓不朽。"

[4] 《论语·尧曰》："不知命，无以为君子。"

于"率天下而路"[1]也？今世致知格物之弊，亦居然可见矣。吾子所谓"务外遗内，博而寡要"者，无乃亦是过欤？此学问最紧要处，于此而差，将无往而不差矣。此鄙人之所以冒天下之非笑，忘其身之陷于罪戮，呶呶其言，其不容已者也。

【译文】

来信写道："先生解释《大学》古本认为，致知是获得关于本体的知，这固然与孟子'尽心'的宗旨相合。朱子也认为虚灵知觉是心的本体。然而人之所以能够尽心是出于对性的体认，人能够扩充自己的知则是因为对于物的体认。"

"人之所以能够尽心是出于对性的体认，人能够扩充自己的知则是因为对于物的体认"，这句话是对的。然而推敲你所想表达的意思，想来你之所以说这句话，是因为还有不明白的地方。朱子以"尽心、知性、知天"为格物，以"存心、养性、事天"为诚意、正心、修身，以"夭寿不二，修身以俟"为知的极致、仁的尽处，这是圣人的事业。依照我的看法，则正与朱子相反。所谓"尽心、知性、知天"就是生而知之、安而行之，这才是圣人的事业；"存心、养性、事天"就是学而知之、利而行之，这是贤人的事业；"夭寿不二，修身以俟"，是困而知之、勉而行之，这是学者的事业。怎能只将"尽心知性"视作为知，而将"存心养性"视作为行呢？你刚开始听到我的说法，肯定又会大惊失色。然而其中确实没有可以怀疑的地方，且让我给你一一道来。

所谓心的本体就是性，性的本体就是天理。能穷尽自己的本心，也就能穷尽自己的天性。《中庸》里说："只有天下最诚敬的人才能穷尽其性。"还说，"通晓天地的化育，求证于鬼神而没有疑问，这便是知天。"这是只有达到圣人的境界才可以做到的。所以我才说：这是"生而知之、安而行之"，是圣人的事业。存养本心，说明还不能穷尽本心，这才需要施加存养的功夫。存养本心的时间久了，就不需要存养的功夫，自然而然能够达到无时无刻不自然存养的境界，然后才可以说"尽"。所谓"知天"的"知"，好比"知州""知

---

[1]《孟子·滕文公上》："且一人之身，而百工之所为备。如必自为而后用之，是率天下之路也。"

县"的"知",知州就是将一州之内的事都视作自己的分内事,知县就是将一县之内的事都视作自己的分内事,所以"知天"就是与天为一的意思。"事天"则好比子女侍奉父母、臣子侍奉君主,故而"事天"还是与天有所分别的。天所赋予我们的是本心与本性,我们只有善加存养而不敢遗失、损害,如同"父母完整地生下我们,死去时我们也要保持完整"。所以我说:这是"学而知之、利而行之",是贤人的事业。至于"夭寿不二"的人,与存养本心的人又有区别。存养本心的人虽然不能穷尽本心,但依然一心为善,偶尔失却本心,施加存养的功夫就可以了。现如今要求人的寿命相等,这是由于心为寿命的长短所左右,产生了二心。正是因为有这个对于寿命的二心,所以为善的心便不能专一。存养的功夫都未必可行,又怎么能说"尽"呢?现在要求这样的人不因寿命长短而改变自己为善的心,将生死与寿命都视作天命所赋予的东西,只是一心向善,修养自身并等待天命,这说明这类人还不知道何谓天命。"事天"虽然与天为二,但是已经知道天命的所在,只是恭敬地顺应它而已。像那些等待天命的人,还不知道天命真正的所在,好像还在等待天命的到来。所以我说:这是立命。立就是"创立"的"立",好比立德、立言、立功、立名等。但凡说"立"的地方,都是表达过去没有而如今确立的意思。孔子所说的"不知天命,就无法成为君子"正是此意。所以我说:这是"困而知之、勉而行之",是学者的事业。

如今将"尽心、知性、知天"视作格物致知,使得初学之人还不能一心一意地为学,就马上责备他不能像圣人那样生知安行,这就像是捕风捉影,让人茫然不知所措。这不是让人疲于奔命吗?现如今的格物致知学说的弊端,已然暴露无遗。你所谓"务外遗内,博而寡要",不也是这种过失所造成的吗?这是做学问最紧要的地方,在这里出错,往后便步步皆错了。这就是我之所以要冒着天下之人的非议嘲笑,不顾身陷险地、招致罪祸,喋喋不休地宣传我的观点的原因,实在是不得已而为之啊!

【一三六】

来书云:"闻语学者,乃谓'即物穷理'之说亦是玩物丧志,又取其'厌繁就约'[1]'涵养本原'[2]数说标示学者，指为晚年定论，此亦恐非。"

朱子所谓格物云者，在即物而穷其理也。即物穷理是就事事物物上求其所谓定理者也，是以吾心而求理于事事物物之中，析心与理为二矣。夫求理于事事物物者，如求孝之理于其亲之谓也。求孝之理于其亲，则孝之理其果在于吾之心邪？抑果在于亲之身邪？假而果在于亲之身，则亲没之后，吾心遂无孝之理欤？见孺子之入井，必有恻隐之理，是恻隐之理果在于孺子之身欤，抑在于吾心之良知欤？其或不可以从之于井欤，其或可以手而援之欤？是皆所谓理也。是果在于孺子之身欤，抑果出于吾心之良知欤？以是例之，万事万物之理莫不皆然，是可以知析心与理为二之非矣。夫析心与理而为二，此告子义外之说，孟子之所深辟也。"务外遗内，博而寡要"，吾子既已知之矣，是果何谓而然哉？谓之玩物丧志，尚犹以为不可欤？

若鄙人所谓致知格物者，致吾心之良知于事事物物也。吾心之良知即所谓天理也。致吾心良知之天理于事事物物，则事事物物皆得其理矣。致吾心之良知者，致知也；事事物物皆得其理者，格物也。是合心与理而为一者也。合心与理而为一，则凡区区前之所云，与朱子晚年之论，皆可以不言而喻矣。

【译文】

来信写道："听说您对学生讲，朱熹'即物穷理'的学说就是玩物丧志，然而又拿朱熹关于'厌繁就约''涵养本原'的几封信给学生看，认为这是朱子晚年确定的学说，这样恐怕不妥吧。"

朱熹所说的格物，就是在即物而穷其理。即物穷理就是在事事物物上探求确定的道理，是用自己的心在事物上探求道理，这就将心与理一分为二了。在事物上探求道理，好比在双亲身上探求孝顺的道理。在双亲身上探求孝顺的

---

[1] 朱熹《与刘子澄书》："近觉向来为学，实有向外浮泛之弊，不惟自误，而误人亦不少。方别寻得一头绪，似差简约端的，始知文字言语之外，真别有用心处，恨未得面论也。"厌繁就约：即厌恶繁杂的文字功夫，从事简易的本心涵养。

[2] 朱熹《答吕子约书》："文字虽不可废，然涵养本原而察于天理人欲之判，此是日用动静之间，不可顷刻间断底事。若于此处见得分明，自然不到得流入世俗功利权谋里去矣。"涵养本原：即培养本心。

道理，那么孝顺的道理究竟是在自己的心中，还是在双亲的身上呢？假如真的在双亲的身上，那么双亲过世之后，我的心中就没有孝顺的道理了吗？看见小孩坠入井中，必然会有恻隐之心，那么恻隐的道理是在小孩身上，还是在我心中的良知上呢？我是不能为了救小孩而跳入井中呢，还是施以援手把他拉上来呢？这都是所谓的道理。这些道理是在小孩的身上呢，还是出自我心中的良知呢？以此为例，万事万物的道理都是如此，这样便足以明白：将心与理一分为二是错误的。将心与理一分为二，这是告子"义外"之说，孟子曾经深切地批判过。"注重外在而忽视内心，追求博学却不得要领"，你既然已经知道这样不对，为什么还要这样说呢？我说"即物穷理"就是玩物丧志，你认为还有什么不妥的呢？

我所说的格物致知，是将我心中的良知推之于万事万物。我心中的良知就是天理。将我心中的良知推之于万事万物，那么万事万物都合乎天理。推广我心中的良知就是"致知"，万事万物都合乎天理就是"格物"。这就把心和理合二为一了。把心和理合二为一，那么我前面所说的，以及我关于朱熹晚年之论的说法，就都不言而喻了。

【一三七】

来书云："人之心体本无不明，而气拘物蔽鲜有不昏。非学问思辨以明天下之理，则善恶之机、真妄之辨，不能自觉，任情恣意，其害有不可胜言者矣。"

此段大略似是而非，盖承沿旧说之弊，不可以不辨也。夫学问思辨行皆所以为学，未有学而不行者也。如言学孝，则必服劳奉养，躬行孝道，则后谓之学。岂徒悬空口耳讲说，而遂可以谓之学孝乎？学射，则必张弓挟矢，引满中的；学书，则必伸纸执笔，操觚染翰[1]。尽天下之学，无有不行而可以言学者，则学之始固已即是行矣。笃者，敦实笃厚之意。已行矣，而敦笃其行，不息其功之谓尔。盖学之不能以无疑，则有问，问即学也，即行也；又不能无疑，则

---

[1] 操觚染翰：意为提笔写作。觚，木简；翰，笔。

有思，思即学也，即行也；又不能无疑，则有辨，辨即学也，即行也。辨即[1]明矣，思既慎矣，问既审矣，学既能矣，又从而不息其功焉，斯之谓笃行。非谓学问思辨之后而始措之于行也。是故以求能其事而言谓之学，以求解其惑而言谓之问，以求通其说而言谓之思，以求精其察而言谓之辨，以求履其实而言谓之行。盖析其功而言则有五，合其事而言则一而已。此区区心理合一之体、知行并进之功，所以异于后世之说者，正在于是。

今吾子特举学问思辨以穷天下之理，而不及笃行，是专以学问思辨为知，而谓穷理为无行也已。天下岂有不行而学者邪？岂有不行而遂可谓之穷理者邪？明道云："只穷理，便尽性至命。"故必仁极仁而后谓之能穷仁之理，义极义而后谓之能穷义之理。仁极仁则尽仁之性矣，义极义则尽义之性矣。学至于穷理至矣，而尚未措之于行，天下宁有是邪？是故知：不行之不可以为学，则知不行之不可以为穷理矣。知不行之不可以为穷理，则知知行之合一并进，而不可以分为两节事矣。

夫万事万物之理不外于吾心，而必曰穷天下之理，是殆以吾心之良知为未足，而必外求于天下之广，以裨补增益之，是犹析心与理而为二也。夫学问思辨笃行之功，虽其困勉至于人一己百[2]，而扩充之极，至于尽性知天，亦不过致吾心之良知而已。良知之外，岂复有加于毫末乎？今必曰穷天下之理，而不知反求诸其心，则凡所谓善恶之机、真妄之辨者，舍吾心之良知，亦将何所致其体察乎？吾子所谓"气拘物蔽"者，拘此蔽此而已。今欲去此之蔽，不知致力于此，而欲以外求，是犹目之不明者，不务服药调理以治其目，而徒伥伥然求明于其外，明岂可以自外而得哉？任情恣意之害，亦以不能精察天理于此心之良知而已。此诚毫厘千里之谬者，不容于不辩。吾子毋谓其论之太刻也！

【译文】

来信写道："人的心体本就明白，然而由于被气拘束、被物蒙蔽，很少有人不昏聩。不通过博学、审问、慎思、明辨的方法来明白天下的道理，便无法明

---

[1] 此处"即"当作"既"，已经的意思。

[2] 《中庸》："人一能之己百之，人十能之己千之。果能此道矣，虽愚必明，虽柔必强。"比喻以百倍的努力赶上资质卓越的人。

白善恶的缘由、真假的差异，就会肆意妄为，其危害难以言述。"

这段话大体上似是而非，大概是承袭了朱子学说的弊端，不能不分辨清楚。博学、审问、慎思、明辨、笃行都是学习的方法，不存在只学习不实践的道理。比如学习孝道，就必须服侍奉养双亲，亲身实践孝道，才可以称为学。难道仅仅是空口白话地随便说说就可以称为学习孝道了吗？学习射箭必须张弓搭箭，射中靶心；学习书法必须铺纸提笔，切实去写。天下所有的学习，没有不实践就可以称为学的，所以在学习的开始就已经是实践了。笃是敦厚、踏实的意思。已经实践了，又反复实践加以强化，也就是一刻不停地下功夫的意思。然而学习不可能没有疑惑，有疑惑便会产生问题，问问题就是学习，也就是实践；然而询问后可能还有疑惑，这时便需要思考，思考也是学习，也就是实践；思考后可能还有疑惑，这时就要用到辨析的功夫，辨析也是学习，也就是实践。辨析明白了，思考审慎了，疑问消除了，学业长进了，然后还要一刻不息地用功，这就是笃行。并不是说在学、问、思、辨之后再去实践。因此，就探求能够做成某事而言叫作学，就求得解答困惑而言叫作问，就通晓学说而言叫作思，就考察精到而言叫作辨，就落到实处而言叫作行。从作用方面来看可以分为五个方面，但本质上则可以合为一件事。我所说的心理合一的本体、知行并进的功夫，之所以有别于后世的学说，正在于此。

现在你特别举出博学、审问、慎思、明辨来穷尽天下的道理，却未提及笃行，这是只将学、问、思、辨视作知，认为穷理的功夫不是实践。天下难道有不实践就能做学问的人吗？难道有不实践却说自己穷尽天下道理的人吗？程颢先生说："只要穷尽事物的道理，便能穷尽天性、通达天命。"所以行仁必须将仁做到极致才算穷尽仁的道理，行义必须将义做到极致才算穷尽义的道理。将仁做到极致便是穷尽仁的性，将义做到极致便是穷尽义的性。学习要到穷尽事物的道理才算学成，倘若还没有付诸实践，怎么能叫学成了呢？所以应当明白：不去实践不能称之为学习，不去实践不能称之为穷理。明白不去实践不能称之为穷理，就能明白知行合一、知行并进的道理，就不会把知与行看作两件事了。

万事万物的道理都不在自己的心之外，却要说穷尽天下事物的道理，是唯恐自己心中的良知不足，所以必须向外寻求，来填补自己心中的不足，这还是把心和理看作两件事。所谓博学、审问、慎思、明辨、笃行的功夫，即便是资质较差、需要付出百倍努力才能赶上常人的人，扩充到极致以至于"尽性知天"，也不过是实现自己心中的良知而已。良知之外，难道还能增加一丝一毫的东西吗？如今说必须穷尽天下事物的道理，却不知道向心中去探求，那么善恶的缘由、真伪的异同，舍去我们心中的良知，又如何能够体察明白呢？你所说的"被气拘束、被物蒙蔽"，正是被这种错误观念拘束、蒙蔽。而今要去除这一蒙蔽，不知致力于内求，还想向外去探求，好比那些眼睛不明亮的人，不服药调理、治好眼睛，却茫然去探求外面的光亮，眼睛的明亮难道可以由外而得吗？肆意妄为的危害也正是由于不能在心体良知上仔细体察天理而已。这真是差之毫厘、谬以千里，不能不分辨清楚。希望你不要认为我说得太苛刻了！

【一三八】

来书云："教人以致知、明德，而戒其即物穷理，诚使昏暗之士深居端坐，不闻教告，遂能至于知致而德明乎？纵令静而有觉，稍悟本性，则亦定慧无用之见，果能知古今、达事变而致用于天下国家之实否乎？其曰'知者意之体，物者意之用''格物如格君心之非之格'，语虽超悟独得，不蹈陈见，抑恐于道未相吻合？"

区区论致知格物，正所以穷理，未尝戒人穷理，使之深居端坐而一无所事也。若谓即物穷理，如前所云务外而遗内者，则有所不可耳。昏暗之士，果能随事随物精察此心之天理，以致其本然之良知，则"虽愚必明，虽柔必强"[1]。大本立而达道行，九经之属，可一以贯之而无遗矣，尚何患其无致用之实乎？彼顽空虚静之徒，正惟不能随事随物精察此心之天理，以致其本然之良知，而遗弃伦理、寂灭虚无以为常，是以要之不可以治家国天下。孰谓圣人穷理尽性之学，而亦有是弊哉？

心者，身之主也，而心之虚灵明觉，即所谓本然之良知也。其虚灵明觉之良知应感而动者，谓之意。有知而后有意，无知则无意矣，知非意之体乎？意

---

[1]《中庸》："果能此道矣，虽愚必明，虽柔必强。"

之所用必有其物，物即事也。如意用于事亲，即事亲为一物；意用于治民，即治民为一物；意用于读书，即读书为一物；意用于听讼，即听讼为一物。凡意之所用，无有无物者。有是意即有是物，无是意即无是物矣，物非意之用乎？

"格"字之义，有以"至"字之训者，如"格于文祖"[1]"有苗来格"[2]，是以"至"训得也。然"格于文祖"，必纯孝诚敬，幽明之间无一不得其理，而后谓之"格"；有苗之顽，实以文德诞敷而后"格"。则亦兼有"正"字之义在其间，未可专以"至"字尽之也。如"格其非心""大臣格君心之非"[3]之类，是则一皆"正其不正以归于正"之义，而不可以"至"字为训矣。且《大学》"格物"之训，又安知其不以"正"字为训，而必以"至"字为义乎？如以"至"字为义者，必曰"穷至事物之理"，而后其说始通。是其用功之要全在一"穷"字，用力之地全在一"理"字也。若上去一"穷"、下去一"理"字，而直曰"致知在至物"，其可通乎？夫"穷理尽性"[4]，圣人之成训，见于《系辞》者也。苟"格物"之说而果即"穷理"之义，则圣人何不直曰"致知在穷理"，而必为此转折不完之语，以启后世之弊邪？

盖《大学》"格物"之说，自与《系辞》"穷理"大旨虽同，而微有分辨。"穷理"者，兼格、致、诚、正而为功也。故言"穷理"，则格、致、诚、正之功皆在其中；言"格物"，则必兼举致知、诚意、正心，而后其功始备而密。今偏举"格物"而遂谓之"穷理"，此所以专以"穷理"属知，而谓"格物"未常有行。非惟不得"格物"之旨，并"穷理"之义而失之矣。此后世之学所以析知、行为先后两截，日以支离决裂，而圣学益以残晦者，其端实始于此。吾子盖亦未免承沿积习，则见以为"于道未相吻合"，不为过矣。

【译文】

来信写道："您教人以致知、明德，却不让他们即物穷理，倘若使那些内心

---

[1] 《尚书·舜典》："归，格于艺祖。"格于艺祖：即到文祖庙。格：至、到。艺祖：即文祖，尧祖先的庙。

[2] 《尚书·大禹谟》："七旬，有苗格。"意为有苗族人到来。

[3] 《孟子·离娄上》："惟大人为能格君心之非。"格：纠正。

[4] 《易传·说卦》："穷理尽性以至于命。"意为通过穷尽事物的道理以至于明白事物的本质，最终通达天命。

昏蔽的人深居静坐，不闻圣人的教诲，难道能使他们致知、明德吗？纵使他们在静中有所觉悟，稍稍体悟到本性，那也是像佛家定慧一样毫无实用的见地，真的能够通晓古今、达乎事变，并且将其用于天下国家的实事上去吗？您说'认知是意念的本体，事物是意念的作用''格物就好比是纠正君主心中的不正之念'。这话虽然显示出超高的悟性，独到而不落俗套，但恐怕并不符合大道吧？"

我所说的格物致知，正是穷理的意思，并没有禁止学生去穷理，导致让他们深居静坐、无所事事。但如果认为即物穷理便像前文所说，追求外物而忽视内心存养，则是错误的。昏蔽之人如果能够在事物上体察心中的天理，进而实现其本心的良知，"愚笨的人也一定会变聪明，柔弱的人也一定会变刚强"。只要天下至大的根本得以确立、天下通达的大道得以畅行，九经之类的规范可以一以贯之，没有任何遗漏，还需要担心缺乏经世致用的本事吗？那些顽固不化、孤守虚静的佛家、道家之徒，正是因为不能在事物上体察心中的天理，进而实现心中的良知，反而抛弃伦常，将寂灭虚无当作常态，因此，无法齐家、治国、平天下。谁说圣人穷理尽性的学问会有这样的弊病呢？

心是身体的主宰，而心的清澈明亮就是我所说的本然具有的良知。清澈明亮的良知因感应而发动就是意念。有良知而后有意念，没有良知就没有意念，良知难道不是意念的本体吗？意念发用必然有对象，这个对象就是事。比如意念发动于侍奉双亲，那么侍奉双亲便是一件事；意念发动于治理民众，那么治理民众便是一件事；意念发动于读书，那么读书便是一件事；意念发动于听取诉讼，那么听取诉讼便是一件事。但凡意念所发动之处，都有事物的存在。有这样的意念便有这样的事物，没有这样的意念便没有这样的事物，事物的存在难道不是意念的作用吗？

"格"字的含义，有人用"至"字来解释，如"格于文祖""有苗来格"，其中的"格"就是"至"的意思。然而"格于文祖"必定是内心纯乎孝顺诚敬，对于生死幽明之事都能够合乎天理，才可以称之为"格"；苗族人顽固，只有推行礼乐教化之后才算是"格"。所以"格"字也有"正"的含义，不能仅仅用一个"至"字来解释它所有的含义。如"格其非心""大臣格君心之非"的"格"，都是"纠正其不正之处使其归于正当"的意思，这里就不能用"至"字来解释。《大学》中"格物"的意思，又如何能够断定是用"至"字而不是"正"字来解释呢？如用"至"字的含义，必须说到"穷至事物之理"，这样才解释得通。这样用功的关键全在一个"穷"字之上，用力之处也全在一个"理"字之上。如果既去掉"穷"字，又去掉"理"字，直接说"致知在至物"，这样说得通吗？所谓"穷理尽性"，是圣人既定的教诲，在《易经·说卦》中有记载。假如"格物"之说确实是"穷理"的含义，那圣人为什么不直接说"致知在穷理"，而是要转个弯，不把话说尽，导致后来的各种是非呢？

《大学》中的"格物"之说，同《易经》"穷理"的主旨相同，但也有细微的差别。穷理囊括了格物、致知、诚意、正心的功夫。所以一说到穷理，格、致、诚、正的功夫也包含在里面；讨论格物，必然要提到致知、诚意、正心，这样功夫才能完备缜密。如今一谈到格物就说格物是穷理的功夫，这是只把穷理当作知，认为格物不包括行。这不但没有把握格物的宗旨，连穷理的本意也丧失了。后世的学者之所以将知和行分开来看，功夫日益支离破碎，圣学日益残败晦涩，根本原因便在于此。你承袭旧说也在所难免，认为我的学说"不符合大道"，也并不过分。

【一三九】

> 来书云："谓致知之功，将如何为温凊、如何为奉养，即是诚意，非别有所谓格物。此亦恐非。"

此乃吾子自以己意揣度鄙见而为是说，非鄙人之所以告吾子者矣。若果如吾子之言，宁复有可通乎？盖鄙人之见，则谓：意欲温凊、意欲奉养者，所谓意也，而未可谓之诚意。必实行其温凊奉养之意，务求自慊而无自欺，然后谓之诚意。知如何而为温凊之节、知如何而为奉养之宜者，所谓知也，而未可谓之致知。必致其知如何为温凊之节者之知，而实以之温凊，致其知如何为奉养之宜者之知，而实以之奉养，然后谓之致知。温凊之事，奉养之事，所谓物也，而未可谓之格物。必其于温凊之事也，一如其良知之所知当如何为温凊之节者而为之，无一毫之不尽，于奉养之事也，一如其良知之所知当如何为奉养之宜者而为之，无一毫之不尽，然后谓之格物。温凊之物格，然后知温凊之良知始致：奉养之物格，然后知奉养之良知始致。

故曰："物格而后知至。"致其知温凊之良知，而后温凊之意始诚；致其知奉养之良知，而后奉养之意始诚。故曰："知至而后意诚。"此区区诚意、致知、格物之说盖如此。吾子更熟思之，将亦无可疑者矣。

【译文】

来信写道："致知的功夫就是如何使父母冬暖夏凉，如何将他们奉养得当，这便是诚意，此外没有所谓格物。这恐怕也不对。"

这是你用自己的意思揣度我的观点才如此说的，并不是我所告诉你的原话。若诚如你所言，还能讲得通吗？我的意思是：想使得父母冬暖夏凉、将他们奉养得当，便是意念，还不能说是诚意。必然切实去践行使得父母冬暖夏凉、将他们奉养得当的意念，务求自己内心无所亏欠、自欺，这样才能称为诚意。懂得如何使父母冬暖夏凉、将他们奉养得当，可以称为知，但不能称为致知。必须将如何使父母冬暖夏凉、将他们奉养得当的知识推行于父母，使得父母切实地受到奉养，才可以称为致知。冬暖夏凉、奉养父母之事，便是所谓物，但也不能称为格物。必须在使父母冬暖夏凉、奉养父母的事上按照自己良知所知的去做，而没有丝毫不尽之处，才能称为格物。冬暖夏凉这一物"格"了，使父母冬暖夏凉的良知才算"致"了；奉养父母这一物"格"了，使父母得以奉养的良知才算"致"了。

所以《大学》里说："物格而后知至。"实现使得父母冬暖夏凉的良知，而后使得父母冬暖夏凉的意念才算是诚；实现使得父母得以奉养的良知，而后使得父母得以奉养的意念才算是诚。所以《大学》里说："知至而后意诚。"我诚意、致知、格物的观点大致如此。希望你再多加思考，就不会有什么疑问了。

【一四〇】

来书云："道之大端易于明白，所谓'良知良能，愚夫愚妇可与及者'[1]。至于节目时变之详，毫厘千里之缪，必待学而后知。今语孝

---

[1]《中庸》："君子之道费而隐。夫妇之愚，可以与知焉；及其至也，虽圣人亦有所不知焉。"费：广大；隐：精微。

于温清定省,孰不知之?至于舜之不告而娶[1],武之不葬而兴师[2],养志、养口[3],小杖、大杖[4],割股[5]、庐墓[6]等事,处常处变,过与不及之间,必须讨论是非,以为制事之本,然后心体无蔽,临事无失。"

"道之大端易于明白",此语诚然。顾后之学者忽其易于明白者而弗由,而求其难于明白者以为学,此其所以"道在迩而求诸远,事在易而求诸难"也。孟子云:"夫道若大路然,岂难知哉?人病不由耳。"良知良能,愚夫愚妇与圣人同,但惟圣人能致其良知,而愚夫愚妇不能致,此圣愚之所由分也。

节目时变,圣人夫岂不知,但不专以此为学。而其所谓学者,正惟致其良知,以精察此心之天理,而与后世之学不同耳。吾子未暇良知之致,而汲汲焉顾是之忧,此正求其难于明白者以为学之弊也。夫良知之于节目时变,犹规矩尺度之于方圆长短也。节目时变之不可预定,犹方圆长短之不可胜穷也。故规矩诚立,则不可欺以方圆,而天下之方圆不可胜用矣;尺度诚陈,则不可欺以长短,而天下之长短不可胜用矣。良知诚致,则不可欺以节目时变,而天下之节目时变不可胜应矣。毫厘千里之谬,不于吾心良知一念之微而察之,亦将何所用其学乎?是不以规矩而欲定天下之方圆,不以尺度而欲尽天下之长短。吾见其乖张谬戾,日劳而无成也已。

---

[1] 舜在没有告知父亲瞽叟的情况下娶了尧的第二个女儿为妻。不过在孟子看来,"不孝有三,无后为大",舜的"不告而娶"是为了避免父亲知道后从中阻拦,以便能够有后代子孙,这是权变之下孝的体现。

[2] 据《史记》记载,武王伐纣时,尚未葬文王。

[3] 据《孟子·离娄上》记载,曾子侍奉曾皙时,除了酒肉的奉养,还顺从曾皙的意志与想法。等到曾元侍奉曾子的时候,酒肉的奉养还是做得很好,但并不顺从曾子的意志。在孟子看来,做孝子应当做到像曾子一样,不仅侍奉父母的饮食起居,还能顺从父母的意志。

[4] 据《孔子家语·六本》记载,曾子在瓜地锄草时,锄掉了瓜苗。其父大怒,用大杖将其打昏在地。曾子醒来后,先向父亲请安,又回到屋里弹琴,告知父亲自己安然无恙。孔子知道后很生气,教育曾子应当像舜那样侍奉父亲,父亲用小杖打时则坦然承受,用大杖打时则逃跑,以免使自己受伤,使父亲背负不义之名。

[5] 据《新唐书·孝友列传》记载,唐代名医陈藏器著有《本草拾遗》一书,认为人肉可以治病,于是民间开始出现父母生病后,子女割肉给父母服用的事情。

[6] 庐墓:古时,父母亡故之后,孝子应在墓旁搭建草棚,守孝三年,以表达对父母的追思怀念之情。

吾子谓"语孝于温凊定省，孰不知之"，然而能致其知者鲜矣。若谓粗知温凊定省之仪节，而遂谓之能致其知，则凡知君之当仁者，皆可谓之能致其仁之知；知臣之当忠者，皆可谓之能致其忠之知，则天下孰非致知者邪？以是而言可以知"致知"之必在于行，而不行之不可以为"致知"也，明矣。知行合一之体，不益较然矣乎？

夫舜之不告而娶，岂舜之前已有不告而娶者为之准则，故舜得以考之何典、间[1]诸何人，而为此邪？抑亦求诸其心一念之良知，权轻重之宜，不得已而为此邪？武之不葬而兴师，岂武之前已有不葬而兴师者为之准则，故武得以考之何典、问诸何人，而为此邪？抑亦求诸其心一念之良知，权轻重之宜，不得已而为此邪？使舜之心而非诚于为无后，武之心而非诚于为救民，则其不告而娶与不葬而兴师，乃不孝、不忠之大者。而后之人不务致其良知，以精察义理于此心感应酬酢之间，顾欲悬空讨论此等变常之事，执之以为制事之本，以求临事之无失，其亦远矣。其余数端皆可类推，则古人致知之学从可知矣。

【译文】

来信写道："圣人之道大的方面容易明白，所谓'良知和良能，即便愚夫愚妇也能明白'。至于具体的细节，以及随时代更替而变化的详情，则差之毫厘，谬以千里，必须通过学习才能明白。如今有关孝子要使父母冬暖夏凉、早晚请安等礼数，谁不明白？至于舜不告诉父亲就娶亲，武王没有安葬文王就伐纣，曾子赡养父亲是遵从父亲的意志，曾元赡养父亲只是让父亲活命，父亲用小杖打时应当承受，用大杖打时则应逃走，割股疗亲、结庐守孝等事情，在时变之中，过分与不足之间，必须讨论个是非曲直，作为处理世事的准则，然后心体才能不受蒙蔽，遇事才能没有过失。"

"圣人之道大的方面容易明白"，这句话没错。然而看看后来的学者，忽略简易明白的大道不去遵循，却去探求那些难以明白的东西作为学问，这是孟子所说的"道在近处却去远处求，事情简单却要做复杂"。孟子说："圣人之道如同大路，难道很难理解吗？人们的弊病在于不去探求圣人之道罢了。"圣人与愚夫愚妇在良知良能上是相同的，只是圣人能够实现自己的良知，愚夫愚妇

---

[1] 此处"间"当作"问"。

却不能，这才是圣人与愚人的分别之处。

具体细节与时代之变化，圣人怎么会不知道，只是不专门以此作为学问。圣人所谓的学问，只是推行自己的良知以精确地体察心中的天理，这与后世所说的学问又有所不同。你还没能实现自己的良知，却在细节问题上操心，这正是把探求难以明白的东西作为学问的弊端。良知与细节和时变问题之间的关系，就像圆规矩尺、尺寸尺码与方圆、长短之间的关系一样。随时而变的细节无法预先确定，好比方圆长短的种类无法穷尽一样。故而有了圆规矩尺，是方是圆也就确立了，不过天下的方圆仍无法穷尽；有了尺寸尺码，是长是短也就确立了，不过天下的长短也仍无法穷尽。良知得以推广，细节和时变也得以确立，不过天下间所有的细节时变并不能一一应对。失之毫厘、谬以千里，不在自己心中良知念头的细微处考察，又想将学问用到什么地方呢？这是不用圆规矩尺却想定立天下的方圆，不确立尺寸尺码却想穷尽天下的长短。我认为这种做法十分荒诞，只会终日碌碌，毫无所成。

你说"有关孝子要使父母冬暖夏凉、早晚请安的礼数，谁不知道"，不过真的能实行其所知的孝道的人很少。如果说粗略明白如何使父母冬暖夏凉、早晚请安等礼数就算是能推行孝的良知了，那么凡是知道君主应当仁爱的人，都可以认为他实现仁的良知，知道臣子应当忠诚的人，都可以认为他能够推行忠的良知，那样天下还有良知没有实现的人吗？如此来看，便能够知道"致知"一定要实践，不实践不足以称为"致知"，这是很明显的。知行合一是知行关系的本然状态，不也十分明白吗？

至于舜不告诉父亲就娶妻，难道是在舜之前便有不告而娶的准则，故而舜可以在书中求证、询问于人，才这样做的吗？还是根据心中一念的良知，权宜轻重，不得已才如此做呢？周武王不安葬文王就兴兵伐纣，难道在武王之前已经有不葬而兴师的准则，故而武王可以在书中求证、询问于人，才这样做的吗？还是根据心中一念的良知，权宜轻重，不得已才如此做呢？假如舜心中不是真的怕自己无后，武王心中不是真的想救民于水火，那么他们不告而娶、不葬而兴师的行为就是最大的不孝、不忠。而后世之人不务求推行自己的良知，在内心感应事变的过程中体会义理，却想要凭空去讨论这些权变还是经常的问题，把它作为待人处事的一般原则，以求得遇事时能够没有过失，这距离圣人之道相差太远了。其余几件事都可以根据上述一一推得，古人致良知的学问也可想而知了。

【一四一】

来书云："谓《大学》'格物'之说，专求本心，犹可牵合。至于《六经》《四书》所载'多闻多见''前言往行''好古敏求''博学审问''温故知新''博学详说''好问好察'[1]，是皆明白求于事为之际，资于论说之间者，用功节目固不容紊矣。"

格物之义，前已详悉，牵合之疑，想已不俟复解矣。至于"多闻多见"，乃孔子因子张之务外好高，徒欲以多闻多见为学，而不能求诸其心，以阙疑殆，此其言行所以不免于尤悔，而所谓见闻者，适以资其务外好高而已。盖所以救子张多闻多见之病，而非以是教之为学也。夫子尝曰："盖有不知而作之者，我无是也。"[2] 是犹孟子"是非之心，人皆有之"之义也。此言正所以明德性之良知非由于闻见耳。若曰"多闻，择其善者而从之，多见而识[3]之"，则是专求诸见闻之末，而已落在第二义矣，故曰"知之次也"。夫以见闻之知为次，则所谓知之上者果安所指乎？是可以窥圣门致知用力之地矣。夫子谓子贡曰："赐也，汝以予为多学而识之者欤？非也，予一以贯之。"使诚在于多学而识，则夫子胡乃谬为是说以欺子贡者邪？一以贯之，非致其良知而何？《易》曰："君子多识前言往行，以畜其德。"夫以畜其德为心，则凡多识前言往行者，孰非畜德之事？此正知行合一之功矣。

---

[1] 多闻多见：即通过多看多听、不断思考，少做让自己后悔的事；前言往行：即反思自己以前说过的话、做过的事来培养自己的德性；好古敏求：这是孔子的自称，即喜欢古代的典章制度，并且积极地探究求索；博学审问：即学问广博并且不断地深入探究；温故知新：即温习过去所学的知识，并不断地学习新的事物；博学详说：即学习的内容与范围广博，并且对学习的对象了解详备；好问好察：这是形容舜的智慧，即喜欢探查研究浅近的、常人的话。

[2] 《论语·述而》："子曰：'盖有不知而作之者，我无是也。多闻，择其善者而从之；多见而识之，知之次也。'"

[3] 识（zhì）：记住。

"好古敏求"者，好古人之学而敏求此心之理耳。心即理也；学者，学此心也；求者，求此心也。孟子云："学问之道无他，求其放心而已矣。"非若后世广记博诵古人之言词，以为好古，而汲汲然惟以求功名利达之具于外者也。"博学审问"，前言已尽。"温故知新"，朱子亦以温故属之尊德性矣。德性岂可以外求哉？惟夫知新必由于温故，而温故乃所以知新，则亦可以验知行之非两节矣。"博学而详说之"者，将"以反说约"也。若无反约之云，则"博学详说"者果何事邪？舜之"好问好察"，惟以用中而致其"精一"于道心耳。道心者，良知之谓也。君子之学，何尝离去事为而废论说？但其从事于事为论说者，要皆知行合一之功，正所以致其本心之良知，而非若世之徒事口耳谈说以为知者，分知行为两事，而果有节目先后之可言也。

【译文】

来信写道："您认为《大学》'格物'之说的意思是专注于探求本心，还勉强说得过去。至于《六经》《四书》所记载的'多闻多见''前言往行''好古敏求''博学审问''温故知新''博学详说''好问好察'，都是明明白白在处事作为之中、论辩谈说之间探求事物的道理，由此可见下功夫的次序不能紊乱。"

格物的意思前文已经详细说过了，至于你觉得有所牵强疑惑的地方，想来也不用我多做解释。至于"多闻多见"，则是孔子针对子张的毛病而说的，子张好高骛远，专门向外探求，以多闻多见为学问，却不能反求诸心，因此，他的言行难免有过错和悔恨，所谓的见闻恰恰助长了他好高骛远的毛病。所以孔子的话是纠正子张的毛病，并非教导子张把多闻多见当作学问。孔子曾说过："有一类人不知道什么却凭空乱说，我不是这类人。"这就是孟子所谓"是非之心，人皆有之"的意思。这句话正是要彰明德性的良知并非由见闻得来。至于孔子说"多闻，择其善者而从之，多见而识之"，则是专门探求见闻的细枝末节，已然是第二等的事了，所以说"知之次也"。以见闻之知为次要的知，那么首要的知是什么呢？在此可以看到圣人致知用力之处。孔子对子贡说："赐啊，你认为我是学得多、知识广博的人吗？不是的，我的学说是以忠恕之道一以贯之的。"如果良知真的在于多闻多见，那么孔子为何要以这样的谬论欺骗子贡呢？一以贯之之道，不是致良知还能是什么呢？《易经》中说："君子应该多反思自己以前的言语和行为，以此来存养自己的德性。"如果用意在于存养德性，那么更多地了解前人之言、过往之行，不也是存养德性吗？这正是知行合一的功夫。

所谓"好古敏求"，是爱好古人的学问，勤奋地探索心中之理。心就是天理，学就是学习此心，求就是求索此心。孟子说："做学问的道理十分简单，只是要将放纵的心收拾起来而已。"不像后世的学者广泛记诵古人的言辞，认为这就是好古，却又念念不忘追名逐利，追逐那些外在的东西。"博学审问"，前面已经谈过了。关于"温故知新"，朱熹也认为温故属于尊德性。德性难道可以向外去探求吗？知新必然经由温故，温故了才能知新，这也证明了知行功夫并非两个。"博学而详说之"是为了"返回到简约中去"。如果没有"反约"的说法，那么"博学详说"究竟是为了什么呢？舜"好问好察"，就是以中和的方法使其心体达到"精研专一"于向往大道的心。所谓道心，就是良知。君子的学问何时离开了处事作为、抛弃了论辩谈说呢？但是君子从事于处事和论说，都要遵循知行合一的功夫，这正是为了实现自己本心之良知，而并非像世人只会夸夸其谈就认为这便是知，将知和行分作两件事，然后说什么下功夫有先后次序。

【一四二】

来书云："杨、墨之为仁义[1]，乡愿[2]之乱忠信，尧、舜、子之之禅让[3]，汤、武、楚项之放伐[4]，周公、莽、操之摄辅[5]，谩无印证，

---

[1] 杨、墨之为仁义：杨即为杨朱，主张为我，是道家的先驱；墨即墨翟，提倡兼爱。
[2] 乡愿：即指没有确定的原则、四面讨巧的人。《论语·阳货》："乡愿，德之贼也。"
[3] 尧、舜、子之之禅让：指古代社会尧禅让于舜，舜禅让于禹。子之则是战国时燕王哙的相国，后哙效法尧让位于许由的故事，将燕国的政权交予子之。
[4] 汤、武、楚项之放伐：商汤征伐夏桀而得天下，武王征伐商纣而得天下，项羽杀义帝而自立为西楚霸王。
[5] 周公、莽、操之摄辅：周公在周成王年幼时摄政，待成王成年后还政于成王，成为后世典范；王莽杀害汉平帝，立孺子婴，先摄政，后篡位；曹操讨伐董卓，迎立汉献帝，自任丞相，挟天子以令诸侯。

又焉适从？且于古今事变，礼乐名物未尝考识，使国家欲兴明堂，建辟雍，制历律，草封禅[1]，又将何所致其用乎？故《论语》曰'生而知之'者，义理耳。若夫礼乐名物、古今事变，亦必待学而后有以验其行事之实。此则可谓定论矣。"

所喻杨、墨、乡愿、尧、舜、子之、汤、武、楚项、周公、莽、操之辨，与前舜、武之论，大略可以类推。古今事变之疑，前于良知之说，已有规矩尺度之喻，当亦无俟多赘矣。

至于明堂、辟雍诸事，似尚未容于无言者。然其说甚长，姑就吾子之言而取正焉，则吾子之惑将亦可少释矣。

夫明堂、辟雍之制，始见于《吕氏》之《月令》，汉儒之训疏[2]。《六经》《四书》之中，未尝详及也。岂吕氏、汉儒之知，乃贤于三代之贤圣乎？齐宣之时，明堂尚有未毁[3]，则幽、厉[4]之世，周之明堂皆无恙也。尧、舜茅茨土阶，明堂之制未必备，而不害其为治；幽、厉之明堂，固犹文、武、成、康[5]之旧，而无救于其乱。何邪？岂能"以不忍人之心，而行不忍人之政"[6]，则虽茅茨土阶，固亦明堂也；以幽、厉之心，而行幽、厉之政，则虽明堂，亦暴政所自出之地邪？武帝肇讲于汉，而武后盛作于唐[7]，其治乱何如邪？

---

[1] 明堂、辟雍、历律、封禅：明堂，古代帝王发布政令、宣传教化的场所；辟雍，周天子为贵族子弟设立的大学，形如璧环，四面有水；历律，历法与乐律；封禅，古代帝王在泰山上筑坛祭天称为"封"，在泰山旁的梁父山上辟场以祭地称为"禅"。

[2] 《吕氏》、汉儒：《吕氏》，即《吕氏春秋》，为战国末期秦国宰相吕不韦召集门客所编纂的书，为杂家的代表著作。其中有十二纪详述各月气候等的思想与《礼记》中的《月令》篇相吻合。汉儒，指郑玄等人，为儒家经典作注疏。

[3] 明堂尚有未毁：战国时期齐国国君齐宣王曾向孟子征询是否要毁明堂，孟子认为明堂是有道德而能一统天下的君主的殿堂，要行王政，便不可毁明堂。

[4] 幽、厉：即周幽王和周厉王，周代的暴君。

[5] 文、武、成、康：即周文王、周武王、周成王和周康王，周代前四任贤明的君主。

[6] 《孟子·公孙丑上》："以不忍人之心，而行不忍人之政，治天下可运之掌上。"

[7] 武帝肇讲于汉，而武后盛作于唐：汉武帝曾与大臣们议论过立明堂之事，武则天曾毁乾元殿而立明堂。

天子之学曰辟雍，诸侯之学曰泮宫[1]，皆象地形而为之名耳。然三代之学，其要皆所以明人伦，非以辟不辟、泮不泮为重轻也。孔子云："人而不仁，如礼何？人而不仁，如乐何？"[2]制礼作乐，必具中和之德，声为律而身为度[3]者，然后可以语此。若夫器数之末，乐工之事，祝史之守。故曾子曰："君子所贵乎道者三……笾豆之事，则有司存也。"[4]尧"命羲、和，钦若昊天，历象日月星辰"，其重在于"敬授人时"也。舜"在璇玑玉衡"，其重在于"以齐七政"[5]也。是皆汲汲然以仁民之心而行其养民之政。治历明时之本，固在于此也。

　　羲和历数之学，皋、契未必能之也，禹、稷未必能之也，"尧舜之知而不偏物"，虽尧舜亦未必能之也。然至于今，循羲和之法而世修之，虽曲知小慧之人、星术浅陋之士，亦能推步占候[6]而无所忒。则是后世曲知小慧之人，反贤于禹、稷、尧、舜者邪？

　　封禅之说尤为不经，是乃后世佞人谀士所以求媚于其上，倡为夸侈以荡君心而靡国费。盖欺天罔人，无耻之大者，君子之所不道，司马相如[7]之所以见讥于天下后世也。吾子乃以是为儒者所宜学，殆亦未之思邪？

　　夫圣人之所以为圣者，以其生而知之也。而释《论语》者曰："'生而知之'者，义理耳。若夫礼乐名物、古今事变，亦必待学而后有以验其行事之实。"夫礼乐名物之类，果有关于作圣之功也，而圣人亦必待学而后能知焉，则是圣人亦不可以谓之"生知"矣。谓圣人为"生知"者，专指义理而言，而不以礼乐名物之类，则是礼乐名物之类无关于作圣之功矣。圣人之所以谓之"生知"者，专指义理而不以礼乐名物之类，则是"学而知之"者，亦惟当学

---

[1] 泮宫：西周时为诸侯子弟设立的学校，建在泮水之旁。

[2] 语出《论语·八佾》。

[3] 声为律而身为度：以大禹的声音作为音律的标准，以大禹的身长作为尺度的标准。

[4] 《论语·泰伯》："曾子言曰：'君子所贵乎道者三：动容貌，斯远暴慢矣；正颜色，斯近信矣；出辞气，斯远鄙倍矣。笾豆之事，则有司存。'"

[5] 《尚书大传》："七政者，谓春、秋、冬、夏、天文、地理、人道，所以为政也。"

[6] 推步占候：推算历法、占卜天象。

[7] 司马相如：字长卿，成都人，西汉著名文学家。为迎合汉武帝的心意，撰写《封禅文》，受后世讥讽。

知此义理而已；"困而知之"者，亦惟当困知此义理而已。今学者之学圣人，于圣人之所能知者，未能"学而知之"，而顾汲汲焉求知圣人之所不能知者以为学，无乃失其所以希圣之方欤？凡此皆就吾子之所惑者而稍为之分释，未及乎拔本塞源[1]之论也。

夫拔本塞源之论不明于天下[2]，则天下之学圣人者，将日繁日难，斯人伦于禽兽、夷狄，而犹自以为圣人之学。吾之说虽或暂明于一时，终将冻解于西而冰坚于东，雾释于前而云滃于后，呶呶焉危困以死，而卒无救于天下之分毫也已。

夫圣人之心，以天地万物为一体，其视天下之人，无外内远近，凡有血气，皆其昆弟赤子之亲，莫不欲安全而教养之，以遂其万物一体之念。天下之人心，其始亦非有异于圣人也，特其间于有我之私，隔于物欲之蔽，大者以小，通者以塞，人各有心，至有视其父、子、兄、弟如仇雠者。圣人有忧之，是以推其天地万物一体之仁以教天下，使之皆有以克其私、去其蔽，以复其心体之同然。其教之大端，则尧、舜、禹之相授受，所谓"道心惟微，惟精惟一，允执厥中"[3]；而其节目，则舜之命契，所谓"父子有亲，君臣有义，夫妇有别，长幼有序，朋友有信"[4]五者而已。唐、虞、三代之世，教者惟以此为教，而学者惟以此为学。当是之时，人无异见，家无异习，安此者谓之圣，勉此者谓之贤，而背此者虽其启明如朱[5]，亦谓之不肖。下至闾井田野，农、工、商、贾之贱，莫不皆有是学，而惟以成其德行为务。何者？无有闻见之杂、记诵之烦、辞章之靡滥、功利之驰逐，而但使孝其亲、弟其长、信其朋友，以复其心体之同然。是盖性分之所固有，而非有假于外者，则人亦孰不能之乎？

---

[1] 拔本塞源：意为拔出树根，堵塞水源，比喻从根本上破坏。

[2] 自此段起至篇末，清人陈龙正曾以《拔本塞源论》为名单独刻行，是王阳明最著名、最具代表性的论著之一。

[3] 语出《尚书·大禹谟》。意为道心幽微难明，只有一心一意，诚恳地秉执其中正之道，才能治理好国家。

[4]《孟子·滕文公上》："圣人有忧之，使契为司徒，教以人伦：父子有亲，君臣有义，夫妇有别，长幼有序，朋友有信。"

[5] 朱：即丹朱，尧的儿子，自幼聪慧，但尧认为他"顽凶""不肖"，故而禅位给舜。

学校之中，惟以成德为事。而才能之异，或有长于礼乐、长于政教、长于水土播植者，则就其成德，而因使益精其能于学校之中。迨夫举德而任，则使之终身居其职而不易。用之者惟知同心一德，以共安天下之民，视才之称否，而不以崇卑为轻重，劳逸为美恶。效用者亦惟知同心一德，以共安天下之民，苟当其能，则终身处于烦剧而不以为劳，安于卑琐而不以为贱。当是之时，天下之人熙熙皞皞，皆相视如一家之亲。其才质之下者，则安其农、工、商、贾之分，各勤其业，以相生相养，而无有乎希高慕外之心。其才能之异，若皋、夔、稷、契者[1]，则出而各效其能。若一家之务，或营其衣食，或通其有无，或佣其器用，集谋并力，以求遂其仰事俯育之愿，惟恐当其事者之或怠而重己之累也。故稷勤其稼而不耻其不知教，视契之善教即己之善教也；夔司其乐而不耻于不明礼，视夷之通礼即己之通礼也。盖其心学纯明，而有以全其万物一体之仁。故其精神流贯，志气通达，而无有乎人己之分、物我之间。譬之一人之身，目视、耳听、手持、足行，以济一身之用，目不耻其无聪，而耳之所涉，目必营焉；足不耻其无执，而手之所探，足必前焉。盖其元气充周，血脉条畅，是以痒疴呼吸，感触神应，有不言而喻之妙。此圣人之学所以至易至简，易知易从，学易能而才易成者，正以大端惟在复心体之同然，而知识技能非所与论也。

三代之衰，王道熄而霸术焻；孔孟既没，圣学晦而邪说横。教者不复以此为教，而学者不复以此为学。霸者之徒，窃取先王之近似者，假之于外以内济其私己之欲，天下靡然而宗之，圣人之道遂以芜塞。相仿相效，日求所以富强之说，倾诈之谋，攻伐之计，一切欺天罔人，苟一时之得，以猎取声利之术，若管、商、苏、张[2]之属者，至不可名数。既其久也，斗争劫夺，不胜其祸，斯人沦于禽兽、夷狄，而霸术亦有所不能行矣。

世之儒者慨然悲伤，搜猎先圣王之典章法制，而掇拾修补于煨烬之余。

---

[1] 皋、夔、稷、契：四人都是舜的臣僚。皋陶执掌刑法，夔主管典乐，稷负责农事，契管理教育。

[2] 管、商、苏、张：管即管仲，帮助齐桓公成为春秋五霸之一的能臣；商即商鞅，帮助秦国实行变法，使得秦国崛起；苏即苏秦，游说六国合纵抗秦；张即张仪，以连横之说策动六国与秦交好。四人均有杰出的治世之才，但都不是儒家。

盖其为心，良亦欲以挽回先王之道。圣学既远，霸术之传积渍已深，虽在贤知，皆不免于习染。其所以讲明修饰，以求宣畅光复于世者，仅足以增霸者之藩篱，而圣学之门墙，遂不复可睹。于是乎有训诂之学，而传之以为名；有记诵之学，而言之以为博；有词章之学，而侈之以为丽。若是者纷纷籍籍，群起角立于天下，又不知其几家。万径千蹊，莫知所适。世之学者如入百戏之场，欢谑跳踉、骋奇斗巧、献笑争妍者，四面而竞出，前瞻后盼，应接不遑，而耳目眩瞀，精神恍惑，日夜遨游淹息其间，如病狂丧心之人，莫自知其家业之所归。时君世主亦皆昏迷颠倒于其说，而终身从事于无用之虚文，莫自知其所谓。间有觉其空疏谬妄、支离牵滞，而卓然自奋，欲以见诸行事之实者，极其所抵，亦不过为富强功利、五霸之事业而止。

圣人之学日远日晦，而功利之习愈趋愈下。其间虽尝瞽惑于佛老，而佛老之说卒亦未能有以胜其功利之心；虽又尝折衷于群儒，而群儒之论终亦未能有以破其功利之见。盖至于今，功利之毒沦浃于人之心髓，而习以成性也几千年矣。相矜以知，相轧以势，相争以利，相高以技能，相取以声誉。其出而仕也，理钱谷者则欲兼夫兵刑，典礼乐者又欲与于铨轴，处郡县则思藩臬之高，居台谏则望宰执之要[1]。故不能其事则不得以兼其官，不通其说则不可以要其誉：记诵之广，适以长其敖[2]也；知识之多，适以行其恶也；闻见之博，适以肆其辨也；辞章之富，适以饰其伪也。是以皋、夔、稷、契所不能兼之事，而今之初学小生皆欲通其说、究其术。其称名借号，未尝不曰"吾欲以共成天下之务"，而其诚心实意之所在，以为不如是则无以济其私而满其欲也。

呜呼！以若是之积染，以若是之心志，而又讲之以若是之学术，宜其闻吾圣人之教，而视之以为赘疣枘凿。则其以良知为未足，而谓圣人之学为无所用，亦其势有所必至矣！呜呼！士生斯世，而尚何以求圣人之学乎！尚何以论圣人之学乎！士生斯世，而欲以为学者，不亦劳苦而繁难乎！不亦拘滞而险艰乎！呜呼，可悲也已！

---

[1] 铨轴：吏部要职。藩臬：藩指一省最高负责官吏的藩司，臬指巡视各省的臬使。台谏：御史台与谏议大夫。宰执：宰相，执掌大权者。

[2] 此处"教"当作"敖"。

所幸天理之在人心，终有所不可泯，而良知之明，万古一日。则其闻吾拔本塞源之论，必有恻然而悲，戚然而痛，愤然而起，沛然若决江河，而有所不可御者矣。非夫豪杰之士，无所待而兴起者，吾谁与望乎？

【译文】

来信写道："杨朱、墨翟看似仁义，乡愿看似忠信，尧、舜、子之的禅让，商汤、周武王、项羽的放逐杀伐，周公、王莽、曹操的辅佐摄政，这些事迹散见于史书却无从考证，该听谁的呢？况且对于从古至今的事变、礼乐名物度数都没有考察认识，如果国家要设立明堂、建立学校、制定历法乐律、进行封禅仪式，又怎能发挥作用呢？所以《论语》说的'生而知之'，就是理和义。其他比如礼乐名物、古今事变等事，必须学习后才能知道是否可行。这已经可以认为是定论了。"

你所说的杨朱、墨翟、乡愿、尧、舜、子之、商汤、周武王、项羽、周公、王莽、曹操等人的分别，与前面提到的舜和武王的事迹类似，大体上可以类推。对于古今事变的疑问，前面讨论良知之说时用了规矩与尺度的比喻，也不必再多说什么了。立明堂、建学校等事，似乎还有讨论的余地。不过真的说起恐怕很冗长，姑且就你信中所及讨论一二，多少可以解答你的疑惑。

明堂和学校的制度，最早见于《吕氏春秋》中的《月令》篇和汉儒的注疏之中。《六经》《四书》并未提及。难道《吕氏春秋》的作者和汉儒要比三代的圣贤还贤明吗？齐宣王的时候，明堂尚未被毁，即便在周幽王、周厉王的时代，周代的明堂也完好无损。尧舜的时代，人们住着茅草屋，垒土做成台阶，明堂的制度尚未完备，但这并不妨碍天下的治理；周幽王、周厉王时期的明堂，同文王、武王、成王、康王时的一样，但对于时代的祸乱也毫无补救。为何会如此呢？这难道不是说"以仁爱之心推行仁爱之政"，即便茅草屋、土台阶也可以起到明堂的作用；以暴君之心推行暴君之政，虽然设有明堂，不也是暴君施暴政的地方吗？汉武帝曾与大臣讨论建立明堂，武则天毁了乾元殿修建明堂，他们的时代，天下是治还是乱呢？

天子的学校称为辟雍，诸侯的学校称为泮宫，都是根据地形来命名的。然而三代的学问，以彰明人伦为目的，并不先考量其样子是否像璧环，是否建在泮水边。孔子说："人如果不仁爱，有礼的教化又能如何？人如果不仁爱，有乐的感化又能如何？"制礼作乐的人，必须具备中正平和的德性，以声为律、以身为度，才能做这类事。如果只是一些礼乐器具上的细枝末节，则是乐工和祝史的职责。所以曾子说："君子所重视的道有三个方面……至于具体的祭祀礼仪，则由专人负责。"尧"命令羲氏、和氏遵从天道，观测推算日月星辰的运行"，他看重的是"尊敬地授予百姓天时"；舜"观测北斗七星的运行"，他看重的是"安排好七种政事"。这都是念念不忘以仁爱民众之心推行养育百姓的仁政。制定历法、明白时令的根本就在于此。

羲氏、和氏在历法和算数上的才能，皋陶和契未必有，大禹和后稷也未必有。孟子说"尧、舜的智慧并不通晓万物"，可见即使圣明如尧、舜也未必能具有所有的知识。时至今日，按照羲、和二人的历法，加上每一个朝代的修改订正，即使一知半解、小有聪明的人，甚至思想浅薄的术士，都能够正确推算节气、占卜天下。难道后世一知半解、小有聪明的人比大禹、后稷乃至尧和舜还要贤明吗？

封禅的说法就更加荒诞不经了，这是后代阿谀奉承之徒为了在皇帝面前讨好献媚，怂恿鼓吹的迷惑君心、浪费国力的学说。这是欺天罔人、无耻之尤的行为，君子自然不屑去说。司马相如之所以被后世讥讽，便是这个原因。你却认为这是儒者们应当学习的，大概是没有仔细思考吧！

圣人之所以为圣人，是因为他们生而知之。朱熹解释《论语》时说："生而知之的是理和义。那些礼乐名物、古今事变，也还是要学习后才能检验其是否属实。"如果礼乐名物之类是圣人成圣的功夫，圣人也必须通过学习才能知晓，那么圣人就不能说是生而知之了。说圣人是生而知之，是专指理和义的方面而言的，不包括礼乐名物之类，因此，礼乐名物与圣人成圣的功夫并无关系。所谓"学而知之"，也就是学习这个理和义而已；"困而知之"也就是困勉于这个理和义而已。如今为学之人学圣人，对于圣人能知道的部分不去学习，却对于那些圣人不能知道的部分十分渴求，这不是迷失了求做圣人的方向了吗？我说的这些仅仅是就你的困惑稍加分析解释，还不是正本清源的论断。

正本清源的学说一日不彰明于天下，那么天下学习圣人的人便会一天天感到繁复艰难，甚至沦落到夷狄、禽兽的地步，还自以为是地学习圣人之学。我的学说虽然暂时彰明于天下，终究只是解一时之病，解了西边的冻，东边又结了冰，拨开前面的雾，后面又涌起了云，就算我不顾安危、喋喋不休地讲论说道，也终究不能救天下分毫。

圣人的心与天地万物为一体，他看待天下的人，没有内外远近的区别，凡有血气生命的，都是自己的兄弟子女，都会使他们安全、教养他们，以成就他万物一体的念头。天下人的心，起初与圣人之心也并无不同，只是后来夹杂了私心，为物欲所蒙蔽，大的心变而为小，通达的心转而为塞，人人均有私心，甚至将父子兄弟视为仇人。圣人对此十分担忧，故而向天下之人推行万物一体之仁的教化，使人人都能够克制私欲、去除蒙蔽，恢复心体的本然状态。圣人教化的大体精神，就是尧、舜、禹一脉相承的"道心惟微，惟精惟一，允执厥中"；至于教化的细节，则是舜让契所规定的"父子有亲，君臣有义，夫妇有别，长幼有序，朋友有信"这五条而已。唐、虞以及夏、商、周三代，教学仅仅是教这些内容，学习也仅仅是学这些内容。当时，人人的观点相同，家家的习惯相同，能自然去做这些事的人就是圣人，通过努力做到这些事的人就是贤人，违背于这些道理的人，即便像丹朱那样聪明，也不过是不肖之徒。下到田间、市井，从事农、工、商、贾的普通人，也都学习这些内容，都把成就自身的品德放在第一位。为什么呢？因为没有杂乱的见闻、烦琐的记诵、靡滥的辞章、功利的追逐，而只有孝顺双亲、友爱兄长、尊信朋友，以至于恢复心体的本然状态。这是人的天性所固有的，并非向外求得的东西，又有谁做不到呢？

学校的作用主要也是培养人的品德。人的才能各异，有的擅长礼乐，有的擅长政教，有的擅长农事，便根据他们的德性，因材施教，使他们的才干在学校里进一步提高。根据个人的德性让他们终身担任某个职务。用人者只知道同心同德，共同努力使得天下百姓安宁，只看被任用者的才能是否称职，而不以身份高低分轻重，不以职业不同分好坏。被任用者也只知道同心同德，共同努力使得天下百姓安宁，如果所在的岗位合适，即便终身辛劳也不觉得辛苦，终身从事琐碎的工作也不觉卑贱。那时，所有的人都高高兴兴，亲如一家。那些才能较低下的人，则安于农、工、商、贾的本分，各自勤于本职工作，并且相互滋养，没有羡慕、攀比的想法。那些如皋陶、夔、后稷、契之类才能各异的人，则为天下出仕当官，各尽其能。好比一个家庭的内部事务，有人负责洗衣做饭，有人负责经商买卖，有人负责制造器具，众人出谋出力，才能实现赡养父母、教养子女的愿望，所有人都怕自己无法做好承担的事务，因而都尽心尽力。所以后稷勤劳地种庄稼，不以自己不知道教化为耻，将契善于教化视为自己善于教化；夔负责音乐，不以自己不明白礼仪为耻，将伯夷精通礼仪视为自己精通礼仪。因为他们的心中纯粹明白，具有完备的天地万物为一体的仁德。他们的精神周流贯通，志气相互通达，并不存在他人与自己的区分、外物与自我的间隔。好比一个人的身体，眼睛能看、耳朵能听、手可以拿、脚可以走，都是为了实现整个身体的作用。眼睛不会因为不能听而感到羞耻，耳朵听到声音的时候，眼睛一定会去看；脚不会因为不能拿东西感到羞耻，手伸到的地方，脚也会跟随。这是因为人的体内元气周流全身，血脉畅通，所以痛痒呼吸都能感觉到并做出自然而然的反应，其中有不言而喻的奥妙。圣人的学问之所以最简单也最明了，容易明白也容易遵从，容易学习也容易学成，正是因为圣学的根本在于恢复心体的本然状态，相比之下，学习具体的知识或技能都没什么值得说的。

夏、商、周三代下来，王道衰微，霸道盛行；孔子、孟子死后，圣学晦暗，邪说横行。教的人不教圣学，学的人不学圣学。主张霸道的人，暗地里用与三代先王相似的东西，借助外在的学问知识来满足自己的私欲，天下之人一时间都尊奉他们，圣人之道便荒废阻塞了。世人相互仿效，天天讨论富国强兵、权谋欺诈、攻城讨伐的学说，以及一切欺天罔人、只为追求一时声名利禄的技术，像管仲、商鞅、苏秦、张仪这样的人数不胜数。长此以往，人们相互争夺，祸患无穷，这些人沦为夷狄、禽兽，甚至连霸道之术都推行不下去了。

世上的儒者有感于此，搜寻过去圣王的典章法制，把未被秦始皇焚毁的书拾掇修补出来。他们的目的诚然是挽回先王之道，然而，圣学晦暗已经很久远，霸道之术流传影响又十分深，即使是贤明睿智的人也难免有所习染。他们宣传、修饰圣学，并希望圣学发扬光大，实际上却是增加霸道之术的影响，圣学的踪影再也看不到了。于是产生了解释字义的训诂学，传授课程以图虚名；

产生了记诵圣学的学问，满口圣人之言冒充博学；产生了填词作诗的学问，以文字铺陈华丽为美。类似的学问纷纷扰扰，在世上群起争斗，不知道有多少家！他们流派众多，不知道该听谁的。世上的学者如同进了一百场戏同时在表演的戏场，只见到欢呼跳跃、争奇斗巧、献媚取悦的戏子从四面八方涌来，前前后后，应接不暇，使得人耳目眩晕，精神恍惚，日日夜夜都浸淫其间，就会像丧心病狂的人一样，不知道自己的家在哪里。当时的君主也沉迷于这类学问，终身从事无用的虚文，都不知道自己在说些什么。偶尔有人能认识到这些学说空疏荒诞、杂乱不通，于是奋发努力，想干点实事，但他们所能做到的极致，也只不过是像春秋五霸那样富国强兵的功利事业罢了。

圣人的学问日益疏远而晦暗，功利的习气却一日盛过一日。中间虽然有被佛家、道家蛊惑的人，但这两家的学问最终也无法战胜功利之心；虽然有人试图拿群儒的学说来居中调和，但群儒的学问也无法破除功利之心。时至今日，功利之心的毒害已经深入骨髓，经由习气成为人的本性已经几千年了。人们在知识上互相比较，在权势上互相倾轧，在利益上互相争夺，在技能上互相攀比，在声誉上互相竞争。那些围观的人，管理钱粮的还想兼管军事和司法，掌管礼乐的又想参与吏部的事务，在郡县做官的又想到省里做大官，位居监察之职的又垂涎着宰相的位置。原本没有某方面才能的人理应不能兼任这方面的官职，不知道某方面理论的人理应不能获得相应的名誉。而实际的情况却是：擅长记诵，正助长了他们的傲慢；知识丰富，正促使他们为恶；见闻广博，却使得他们肆意诡辩；文采富丽，正掩饰了他们的虚伪。所以皋陶、夔、后稷、契都不能兼任的事，而今天初学的小孩儿却都想通晓各种理论、探究各种方法。他们打出的名号都是"我想要完成天下人共同的事业"，他们的真实想法却是，不知道这些学问恐怕就不能满足自己的欲望。

唉，在这样的积习影响下，存有着这样的心志，又讲求这样的学问，当他们听到我说圣人的教诲时，当然视为累赘和迂腐的学问！他们认为良知没什么可说的，圣人的学说没什么用处，这也是时势的必然啊！唉，生在这样的时代，还要怎么探求圣人的学问呢！还要怎么谈论圣人的学问呢！生在这样一个时代却还想做学问的人，不是十分繁杂、困难吗！不是十分痛苦、艰险吗！

唉，太可悲了！

万幸的是天理自在人心，终究不会泯灭，良知的光明即便历经万古也不会变化。所以听了我的正本清源的论述，有识之士必当悲伤痛苦，奋然而起，就像决口的江河难以抵御。如果没有天下间豪杰之士的到来，我还能寄望于谁呢？

启问道通[1]书

【一四三】

吴、曾两生至，备道道通恳切为道之意，殊慰相念。若道通，真可谓笃信好学者矣。忧病中会，不能与两生细论，然两生亦自有志向肯用功者，每见辄觉有进。在区区诚不能无负于两生之远来，在两生则亦庶几无负其远来之意矣。临别以此册致道通意，请书数语。荒愦无可言者，辄以道通来书中所问数节，略于转语奉酬。草草殊不详细，两生当亦自能口悉也。

来书云："日用工夫只是立志，近来于先生诲言时时体验，愈益明白。然于朋友不能一时相离，若得朋友讲习，则此志才精健阔大，才有生意。若三五日不得朋友相讲，便觉微弱，遇事便会困，亦时会忘。乃今无朋友相讲之日，还只静坐，或看书，或游衍经行，凡寓目措身，悉取以培养此志，颇觉意思和适。然终不如朋友讲聚，精神流动，生意更多也。离群索居之人，当更有何法以处之？"

此段足验道通日用工夫所得。工夫大略亦只是如此用，只要无间断，到得纯熟后，意思又自不同矣。大抵吾人为学，紧要大头脑，只是立志。所谓困、忘之病，亦只是志欠真切。今好色之人，未尝病于困忘，只是一真切耳。自家痛痒自家须会知得，自家须会搔摩得。既自知得痛痒，自家须不能不搔摩得，佛家谓之"方便法门"。须是自家调停斟酌，他人总难与力，亦更无别法可设也。

【译文】

吴、曾两位年轻人到我这儿来，向我详细说明了你恳切求道的心意，令我十分欣慰。像你这样的人，真可以说是笃信好学的学生。我正为家父守丧，

---

[1] 道通：即周冲，字道通，号静庵，江苏宜兴人。先师从王阳明，后师从湛若水，能够汇通二者之学。

心情抑郁，未能与两位年轻人详谈，但他们也是有志向、能用功的人，每次见到都有所长进。于我而言，实在不能辜负两位远道而来的诚意；对两位而言，或许也没有辜负自己远道而来的心意。临别之时，他们以此书来转达对你的致意，要我写几句话。我此时脑袋糊涂，没太多想说的，就只好对你信中提到的几个问题略加解释，算是有一个交代。草草数语，不甚详细，他们两位会向你亲口转达的。

来信写道："先生平日教诲：'平时用功只是立志。'近来时时对此加以体会验证，想得更加明白。然而我不能一时一刻离开朋友，如果有朋友互相讨论讲习，志向便会强盛宏大，才会生气勃勃。如果三五天不和朋友们讨论讲习，便会觉得志向微弱，遇到事情就会困惑，有时甚至忘记了志向。如今没有朋友讨论讲习的日子，我就静坐沉思，或者看看书，或者到处走走，举手投足之间，都不忘记培养心志，深感心态平和舒适。但终究不如与朋友讲学时的精神奔流来得更有生意。离群索居之人，有什么更好的方法可以维持志向？"

这段话充分验证了你平日功夫的收获。功夫大体上也就是如此，只要不间断，等到纯熟之后，自然会有所不同。一般而言，我们做学问最重要的就是立志，你所说的困惑、遗忘的毛病也只是志向还不真切。比如好色之徒，从来就没有困惑、遗忘的毛病，就是因为好色的欲念真切得很。自己的痛痒只有靠自己才能知道，靠自己去挠痒按摩。既然知道自己的痛痒，也就不得不挠痒按摩了，佛家所说的"方便法门"正是这个意思。必须自己考虑斟酌，别人很难帮得上忙，也没有别的方法可用。

【一四四】

来书云："上蔡[1]尝问'天下何思何虑'，伊川云：'有此理，只是发得太早。'[2]在学者工夫，固是'必有事焉而勿忘'，然亦须识得'何思何虑'底气象，一并看为是。若不识得这气象，便有正与助长之病；若认得'何思何虑'，而忘'必有事焉'工夫，恐人堕于无

---

[1] 上蔡：即谢良佐（1050—1103），字显道，河南上蔡人，为程门四大弟子之一。

[2] 语出《河南程氏外书·上蔡语录》。

也。须是不滞于有，不堕于无，然乎否也？"

所论亦相去不远矣，只是契悟未尽。上蔡之问，与伊川之答，亦只是上蔡、伊川之意，与孔子《系辞》原旨稍有不同。《系》言"何思何虑"，是言所思所虑只是一个天理，更无别思别虑耳，非谓无思无虑也。故曰："同归而殊途，一致而百虑，天下何思何虑？"云"殊途"，云"百虑"，则岂谓无思无虑邪？心之本体即是天理。天理只是一个，更有何可思虑得？天理原自寂然不动，原自感而遂通。学者用功，虽千思万虑，只是要复他本来体用而已，不是以私意去安排思索出来。故明道云："君子之学，莫若廓然而大公，物来而顺应。"[1]若以私意去安排思索便是"用智自私"[2]矣。"何思何虑"正是工夫。在圣人分上，便是自然的；在学者分上，便是勉然的。伊川却是把作效验看了，所以有"发得太早"之说。既而云"却好用功"，则已自觉其前言之有未尽矣。濂溪主静之论亦是此意。今道通之言，虽已不为无见，然亦未免尚有两事也。

【译文】

来信写道："谢良佐先生曾问'天下有什么可以思虑'，程颐先生说：'有这个道理，但是你说得太早了。'从学者的功夫来说，固然应该是'时刻在事上磨炼，时刻不要忘记'，然而也需要认识到'何思何虑'的气象，两者合并来看才对。如果不明白这种气象，就有孟子所说的'拔苗助长'的毛病；如果明白'何思何虑'，却忘记'必有事焉'的功夫，恐怕又有堕入虚无的毛病了。必须既不滞留于有，也不堕落于无。这样说对吗？"

你所说得也相差不远，只是还没有彻底领悟。谢良佐的问题和程颐先生的回答只是谢良佐和程颐的意思，与孔子《系辞》里的本意略有不同。《系辞》说"何思何虑"，是说所思所虑只是天理，没有别的思虑，并不是完全没有思虑的意思。所以说："同归而殊途，一致而百虑，天下何思何虑？"说"殊途"，说"百虑"，又怎么能说"无思无虑"呢？心的本体就是天理，天理只有一个，还有什么别的可以思虑的吗？天理原本寂然不动，原来 感就通。学

---

[1] 语出《河南程氏文集·答横渠张子厚先生书》。

[2] 语出《河南程氏文集·答横渠张子厚先生书》。

者下功夫，虽然反复思虑，也只是要恢复天理的本体与作用，并不是靠一己的私意思索安排个别的什么。所以程颢先生说："君子之学，莫若廓然而大公，物来而顺应。"如果以自己的私意思索安排，便是"为私欲而耍小聪明"了。"何思何虑"正是为学的功夫，对圣人来说这是自然而然的，对学者来说则要勉力才能做到。程颐先生把它看作功夫的结果，所以他说"发得太早"，接着又说"这正是所要下的功夫"，他已然觉察到前言尚有未尽之处。如今你的看法，虽然已经算是有所见识，但还是免不了将功夫和本体视作两件事。

【一四五】

来书云："凡学者才晓得做工夫，便要识认得圣人气象。盖认得圣人气象，把做准的，乃就实地做工夫去，才不会差，才是作圣工夫。未知是否？"

先认圣人气象，昔人尝有是言矣，然亦欠有头脑。圣人气象自是圣人的，我从何处识认？若不就自己良知上真切体认，如以无星之秤而权轻重，未开之镜而照妍媸。真所谓以小人之腹，而度君子之心矣。圣人气象何由认得？自己良知原与圣人一般，若体认得自己良知明白，即圣人气象不在圣人而在我矣。程子尝云："觑着尧，学他行事，无他许多聪明睿智，安能如彼之动容周旋中礼？"又云，"心通于道，然后能辨是非。"[1]今且说通于道在何处？聪明睿智从何处出来？

【译文】

来信写道："为学之人刚刚明白如何做功夫，便需要认识圣人的气象。大概认识圣人的气象之后，将之作为标准，脚踏实地下功夫才不会出差错，这才是学做圣人的功夫。不知这样对不对？"

先去体认圣人的气象，以前也有人这样说，只是这样做的话便缺少了为学的宗旨。圣人的气象是圣人的，我从哪里去体认？如果不从自己的良知上真切地去体认，好比拿没有准星的秤去称重，拿没有磨过的镜子去照美丑。这是所谓以小人之心，度君子之腹了。圣人的气象从何处体认呢？我们自己的良知与

---

[1] 以上两句均出自《河南程氏遗书》卷十八。

圣人是一样的，如果能够明白体认自己的良知，那么圣人的气象便不在圣人，而在我们身上了。程颐先生曾说："看着尧，学他做事，却不及他聪明睿智，如何能够像他那般一举一动都符合礼呢？"他又说，"心与天道相通，便能明辨是非。"现在你且说说心所通达于天道的地方在哪里呢？聪明睿智又从哪儿来呢？

【一四六】

来书云："事上磨练。一日之内，不管有事无事，只一意培养本原。若遇事来感，或自己有感，心上既有觉，安可谓无事？但因事凝心一会，大段觉得事理当如此，只如无事处之，尽吾心而已。然仍有处得善与未善，何也？又或事来得多，须要次第与处，每因才力不足，辄为所困，虽极力扶起而精神已觉衰弱。遇此未免要十分退省[1]，宁不了事，不可不加培养。如何？"

所说工夫，就道通分上也只是如此用，然未免有出入在。凡人为学，终身只为这一事。自少至老，自朝至暮，不论有事无事，只是做得这一件，所谓"必有事焉"者也。若说"宁不了事，不可不加培养"，却是尚为两事也。"必有事焉而勿忘勿助"，事物之来，但尽吾心之良知以应之，所谓"忠恕违道不远"[2]矣。凡处得有善有未善及有困顿失次之患者，皆是牵于毁誉得丧，不能实致其良知耳。若能实致其良知，然后见得平日所谓善者未必是善，所谓未善者却恐正是牵于毁誉得丧，自贼其良知者也。

【译文】

来信写道："先生说'要在事上磨炼。'一天之内，无论有事无事，都要一心培养心的本体。如果遇到事情有所感动，或者自己心中生出感觉，心中既然有所感，怎能说是无事呢？但是根据事情再仔细思考一下，大概会觉得事情的道理也应当如此，只是当作没什么事一样对待，尽自己的本心罢了。但是仍然会有事情处理得好坏，为什么呢？另外，有时事情很多，需要依次解决，时常

---

[1] 退省：退下反省。语出《论语·为政》。
[2] 《中庸》："忠恕违道不远，施诸己而不愿，亦勿施于人。"

因为才力不足，总为事情所困，虽然极力坚持，但精神已然衰弱。遇到这样的情况，难免要退下来反省自己，宁可不做事，也不能不存养此心。这样说对吗？"

你所说的功夫，对你这样天分的人来说，也就是这样了，然而难免还有一些出入。做学问的人，终身只做这一件事，从小到老，从早到晚，无论有事无事，都只做此一件事，这就是"必有事焉"的意思。如果说"宁可不做事，也不能不存养此心"，却变成两件事了。"必有事焉而勿忘勿助"，有事情发生便发挥心中的良知以应对，这便是所谓"忠恕违道不远"的意思。凡是处理得有好有坏，以及有困扰混乱的毛病，都是被毁誉得失所牵累，无法切实地致良知。如果能够切实地致良知，那么平日所谓处理得好的事情未必就是好，所谓处理得不好的事情未必就是不好，恐怕正是由于担心毁誉得失所致，自己毁去了良知吧。

【一四七】

来书云："致知之说，春间再承诲益，已颇知用力，觉得比旧尤为简易。但鄙心则谓与初学言之，还须带格物意思，使之知下手处。本来致知、格物一并下，但在初学未知下手用功，还说与格物，方晓得致知。"云云。

格物是致知功夫，知得致知便已知得格物；若是未知格物，则是致知工夫亦未尝知也。近有一书[1]与友人论此颇悉，今往一通，细观之，当自见矣。

【译文】

来信写道："关于致知的学说，春天再次蒙先生教诲，已经明白应该在何处用力，甚至觉得比旧说更为简明。但是我认为对初学者来说，还应该加上格物的意思，使得他们知道从何处下手。本来致知、格物就是统一的，但对于那些初学还不知道如何下功夫的人来说，还是应该先跟他们说格物，这样才能明白致知的意思吧。"等等。

格物是致知的功夫，明白致知自然就能明白格物了。如果不明白格物，那

---

[1] 关于"近有一书"，陈荣捷先生认为："或指《答顾东桥书》，也可能指《答罗整庵书》。"

么也无法明白致知的功夫。最近有一封给朋友的信对于这个问题讨论得颇为详细，现在也寄给你，你仔细看看自然会明白。

【一四八】

来书云："今之为朱、陆之辨者尚未已。每对朋友言，正学不明已久，且不须枉费心力为朱、陆争是非，只依先生'立志'二字点化人。若其人果能辨得此志来，决意要知此学，已是大段明白了，朱、陆虽不辨，彼自能觉得。又尝见朋友中见有人议先生之言者，辄为动气。昔在朱、陆二先生所以遗后世纷纷之议者，亦见二先生工夫有未纯熟，分明亦有动气之病。若明道则无此矣。观其与吴涉礼[1]论介甫[2]之学云：'为我尽达诸介甫，不有益于他，必有益于我也。'[3]气象何等从容！尝见先生与人书[4]中亦引此言，愿朋友皆如此，如何？"

此节议论得极是极是，愿道通遍以告于同志，各自且论自己是非，莫论朱、陆是非也。以言语谤人，其谤浅。若自己不能身体实践，而徒入耳出口，呶呶度日，是以身谤也，其谤深矣。凡今天下之论议我者，苟能取以为善，皆是砥砺切磋我也，则在我无非警惕修省进德之地矣。昔人谓"攻吾之短者是吾师"[5]，师又可恶乎？

【译文】

来信写道："如今为朱熹、陆九渊争辩的人还未止息。我常常对学友们说，圣学不彰明已然很久了，不必枉费心思为朱陆争辩谁对谁错，只要按照先生'立志'二字来点拨人。如果这人能够辨清志向，决心要了解圣学，那么他大体上已经明白了，朱、陆谁对谁错不必去争辩，他自己也能有所觉察。我曾经

---

[1] 据陈荣捷先生考证，"涉"为"师"字之误。吴师礼，字安仲，宋代人，工书法。

[2] 介甫：即王安石（1021—1086），字介甫，号半山。北宋著名文学家、政治家。

[3] 语出《河南程氏遗书》卷一。

[4] 与人书：指《答汪石潭内翰书》。

[5] 《荀子·修身》："故非我而当者，吾师也；是我而当者，吾友也；谄谀我者，吾贼也。"

听闻学友中有人议论先生就十分生气。昔日朱熹、陆九渊二位先生给后世遗留下许多争议，这说明两位先生的功夫还未纯熟，明显还有意气用事的毛病。像程颢先生就没有这个毛病。他同吴师礼议论王安石的学问时说：'请把我的观点全部告诉介甫，即便对他没有益处，对我却必然是有益的。'气度胸襟是何等地从容！我曾经看到先生在给别人的信中也引用过这句话，希望学友们都这样，对吗？"

这段话说得太对、太好了，还望你告诉同道们，各自只反省自己的是非，不要议论朱、陆二人的是非。用言语毁谤别人，这种毁谤是肤浅的。如果自己不能亲身实践，只是左耳进右耳出，整天唠唠叨叨，这是用行动去毁谤自己，这样的毁谤就严重了。但凡天下间有议论我的人，假如有人能从中得到益处，那他们都是跟我切磋磨砺，对我来说也无非是警惕反省、修学进德之处。荀子说"攻击我缺点的人都是我的老师"，难道我要去厌恶自己的老师吗？

【一四九】

来书云："有引程子'人生而静，以上不容说，才说性便已不是性'[1]。何故不容说？何故不是性？晦庵答云：'不容说者，未有性之可言；不是性者，已不能无气质之杂矣。'[2] 二先生之言皆未能晓，每看书至此，辄为一惑，请问。"

"生之谓性"[3]，生字即是气字，犹言"气即是性"也。气即是性，"人生而静，以上不容说"，才说"气即是性"，即已落在一边，不是性之本原矣。孟子性善，是从本原上说。然性善之端，须在气上始见得，若无气亦无可见矣。恻隐、羞恶、辞让、是非即是气。程子谓："论性不论气，不备；论气不论性，不明。"[4] 亦是为学者各认一边，只得如此说。若见得自性明白时，气即是性，性即是气，原无性、气之可分也。

---

[1] 语出《河南程氏遗书》卷一。

[2] 语出《朱子文集》卷六十一《答严时亨》。

[3] 语出《孟子·告子上》。

[4] 语出《河南程氏遗书》卷六。

【译文】

来信写道:"有人引用程子'人天生就处于静中,静以上的状态都没法说,才说性时便已不是性'这句话问朱熹,为什么不能说?为什么不是性?朱熹回答说:'不能说是没有性可说;不是性,是说已然有气质夹杂在性里头。'两人的对话我都不明白,每次书读到这里,总会有疑惑,故向先生请教。"

"生之谓性","生"字就是"气"字,也就是说"气"就是"性"。气就是性,"人天生就处于静中,这以上就不能说了",才说"气即性",这样就把性落在一边,并非性的本来状态了。孟子所说的"性善",是从性的本原上说的。然而性善的端倪,要在气上才能看见,如果没有气也无法见到性。恻隐、羞恶、辞让、是非都是气。程颐说:"论性不论气就不全面;论气不论性就不明白。"这是由于为学之人各自只看到一边,只好这样说。如果能明白地看到自己的天性,那么气便是性,性便是气,原本没有性与气的区分。

答陆原静书

【一五〇】

来书云:"下手工夫,觉此心无时宁静,妄心固动也,照心亦动也。心既恒动,则无刻暂停也。"

是有意于求宁静,是以愈不宁静耳。夫妄心则动也,照心非动也。恒照则恒动恒静,天地之所以恒久而不已也。照心固照也,妄心亦照也。"其为物不二,则其生物不息。"[1]有刻暂停则息矣,非至诚无息[2]之学矣。

【译文】

来信写道:"下功夫时,感觉心中没有一刻宁静,烦乱之心固然在动,澄明之心也在动。心既然一直在动,就没有一刻停息了。"

你这是有意追求宁静,因此愈发不得宁静。烦乱之心自然是动,但澄明之心实则未动。一直维持心体的澄明,心就处于恒久的即动即静的状态,天地万物也正因此而恒久不息。澄明之心固然使得心体澄明,然而烦乱之心也能使得心体澄明。《中庸》说:"其为物不二,则其生物不息。"有一瞬的停息便会灭亡,便不是最为诚挚、没有丝毫止息的学问了。

【一五一】

来书云:"良知亦有起处。"云云。

此或听之未审。良知者心之本体,即前所谓恒照者也。心之本体无起无不起。虽妄念之发,而良知未尝不在,但人不知存,则有时而或放耳;虽昏塞之极,而良知未尝不明,但人不知察,则有时而或蔽耳;虽有时而或放,其体实未尝不在也,存之而已耳;虽有时而或蔽,其体实未尝不明也,察之而已耳。若谓良知亦有起处,则是有时而不在也,非其本体之谓矣。

---

[1]《中庸》:"天地之道,可一言而尽也:其为物不二,则其生物不测。"

[2]《中庸》:"故至诚无息。不息则久,久则征。"

【译文】

来信写道:"良知也有发端之处。"等等。

这或许是你听得不明白。良知就是心的本体,就是前面提到的恒照。心的本体无所谓发端不发端。即使妄念生出来,良知也依然存在,但人们不知道要存养良知,所以有时会失去它;即使心体昏闭阻塞到了极致,良知也依然光明,只是人们不知要去体察,所以有时会被遮蔽。即便有时会失去良知,但其本体尚在,存养它就行了;即使有时会遮蔽良知,但良知本体还是明白的,只要下体察的功夫就可以了。如果说良知也有发端之处,就是认为它有时不存在,那就不是良知的本体了。

【一五二】[1]

"精一"之"精"以理言,"精神"之"精"以气言。理者气之条理,气者理之运用。无条理则不能运用,无运用则亦无以见其所谓条理者矣。精则精,精则明,精则一,精则神,精则诚;一则精,一则明,一则神,一则诚。原非有二事也,但后世儒者之说与养生之说各滞于一偏,是以不相为用。前日"精一"之论,虽为原静爱养精神而发,然而作圣之功,实亦不外是矣。

【译文】

(来信写道:"前些日子先生谈到'精一',这是不是就是做圣人的功夫?")

"精一"的"精"是就理而言,"精神"的"精"是就气而言。理是气的条理,气是理的运用。没有条理则不能运用,没有运用则无法看到条理。做到了精,就可以精致、明白、专一、神妙、诚挚;做到专一,就可以精致、明白、神妙、诚挚。精和一实则是一回事,只是后世儒者的学说与道家的养生学说各执一偏,无法相互促进。前些日子我说的"精一"之论,虽然是针对你喜欢存养自己的精神而发的,不过做圣人的功夫,也不外乎此。

---

[1] 原文开头处有脱误,据其他版本应补上"来书云:'前日"精一"之论,即作圣之功否?'"十五字。

【一五三】

来书云:"元神、元气、元精,必各有寄藏发生之处。又有真阴之精、真阳之气。"云云。

夫良知一也,以其妙用而言谓之"神",以其流行而言谓之"气",以其凝聚而言谓之"精",安可以形象方所求哉?真阴之精,即真阳之气之母;真阳之气,即真阴之精之父。阴根阳,阳根阴[1],亦非有二也。苟吾良知之说明,即凡若此类,皆可以不言而喻。不然,则如来书所云三关、七返、九还之属[2],尚有无穷可疑者也。

【译文】

来信写道:"元神、元气、元精,必然各有寄托、储藏、发生之处。又有真阴之精、真阳之气。"等等。

良知只有一个,就它的妙用而言称为"神",就它的流动而言称为"气",就它的凝聚而言称为"精",怎么能够根据形象、方位和处所来把握呢?真阴之精就是真阳之气的母体;真阳之气就是真阴之精的父体。阴植根于阳,阳植根于阴,阴阳也是统一的。如果我的良知学说能够彰明于天下,类似的问题都能够不言自明。如若不然,就像你信中提到的三关、七返、九还之类的说法,还会有无穷无尽的疑问。

又

【一五四】

来书云:"良知,心之本体,即所谓'性善'也,未发之中也,寂

---

[1] 周敦颐《太极图说》:"无极而太极,太极动而生阳,动极而静。静而生阴,静极复动。一动一静,互为其根。"

[2] 三关:道教以口为天关、足为地关、手为人关,合称"三关"。七返:道教以七代火,心属火,指降心火于丹田,养肾中真气,复返于心田,即为七返之功;一说七返灵砂,食之能还魂。九还:道教以九代金,情属金,摄情归性,养得性光圆明,以还先天真性,即为九还之功;一说九还丹,服之可长生不死。

然不动之体也，廓然大公也，何常人皆不能而必待于学邪？中也、寂也、公也，既以属心之体，则良知是矣。今验之于心，知无不良，而中、寂、大公实未有也，岂良知复超然于体用之外乎？"

性无不善，故知无不良。良知即是未发之中，即是廓然大公、寂然不动之本体，人人之所同具者也。但不能不昏蔽于物欲，故须学以去其昏蔽。然于良知之本体，初不能有加损于毫末也。知无不良，而中、寂、大公未能全者，是昏蔽之未尽去，而存之未纯耳。体即良知之体，用即良知之用，宁复有超然于体用之外者乎？

【译文】

来信写道："良知是心的本体，就是所谓'性善'，就是感情未发出来时的中正，就是寂然不动的本体，就是廓然大公，为何常人一定要经过学习才能达到呢？中和、寂静、公正的品德，既然属于心的本体，就是良知。如今在心中验证，良知都是好的，然而中和、寂静、公正的品德没有，难道良知是超然于体用之外的吗？"

性没有不善的，故而知没有不良的。良知就是未发之中、廓然大公、寂然不动的本体，人人都具备。但是良知不能不为物欲所昏蔽，因此，需要通过学习去除昏蔽。不过这对于良知的本体不会有丝毫损害。知没有不良的，然而中和、寂静、公正的品德无法完全具备，是因为昏蔽没有除尽，良知存养还没有达到纯熟罢了。体就是良知的本体，用就是良知的作用，哪里有什么超然于体用之外的良知呢？

【一五五】

来书云："周子曰'主静'[1]，程子曰'动亦定，静亦定'，先生曰'定者，心之本体'。是静、定也，决非不睹不闻、无思无为之谓，必常知、常存、常主于理之谓也。夫常知、常存、常主于理，明是动也，已发也，何以谓之静？何以谓之本体？岂是静、定也，又有

---

[1] 周敦颐《太极图说》："五性感动而善恶分，万事出矣。圣人定之以中正仁义而主静。"

以贯乎心之动静者邪？"

理无动者也。常知、常存、常主于理，即不睹不闻、无思无为之谓也。不睹不闻、无思无为，非槁木死灰之谓也，睹闻思为一于理，而未尝有所睹闻思为，即是动而未尝动也。所谓"动亦定，静亦定"，体用一原者也。

【译文】

来信写道："周敦颐先生说'主静'，程颢先生说'动亦定，静亦定'，先生说'定者，心之本体'。所谓静和定，绝不是不看不听、不想不做的意思，而是一定要时常认知、存养、遵从天理的意思。所谓认知、存养、遵从天理，明明就是动，属于已发的范畴，为何称为静呢？为何称为本体呢？难道这个静和定，是贯通心的动静的吗？"

天理是不动的。时常认知、存养、遵循天理，就是不看不听、不思不做的意思。不看不听、不思不做，并不是说身如槁木、心如死灰，而是看、听、思、为都专注于天理，没有其他的看、听、思、为，这就是动却不曾动。程颢先生所说的"动亦定，静亦定"，是指本体和作用原本就是统一的意思。

【一五六】

来书云："此心'未发'之体，其在'已发'之前乎？其在'已发'之中而为之主乎？其无前后、内外而浑然之体者乎？今谓心之动静者，其主有事无事而言乎？其主寂然、感通而言乎？其主循理、从欲而言乎？若以循理为静，从欲为动，则于所谓'动中有静，静中有动'[1]'动极而静，静极而动'者，不可通矣；若以有事而感通为动，无事而寂然为静，则于所谓'动而无动，静而无静'[2]者，不可通矣。若谓'未发'在'已发'之先，静而生动，是至诚有息也，圣人有复[3]也，又不可矣；若谓'未发'在'已发'之中，则不知'未发''已发'俱当主静乎？抑'未发'为静而'已发'为动乎？抑

---

[1]《河南程氏遗书》卷七："静中便有动，动中自有静。"

[2] 语出周敦颐《太极图说》。

[3] 周敦颐《通书》："性焉安焉之谓圣，复焉执焉之谓贤。"

'未发''已发'俱无动无静乎？俱有动有静乎？幸教。"

"未发之中"，即良知也，无前后、内外而浑然一体者也。有事、无事可以言动、静，而良知无分于有事、无事也；寂然、感通可以言动、静，而良知无分于寂然、感通也。动、静者，所遇之时。心之本体固无分于动、静也。理无动者也，动即为欲。循理则虽酬酢万变而未尝动也；从欲则虽槁心一念而未尝静也。"动中有静，静中有动"，又何疑乎？有事而感通固可以言动，然而寂然者未尝有增；无事而寂然固可以言静，然而感通者未尝有减也。"动而无动，静而无静"，又何疑乎？无前后内外而浑然一体，则至诚有息之疑不待解矣。"未发"在"已发"之中，而"已发"之中未尝别有"未发"者在；"已发"在"未发"之中，而"未发"之中未尝别有"已发"者存。是未尝无动、静，而不可以动、静分者也。

凡观古人言语，在以意逆志而得其大旨，若必拘滞于文义，则"靡有孑遗"[1]者，是周果无遗民也。周子"静极而动"之说，苟不善观，亦未免有病。盖其意从"太极动而生阳，静而生阴"说来。太极生生之理，妙用无息，而常体不易。太极之生生，即阴阳之生生。就其生生之中，指其妙用无息者而谓之动，谓之阳之生，非谓动而后生阳也；就其生生之中，指其常体不易者而谓之静，谓之阴之生，非谓静而后生阴也。若果静而后生阴，动而后生阳，则是阴阳、动静，截然各自为一物矣。阴阳一气也，一气屈伸而为阴阳；动静一理也，一理隐显而为动静。春夏可以为阳为动，而未尝无阴与静也；秋冬可以为阴为静，而未尝无阳与动也。春夏此不息，秋冬此不息，皆可谓之阳，谓之动也。春夏此常体，秋冬此常体，皆可谓之阴，谓之静也。自元、会、运、世、岁、月、日、时以至刻、秒、忽、微[2]，莫不皆然。所谓"动静无端，阴阳无始"[3]，在知道者默而识之，非可以言语穷也。若只牵文泥句，比拟仿像，则所

---

[1]《诗经·大雅·云汉》："周余遗民，靡有孑遗。"结合上下文意思是，旱情很严重，周的子民没有不遭遇灾难的，并不是字面意思"没有遗民"。

[2] 元、会、运、世、岁、月、日、时、刻、秒、忽、微，均是古代的计时单位，依次从大到小排列。

[3] 语出《河南程氏经说》卷一。

谓"心从《法华》转,非是转《法华》"[1]矣。

【译文】

来信写道:"人心'未发'的本体,是在'已发'之前呢,还是在'已发'之中并主导着'已发'?或者是'未发''已发'不分先后、内外,浑然一体?如今所说的心之动静,是就有事、无事来说的呢,还是就寂然不动、感应相通来说的呢?抑或就遵循天理、迁就私欲来说的?如果以依循天理为静,迁就私欲为动,那么'动中有静,静中有动''动极而静,静极而动'就说不通了;如果以有事感通为动,无事寂然为静,那么'动而无动,静而无静'就说不通了。如果说'未发'在'已发'之前,静而生动,那么最为诚挚的心体便会有所止息,圣人便要通过功夫才能恢复德性,这又说不通;如果说'未发'在'已发'之中,那么不知道'未发''已发'都主于静呢,还是'未发'为静、'已发'为动呢?或者'未发''已发'都是无动无静、有动有静呢?请先生赐教。"

"感情未发出来时的中正"就是良知,是没有前后、内外的浑然一体的存在。有事、无事可以说是动、静,然而良知不能分有事、无事;寂然、感通可以说是动、静,而良知不能分寂然、感通。动与静是所处的时机,心的本体固然没有动与静的区分。天理不动,动就是私欲。只要依循天理,虽然处于人事万变之中,却也未曾动;迁就私欲,即便心如槁木,也未曾静。"动中有静,静中有动",又有什么好怀疑的?有事时的感通固然可以说是动,然而寂然不动的心也未曾增加;无事时的寂然固然可以说是静,然而感通运动的心也未曾减少。"动而无动,静而无静",又有什么疑问呢?良知没有前后、内外的差别,浑然一体,那么对"至诚有息"的怀疑就不用解释了。"未发"在"已发"之中,但"已发"之中未尝还有一个"未发"存在;"已发"在"未发"之中,但"未发"之中未尝还有一个"已发"存在。由此可见,其实不能说没有动、静,只是不能用动、静来区分心体罢了。

凡是看古人的言辞,在于用心体察、通晓其义,如果拘泥于文字,那么"靡有孑遗"这句就该理解为周朝确实没有遗民了。周敦颐"静极而动"的说

---

[1]《六祖法宝坛经·机缘品》:"心迷《法华》转,心悟转《法华》。"

法，如果不审慎看待，也难免会出错。大概他想要表达的意思是从"太极动而生阳，静而生阴"说下来的。太极生生不息的道理，妙用无穷，但本体恒定不变。太极的生生不息，就是阴阳的生生不息。在其生生不息之中，就其妙用无穷来说就是动，阳在此运动中得以产生，而不是运动后才产生阳；在其生生不息之中，就其本体恒定不变来说就是静，阴在此静止中得以产生，而不是静止后才产生阴。如果真的是静止后才生阴，运动后才生阳，那么阴阳、动静就各自分别是不同的物了。阴阳是同一种气，气收缩则为阴，气伸展则为阳；动静是同一个道理，理隐蔽起来就是静，理显现出来就是动。春夏可以说是阳和动，但未尝没有阴和静；秋冬可以说是阴和静，但未尝没有阳和动。春夏秋冬变化不息，都可以称为阳，称为动；春夏秋冬的常定之态，都可以称为阴，称为静。从元、会、运、世、岁、月、日、时，到刻、秒、忽、微，都是如此。所谓"动静无端，阴阳无始"，这个道理对于通晓大道的人可以默会而知，却无法用言语来表达、穷尽。如果只是拘泥于字句，比拟模仿，那就是所谓"《法华经》支配着心转，不是心支配着《法华经》转"。

【一五七】

来书云："尝试于心，喜、怒、忧、惧之感发也，虽动气之极，而吾心良知一觉，即罔然消阻，或遏于初，或制于中，或悔于后。然则良知常若居优闲无事之地而为之主，于喜、怒、忧、惧若不与焉者，何欤？"

知此，则知"未发之中""寂然不动"之体，而有"发而中节"之和、"感而遂通"之妙矣。然谓"良知常若居于优闲无事之地"，语尚有病。盖良知虽不滞于喜、怒、忧、惧，而喜、怒、忧、惧亦不外于良知也。

【译文】

来信写道："我曾经在心中验证过喜、怒、忧、惧等感情的生发，即便特别动气的时候，只要我心中良知一有觉醒，就会慢慢消解，有时在一开始动气的时候就得到遏制，有时动气到一半了才得到制止，有时却会在事后再后悔。但是，良知好像时常在悠闲无事的地方主宰着自己的感情，与喜、怒、忧、惧的感情似乎没有什么关系，这是为什么呢？"

你明白了这一点，就明白"未发之中""寂然不动"的本体，就能体验到"发而中节"的平和，"感而遂通"的妙用了。然而，你认为"良知好像时常在悠闲无事的地方主宰感情"，这话还有毛病。所谓良知虽然不滞留于喜、怒、忧、惧，然而喜、怒、忧、惧也不外乎良知。

【一五八】

来书云："夫子昨以良知为照心。窃谓良知，心之本体也；照心，人所用功，乃戒慎恐惧之心也，犹思也。而遂以戒慎恐惧为良知，何欤？"

能戒慎恐惧者，是良知也。

【译文】

来信写道："先生昨日讲良知就是照心。我以为良知是心的本体；照心则是人所用的功夫，是戒慎恐惧的心，好比是心思。然而先生将戒慎恐惧作为良知，这是为何？"

能让人戒慎恐惧之心的那个东西，就是良知。

【一五九】

来书云："先生又曰'照心非动也'[1]，岂以其循理而谓之静欤？'妄心亦照也'，岂以其良知未尝不在于其中、未尝不明于其中，而视听言动之不过则者，皆天理欤？且既曰妄心，则在妄心可谓之照，而在照心则谓之妄矣。妄与息何异？今假妄之照以续至诚之无息，窃所未明，幸再启蒙。"

"照心非动"者，以其发于本体明觉之自然，而未尝有所动也，有所动即妄矣；"妄心亦照"者，以其本体明觉之自然者，未尝不在于其中，但有所动耳，无所动即照矣。无妄、无照，非以妄为照，以照为妄也。照心为照，妄心为妄，是犹有妄、有照也。有妄、有照则犹二也。二则息矣。无妄、无照则不

---

[1] 参见第一五〇条。

二，不二则不息矣。

【译文】

来信写道："先生又说'澄明之心是不动的',难道是因为遵循天理,所以说它是静的吗?'烦乱之心也可以使心体澄明',难道是因为良知未尝不在烦乱之心当中、未尝不澄明于烦乱之心当中,人的视听言动能够不越过准则,都是天理的作用吗?既然说是烦乱之心,那么良知对于它来说就是澄明的,而对于澄明之心来说就是烦乱的。妄动与停息有什么区别呢?现在把烦乱之心内有澄明与用心至诚没有停息联系起来,我还有不明白的地方,请先生再次指教。"

"澄明之心是不动的",是因为它来自心之本体的自然明觉,所以不曾动,动了便是妄;"烦乱之心也可以使心体澄明",是因为心之本体的自然明觉未尝不在其中,只是有所动,不动便是照。说无妄、无照,并非将妄心当作照心,将照心当作妄心。把照心当作照,把妄心当作妄,这依然是有妄与照的区分。有妄与照的区分就是将心一分为二。把心一分为二,心体便有所停息。没有妄与照的区分就不会有二心,没有二心,心体就不会停息。

【一六〇】

来书云:"养生以清心寡欲为要。夫清心寡欲,作圣之功毕矣。然欲寡则心自清,清心非舍弃人事而独居求静之谓也,盖欲使此心纯乎天理而无一毫人欲之私耳。今欲为此之功,而随人欲生而克之,则病根常在,未免灭于东而生于西。若欲刊剥洗荡于众欲未萌之先,则又无所用其力,徒使此心之不清。且欲未萌而搜剔以求去之,是犹引犬上堂而逐之也,愈不可矣。"

必欲此心纯乎天理而无一毫人欲之私,此作圣之功也。必欲此心纯乎天理而无一毫人欲之私,非防于未萌之先而克于方萌之际不能也。防于未萌之先而克于方萌之际,此正《中庸》"戒慎恐惧"、《大学》"致知格物"之功,舍此之外,无别功矣。夫谓"灭于东而生于西""引犬上堂而逐之"者,是自私自利、将迎意必之为累,而非克治洗荡之为患也。今曰"养生以清心寡欲为要",只"养生"二字便是自私自利、将迎意必之根。有此病根潜伏于中,宜其有"灭于东而生于西""引犬上堂而逐之"之患也。

【译文】

来信写道:"养生的诀窍在于清心寡欲。能清心寡欲,做圣人的功夫也就到位了。然而,欲望少了心自然清净了,清净之心并不是说要舍弃人事、离群索居以求清净,而是说要使得心中纯粹都是天理而没有一丝一毫的私欲。现在想要做这样的功夫,但如果人欲一出现就克制它,这样的话病根并未除去,难免会克制了这里的私欲,别的私欲又冒出来。如果想要将各种私欲在还没有萌生出来的时候就扫除涤荡干净,却不知从何处下手,这样只会使得自己心中不得清净。况且想要在私欲萌生之前搜寻剔除干净,就好比是把狗牵到堂上再把它赶下去,这样就更做不到了。"

务必要使自己心中纯粹都是天理,没有一丝一毫的私欲,才能算是做圣人的功夫。而要做到这一点,必须在私欲萌生之前就防范克制。而这正是《中庸》所谓"戒慎恐惧"、《大学》所谓"致知格物"的功夫,除此之外,没有别的功夫了。你所说的"制了这边的私欲,别的私欲又冒出来""把狗牵到堂上再把它赶下去",这是被自私自利、有意安排、刻意思索所牵累,并不是克制涤荡私欲本身的问题。如今你说"养生的诀窍在于清心寡欲",单这"养生"两个字就是自私自利、有意安排、刻意思索的病根。只要这个病根潜伏在心中,自然会产生"这边的私欲克制了,别的私欲又冒出来""把狗牵到堂上再把它赶下去"的毛病。

【一六一】

来书云:"佛氏于'不思善、不思恶时认本来面目'[1],于吾儒'随物而格'之功不同。吾若于不思善、不思恶时用致知之功,则已涉于思善矣。欲善恶不思而心之良知清静自在,惟有寐而方醒之时耳,斯正孟子'夜气'之说。但于斯光景不能久,倏忽之际,思虑已生。不知用功久者,其常寐初醒而思未起之时否乎?今澄欲求宁静,愈不宁静;欲念无生,则念愈生。如之何而能使此心前念易灭,后念

---

[1] 语出《六祖坛经·行由品》,意为不刻意向善避恶,在自然的状态下体认本心。

不生，良知独显而与造物者游[1]乎？"

"不思善、不思恶时认本来面目"，此佛氏为未识本来面目者设此方便。本来面目则吾圣门所谓良知。今既认得良知明白，即已不消如此说矣。"随物而格"，是致知之功，即佛氏之"常惺惺"[2]，亦是常存他本来面目耳。体段功夫大略相似。但佛氏有个自私自利之心，所以便有不同耳。今"欲善恶不思而心之良知清静自在"，此便有自私自利、将迎意必之心，所以有"不思善、不思恶时用致知之功，则已涉于思善"之患。孟子说"夜气"，亦只是为失其良心之人指出个良心萌动处，使他从此培养将去，今已知得良知明白，常用致知之功，即已不消说"夜气"，却是得兔后不知守兔而仍去守株，兔将复失之矣。"欲求宁静""欲念无生"，此正是自私自利、将迎意必之病，是以"念愈生"而"愈不宁静"。良知只是一个良知，而善恶自辨，更有何善何恶可思？良知之体本自宁静，今却又添一个求宁静；本自生生，今却又添一个欲无生。非独圣门致知之功不如此，虽佛氏之学亦未如此将迎意必也。只是一念良知，彻头彻尾，无始无终，即是前念不灭，后念不生。今却欲前念易灭，而后念不生，是佛氏所谓"断灭种性"[3]，入于槁木死灰之谓矣。

【译文】

来信写道："佛家主张'在不思善、不思恶的时候体认心的本来面目'，这与我们儒家'在事物上格心'的功夫不同。我如果在不思善、不思恶时下致知的功夫，其实已经在思善了。想要不思善恶而心中良知清净自在，只有刚睡醒时才能做到，这是孟子所谓'夜气'的学说。但是这个状态不能维持很久，瞬息之间思虑就产生了。不知道用功日久的人，能够常如睡醒时那样思虑不起吗？如今我想求宁静，却愈发不得宁静；想不生念头，却愈生出念头。怎样才能使得心中前念灭去、后念不生，只有良知与天地大道相合呢？"

"不思善、不思恶时体认本来面目"，这是佛家为了让人认识本来面目而设立的方便法门。本来面目就是圣人所谓的良知。如今既然能明白体认良知，

---

[1]《庄子·天下》篇："上与造物者游，而下与外生死、无始终者为友。"

[2] 常惺惺：禅宗语，意为保持清醒状态。

[3] 断灭种姓：佛家语，意为使心灵处于死寂状态。

就不需要这么说了。"随物而格",便是致知的功夫,就是佛家所说的"常惺惺",也只是时常存养本来面目而已。佛、儒两家的功夫大体相似,但佛家有个自私自利的心,所以有"不思善、不思恶时用致知之功,则已涉于思善"的毛病。孟子说"夜气",也只是为了给失去良心的人指出一个良心萌动之处,使他能够从此将良心培养起来。如今已然能清楚明白地知道良知,时常用致知的功夫,便不需要说"夜气",否则就好比得到了兔子还去看着树桩,便会再次丢失兔子。"欲求宁静""欲念无生",这正是自私自利、刻意追求的毛病,故而"念愈生""愈不宁静"。良知只是一个良知,自然分辨善恶,哪还有什么善恶可以思虑?良知的本体自然宁静,如今却又添上一个求宁静;良知的本体自然生生不息,如今却又添上一个欲念不生。并非只有圣学致知的功夫不是如此,即便佛家的学问也不会如此刻意追求。只要一心在良知上,彻头彻尾,无终无始,就是前念不灭、后念不生。如今你却想要前念断灭、后念不生,这是佛家所谓"断灭种性",这是身如槁木、心如死灰的状态。

【一六二】

来书云:"佛氏又有'常提念头'之说,其犹孟子所谓'必有事',夫子所谓'致良知'之说乎?其即'常惺惺',常记得,常知得,常存得者乎?于此念头提之时,而事至物来,应之必有其道。但恐此念头提起时少,放下时多,则功夫间断耳。且念头放失,多因私欲客气[1]之动而始,忽然惊醒而后提。其放而未提之间,心之昏杂多不自觉。今欲日精日明,常提不放,以何道乎?只此常提不放即全功乎?抑于常提不放之中,更宜加省克之功乎?虽曰常提不放,而不加戒惧克治之功,恐私欲不去。若加戒惧克治之功焉,又为'思善'之事,而于本来面目又未达一间也。如之何则可?"

戒惧克治即"常提不放"之功,即"必有事焉",岂有两事邪?此节所问,前一段已自说得分晓,末后却是自生迷惑,说得支离,及有"本来面目未达一间"之疑,都是自私自利、将迎意必之为病。去此病自无此疑矣。

---

[1] 客气:客与主对,心性主于内,客气散于外。

【译文】

来信写道:"佛家还有'常提念头'的说法,这就好比是孟子所说的'必有事',先生所说的'致良知'吗?也就是'常惺惺'、常记得、常知道、常存养的意思吗?在提起这个念头的时候,事物来到面前,一定会有恰当的应对方法。但恐怕这个念头提起的时候少,放下的时候多,那样功夫便有中断。况且念头的丧失,大多是因为私欲和外在的气的发动所造成的,要突然惊醒后才能提起来。放下还未提起之前,人心昏暗杂乱且常常不自觉。如今想要心念日益精进明白,常提不放,应该用什么方法呢?只要这个念头常提不放就是全部的功夫吗?还是在常提不放的同时,还要增加反省克制的功夫?虽说常提不放,但不加戒慎恐惧、克制私欲的功夫,恐怕还无法清除私欲。如果加上戒慎恐惧、克制私欲的功夫,又成了'刻意思善',与心体的本来面目又不能合一。到底该如何做才好?"

戒慎恐惧和克制私欲就是"常提不放"的功夫,就是"必有事焉",怎么会有两件事?你所问的问题,前面已经说清楚了,后来你自己又产生疑惑,说得支离破碎,才产生"与心体的本来面目不能合一"的疑问,这都是自私自利、刻意求之的弊病。去掉这个毛病,便没有什么疑问了。

【一六三】

来书云:"'质美者明得尽,渣滓便浑化。'[1]如何谓'明得尽'?如何而能'更[2]浑化'?"

良知本来自明。气质不美者,渣滓多,障蔽厚,不易开明。质美者,渣滓原少,无多障蔽,略加致知之功,此良知便自莹彻。些少渣滓如汤中浮雪,如何能作障蔽?此本不甚难晓,原静所以致疑于此,想是因一"明"字不明白,亦是稍有欲速之心。向曾面论"明善"之义,"明则诚矣",非若后儒所谓"明善"之浅也。

---

[1] 语出《河南程氏遗书》卷十一。

[2] "更":通"便"。

【译文】

来信写道:"程颢先生说:'气质美好的人善德尽显,缺点也都融化消失了。'怎样才算善德'尽显'?怎样才能使缺点'融化消失'?"

良知本就自然明白。本质较差的人,缺点较多,对于良知的遮蔽也就愈发厚实,良知便不易呈现明白。本质较好的人,缺点较少,没有太多的遮蔽,稍加致知的功夫,良知就能晶莹透彻。一点点毛病就好比汤中漂浮的雪花,怎能遮蔽良知呢?这本来不难明白,你之所以有疑问,想来是因为这个"明"字的意思不清楚,这也是你有急切的心思所致。以前我和你曾当面讨论过"明善"的含义,"明则诚矣",并非像朱熹等人对"明善"的解释那样肤浅。

【一六四】

来书云:"聪明睿知,果质乎[1]?仁义礼智,果性乎?喜怒哀乐,果情乎?私欲、客气,果一物乎?二物乎?古之英才,若子房、仲舒、叔度、孔明、文中、韩、范[2]诸公,德业表著,皆良知中所发也,而不得谓之闻道者,果何在乎?苟曰此特生质之美耳,则生知安行者不愈于学知、困勉者乎?愚意窃云,谓诸公见道偏则可,谓全无闻则恐后儒崇尚记诵训诂之过也。然乎?否乎?"

性一而已。仁义礼知,性之性也;聪明睿知,性之质也,喜怒哀乐,性之情也;私欲、客气,性之蔽也。质有清浊,故情有过、不及,而蔽有浅深也。私欲、客气,一病两痛,非二物也。张、黄、诸葛及韩、范诸公,皆天质之美,自多暗合道妙,虽未可尽谓之知学,尽谓之闻道,然亦自其有学违道不远者也。使其闻学知道,即伊、傅、周、召[3]矣。若文中子则又不可谓之不知学

---

[1] 朱熹《中庸章句》:"聪明睿知,生知之质。"

[2] 子房:即张良,汉初三杰之一,刘邦的重要谋士。仲舒:即董仲舒,西汉哲学家,提出"罢黜百家,尊崇儒术"。叔度:即黄宪,东汉人,自幼家贫,德行彪炳当世,有颜回之称。韩、范:即北宋名臣韩琦、范仲淹,韩、范二人出将入相,保北宋太平,世称韩、范。

[3] 伊:即伊尹,商初重臣,辅佐商汤灭夏。傅:即傅说,商王武丁时贤相;召:即召公,文王之子,与周公共同辅佐成王。

者，其书虽多出于其徒，亦多有未是处，然其大略则亦居然可见。但今相去辽远，无有的然凭证，不可悬断其所至矣。

夫良知即是道。良知之在人心，不但圣贤，虽常人亦无不如此。若无有物欲牵蔽，但循着良知发用流行将去，即无不是道。但在常人多为物欲牵蔽，不能循得良知。如数公者，天质既自清明，自少物欲为之牵蔽，则其良知之发用流行处，自然是多，自然违道不远。学者，学循此良知而已。谓之知学，只是知得专在学循良知。数公虽未知专在良知上用功，而或泛滥于多歧，疑迷于影响，是以或离或合而未纯。若知得时，便是圣人矣。后儒尝以数子者尚皆是气质用事，未免于行不著、习不察，此亦未为过论。但后儒之所谓著、察者，亦是狃于闻见之狭，蔽于沿习之非，而依拟仿象于影响形迹之间，尚非圣门之所谓著、察者也。则亦安得以已之昏昏，而求人之昭昭也乎[1]？所谓生知安行，"知行"二字亦是就用功上说。若是知行本体，即是良知良能，虽在困勉之人，亦皆可谓之生知安行矣。"知行"二字更宜精察。

【译文】

来信写道："聪明睿智，真的是人的禀赋吗？仁义礼智，真的是人的天性吗？喜怒哀乐，真的是人的感情吗？私欲和客气，果真是一件东西，还是两件东西呢？古代的英才，像张良、董仲舒、黄宪、诸葛亮、王通、韩琦、范仲淹等人，功业卓著，都是从他们的良知所发用得来的，但又不能认为他们人人都得闻大道，这到底是为何？如果说他们天资卓著，那么生知安行的人难道不如学知利行和困知勉行的人吗？我猜想：如果说他们对道的认识不全面的话大概可以，但说他们完全没有对道的体认，恐怕就是后世儒者太过崇尚记诵训诂之学所形成的偏见了。对吗？"

性只有一个。仁义礼智，是性的本质；聪明睿智，是性的禀赋；喜怒哀乐，是性的情感；私欲和客气，是性的蔽障。本质有清浊之分，所以情感有过与不及的差异，蔽障有浅和深的不同。私欲和客气，是一种毛病伴随的两种痛苦，并非两种事物。张良、黄宪、诸葛亮以及韩琦、范仲淹等人，都有天纵的才智，自然与道多有妙合之处，虽然不能说他们完全明白圣学、大道，然而他

---

[1]《孟子·尽心下》："贤者以其昭昭使人昭昭，今以其昏昏使人昭昭。"

们的学问离大道并不远。假如他们能够通晓圣学、得闻大道，便是伊尹、傅说、周公、召公了。至于王通，则又不能说他不明白圣学，他的书虽然多出自他弟子之手，也多有不当之处，然而他的学问大体上还是可以看得明白的。不过由于时日相去甚远，没有确实的凭证，无法凭空断定他的学问离圣道到底有多远。

良知就是道。良知自在人心，无论是圣贤还是常人都是如此。如果没有物欲的牵累、蒙蔽，只是依循良知的发用流行去行事，便无往而非道。但是常人大多为物欲所牵累、蒙蔽，无法依循良知。像上面谈到的那几位，天生的资质清纯明白，物欲牵累较少，良知发用流行之处自然较多，自然离道不远。"学"就是学习如何依循良知。所谓"知学"，就是明白应当一心一意学习依循良知。那几位虽然不明白一心在良知上用功，有的兴趣广泛，受到别的东西影响、迷惑，但假如他们明白这一点，就是圣人了。后世的儒者曾认为他们几个全凭天生的才智才能建功立业，恐怕是不察明事情原委的说法，这样评价他们并不过分。不过，后世的儒者所说的"著"和"察"，也是拘泥于狭隘的见闻，受到旧有的习惯蒙蔽，仿效圣人的影响和事迹，并不是圣学所谓的"著"和"察"。自己还没弄清楚，如何能够使别人通达明白呢？所谓生知安行，"知行"二字也是在功夫上说。如果是知行的本来面貌，就是良知良能，即便是困知勉行的人，也可以说是生知安行。"知行"二字更应该仔细体察。

【一六五】

来书云："昔周茂叔每令伯淳寻仲尼、颜子乐处[1]。敢问是乐也，与七情之乐同乎？否乎？若同，则常人之一遂所欲，皆能乐矣，何必圣贤？若别有真乐，则圣贤之遇大忧、大怒、大惊、大惧之事，此乐亦在否乎？且君子之心常存戒惧，是盖终身之忧也[2]，恶得乐？澄平生多闷，未尝见真乐之趣，今切愿寻之。"

乐是心之本体，虽不同于七情之乐，而亦不外于七情之乐。虽则圣贤别有真乐，而亦常人之所同有，但常人有之而不自知，反自求许多忧苦，自加迷

---

[1]《河南程氏遗书》卷二："昔受学于周茂叔，每令寻颜子、仲尼乐处，所乐何事。"

[2]《孟子·离娄上》："是故君子有终身之忧，无一朝之患也。"

弃。虽在忧苦迷弃之中，而此乐又未尝不存，但一念开明，反身而诚，则即此而在矣。每与原静论，无非此意，而原静尚有"何道可得"之问，是犹未免于骑驴觅驴之蔽也！

【译文】

来信写道："从前周敦颐先生常常要程颢寻找孔子与颜回快乐的原因。敢问孔子、颜回的快乐与七情之乐是一样的吗？如果是一样的，那么常人依循自己的私欲便能快乐，何必还要学做圣贤？如果另外有真正的快乐，那么圣贤遇到大忧、大怒、大惊、大惧的事情，这个真正的快乐还存在吗？况且君子常怀戒慎恐惧之心，终身都怀有忧虑，哪里还有快乐可言？我素来多烦闷，不曾体会过真正的快乐，现在十分真切地想寻找它。"

孔子、颜回的快乐是心的本体，虽然不同于七情之乐，但也不外乎七情之乐。虽然圣贤另有真乐，但也是常人同样具有的，只不过自己不知道，反而自寻许多苦恼，自行迷茫、遗弃真正的快乐。虽然在苦恼迷茫之中，但是真乐又时刻存在，只要一念开明，反求诸己，就能感受到这种快乐。我每次同你讲的都是这个意思，而你还问有何办法可寻，这未免是骑驴找驴啊！

【一六六】

来书云："《大学》以心有好乐、忿懥、忧患、恐惧为不得其正，而程子亦谓'圣人情顺万事而无情'[1]。所谓有者，《传习录》中以病疟譬之[2]，极精切矣。若程子之言，则是圣人之情不生于心而生于物也，何谓耶？且事感而情应，则是非非可以就格。事或未感时，谓之有则未形也，谓之无则病根在。有无之间，何以致吾知乎？学务无情，累虽轻，而出儒入佛矣，可乎？"

圣人致知之功，至诚无息。其良知之体，皦如明镜，略无纤翳，妍媸之来，随物见形，而明镜曾无留染，所谓"情顺万事而无情"也。"无所住而生

---

[1] 语出《河南程氏文集·答横渠张子厚先生书》，意为圣人的情感顺应万事万物自然而发，不会刻意动情。

[2] 参见第七七条。

其心"[1]，佛氏曾有是言，未为非也。明镜之应物，妍者妍，媸者媸，一照而皆真，即是"生其心"处。妍者妍，媸者媸，一过而不留，即是"无所住"处。病疟之喻，既已见其精切，则此节所问可以释然。病疟之人，疟虽未发，而病根自在，则亦安可以其疟之未发，而遂忘其服药调理之功乎？若必待疟发而后服药调理，则既晚矣。致知之功，无间于有事无事，而岂论于病之已发未发邪？大抵原静所疑，前后虽若不一，然皆起于自私自利、将迎意必之为累。此根一去，则前后所疑，自将冰消雾释，有不待于问辨者矣。

【译文】

来信写道："《大学》以心有好乐、忿懥、忧患、恐惧为不得其正，而程颢先生又说'圣人情顺万事而无情'。所谓有情，《传习录》曾以疟疾为比喻，十分精辟。如果像程颢先生所说，那么圣人之情不是产生于心，而是产生于物了，这是什么意思？况且受到事物的感发而相应地产生内在的感情，其中的是是非非才得以格正。如果没有感受到事物时，说有情则情还未显现，说无情却像是病根一般潜伏着。有情与无情之间，怎样才能实现自己的良知呢？学习一定要达到无情的境界，这样牵累虽然少了，却又离开儒学、遁入佛学了，这样可以吗？"

圣人致知的功夫，是最为诚挚而没有一丝一毫停息的。圣人良知的本体，皎洁如明镜，不曾有纤毫染着，美丑随时在镜中显现出它的形象，而明镜本身也并未受到沾染，这就是所谓"情顺万事而无情"。"无所住而生其心"，佛家这一说法本来不错。明镜照物，美者自美，丑者自丑，一照便显出真相，便是"生其心"之处。美者自美，丑者自丑，一照而不曾滞留，便是"无所住"的意思。你对于疟疾的比喻已经理解得很透彻了，那么这里所问的问题便自然迎刃而解了。有疟疾的人，疟疾虽然没有发作，但病根在，难道可以因为病没有发作就忘记吃药调理的功夫吗？如果一定要等待病发后才吃药调理，就为时已晚了。致知的功夫，有事无事都不曾间断，哪管病是发作还是没发作？你的疑问，虽然前后不一，大体上都是由于自私自利、刻意追求的心态在牵累。这一病根去除，那么前前后后许多疑问，自然冰消雾散，无须学问思辨了。

---

[1] 语出《金刚经》。意为不执着于外物，心自然呈现。

答原静书出[1]，读者皆喜澄善问，师善答，皆得闻所未闻。师曰："原静所问只是知解上转，不得已与之逐节分疏。若信得良知，只在良知上用功，虽千经万典无不吻合，异端曲学一勘尽破矣，何必如此节节分解？佛家有'扑人逐块'[2]之喻：见块扑人，则得人矣；见块逐块，于块奚得哉？"在座诸友闻之，惕然皆有惺悟。此学贵反求，非知解可入也。

【译文】

答陆澄的信公开后，读者都很高兴，认为陆澄善于提问，先生善于回答，内容都是过去没有听到过的。先生说："陆澄所问的问题都是在认知、理解的层面打转，不得已才条分缕析地跟他解释。如果真正确信良知，只在良知上用功，即使千经万典也没有不吻合之处，异端邪说也可以悉数破去，何必如此一节一节地讲呢？佛家有'狗不咬人却去追逐石块'的比喻：狗看到石块而扑向人，才能咬住人；见到石块却去追逐石块，在石块上能得到什么呢？"在座的同学们听闻后都悚然有所醒悟。先生的学问贵在反求诸己，并不是靠认知、理解就能够入门的。

---

[1] 此段系钱德洪按语。
[2] 《大般若经·法性品第六》："天王当知：邪见外道为求解脱，但欲断死不知断生。若法不生即无有灭。譬如有人块掷狮子，狮子逐人而块自息。菩萨亦尔，但断其生而死自灭。犬唯逐块不知逐人，块终不息。外道亦尔，不知断生终不离死。"

答欧阳崇一

【一六七】

崇一来书云:"师云:'德性之良知,非由于闻见,若曰多闻择其善者而从之,多见而识之,则是专求之见闻之末,而已落在第二义。'窃意良知虽不由见闻而有,然学者之知,未尝不由见闻而发。滞于见闻固非,而见闻亦良知之用也。今曰'落在第二义',恐为专以见闻为学者而言,若致其良知而求之见闻,似亦知行合一之功矣。如何?"

良知不由见闻而有,而见闻莫非良知之用。故良知不滞于见闻,而亦不离于见闻。孔子云:"吾有知乎哉?无知也。"[1] 良知之外别无知矣。故致良知是学问大头脑,是圣人教人第一义。今云专求之见闻之末,则是失却头脑,而已落在第二义矣。近时同志中,盖已莫不知有致良知之说,然其功夫尚多鹘突[2]者,正是欠此一问。

大抵学问功夫只要主意头脑是当。若主意头脑专以致良知为事,则凡多闻多见,莫非致良知之功。盖日用之间,见闻酬酢,虽千头万绪,莫非良知之发用流行。除却见闻酬酢,亦无良知可致矣,故只是一事。若曰致其良知而求之见闻,则语意之间未免为二。此与专求之见闻之末者虽稍不同,其为未得精一之旨,则一而已。"多闻,择其善者而从之,多见而识之。"既云"择",又云"识",其良知亦未尝不行于其间,但其用意乃专在多闻多见上去择、识,则已失却头脑矣。崇一于此等处见得当已分晓,今日之问,正为发明此学,于同志中极有益,但语意未莹,则毫厘千里,亦不容不精察之也。

【译文】

欧阳崇一来信写道:"先生说:'德性的良知,并非由见闻产生,如果说听

---

[1] 语出《论语·子罕》。

[2] 鹘突:糊涂。

得多然后选择好的来遵从，见得多然后从中加以识别，则是专门在见闻细节上探求，已然落在次一等的层次了。'我以为良知虽然不来自见闻，然而学者的知识，未尝不是从见闻中所产生的。拘泥于见闻固然不对，然而见闻也是良知的作用。如今却说'落在第二义'，恐怕是针对专门将见闻作为学问的人而言的。如果为了致良知的目的而在见闻上探求，似乎也是知行合一的功夫。这样说对吗？"

良知并非由见闻所产生，然而见闻也是良知的作用。因此，良知不滞留在见闻之上，却也离不开见闻。孔子说："我有知识吗？没有啊。"良知之外别无其他知识。所以致良知是做学问的关键之处，是圣人教人为学的头等大事。如今说专注于探求见闻的细枝末节，这是失却了为学的宗旨，这便是落在了次一等的层次。这段时间，大家都已经知道致良知的学问了，然而功夫还有许多糊涂的地方，正是欠缺你的这一疑问。

大体而言，做学问的功夫一定要把握宗旨。如果把致良知作为为学的宗旨，那么多见多闻也不过是致良知的功夫。日常生活中，见识应酬何其繁多，但也不过是良知的发用流行。除了见识应酬，也不存在别的良知可以实现，所以只是一件事。如果说致良知要从见闻上探求，言语之间就难免把良知和见闻分作两件事了。这固然与专门探求见闻的细枝末节的做法稍有不同，但两者都不明白精研专一的主旨是相同的。"多闻，择其善者而从之，多见而识之。"既然说"择"，又说"识"，可见良知已经在其中发挥作用了，只是其用意还是在多见多闻上去选择、识别，已然失去为学的宗旨。你对于这些问题已然见得明白，今日一问，正是为了阐明致良知的学问，对于大家有很大的益处，只是因为语义表达尚不通透，便会差之毫厘、谬以千里，所以不能不审慎体察。

【一六八】

来书云："师云：'《系》言"何思何虑"，是言所思所虑只是天理，更无别思别虑耳，非谓无思无虑也。心之本体即是天理，有何可思虑得！学者用功，虽千思万虑，只是要复他本体，不是以私意去安排思索出来。若安排思索，便是自私用智矣。'[1]学者之蔽，大率非沉空守寂，则安排思索。德辛壬[2]之岁着前一病，近又着后一病。但思索亦是良知发用，其与私意安排者何所取别？恐认贼作子，惑而不知也。"

"思曰睿，睿作圣。"[3]"心之官则思，思则得之。"[4]思其可少乎？沉空守寂与安排思索，正是"自私用智"，其为丧失良知，一也。良知是天理之昭明灵觉处，故良知即是天理，思是良知之发用。若是良知发用之思，则所思莫非天理矣。良知发用之思，自然明白简易，良知亦自能知得；若是私意安排之思，自是纷纭劳扰，良知亦自会分别得。盖思之是非邪正，良知无有不自知者。所以认贼作子，正为致知之学不明，不知在良知上体认之耳。

【译文】

来信写道："先生说：'《系辞》里说"何思何虑"，是指所思所虑只是天理，再没有别的思虑，并不是说完全没有思虑。心的本体就是天理，有什么别的可以思虑的！学者下功夫，即便千思万虑，也只是要恢复心之本体，而非凭借私意安排、穷索出来。如果安排思索所得，则是自私用智了。'为学之人的毛病，大多不是枯守空寂，就是去刻意思索。我在辛巳到壬午年间犯了前一个毛病，今日又犯了后一个毛病。但是思索也是良知的作用，这与私意安排的思考又有何区别？我害怕认贼作子却仍困惑而不自知。"

"通过不断地思考可以成就智慧，而有智慧的人能够成为圣人。""心的作用是思考，思考就能有所得。"思虑难道能少吗？枯守空寂与思索安排，正是"自私用智"，同样丧失了良知。良知是天理昭明灵觉之处，故而良知就是天理，思考就是良知的作用。如果是良知所发出来的思考，那么思考的对象无非是天理。良知发出来的思考，自然简单明了，良知也自然可以认清；如果是私意安排出来的思考，自然纷纷扰扰，良知也自然能够分辨。思考的是非、正

---

[1] 见于《启问道通书》。

[2] 辛壬：辛巳年（1521年）与壬午年（1522年）。

[3] 《尚书·洪范》："貌曰恭，言曰从，视曰明，听曰聪，思曰睿。恭作肃，从作义，明作哲，聪作谋，睿作圣。"

[4] 语出《孟子·告子上》。

邪，良知都能够知道。之所以出现认贼作子的情况，正是由于不明白致知的学问，不知道在良知上体察认知。

【一六九】

来书又云："师云：'为学终身只是一事，不论有事无事，只是这一件。若说宁不了事，不可不加培养，却是分为两事也。'窃意觉精力衰弱，不足以终事者，良知也；宁不了事，且加休养，致知也。如何却为两事？若事变之来，有事势不容不了，而精力虽衰，稍鼓舞亦能支持，则持志以帅气[1]可矣。然言动终无气力，毕事则困惫已甚，不几于暴其气已乎？此其轻重缓急，良知固未尝不知，然或迫于事势，安能顾精力？或因于精力，安能顾事势？如之何则可？"

"宁不了事，不可不加培养"之意，且与初学如此说亦不为无益。但作两事看了，便有病痛在。孟子言"必有事焉"，则君子之学终身只是"集义"一事。义者宜也，心得其宜之谓义。能致良知则心得其宜矣，故"集义"亦只是致良知。君子之酬酢万变，当行则行，当止则止，当生则生，当死则死，斟酌调停，无非是致其良知，以求自慊而已。故"君子素其位而行""思不出其位"[2]。凡谋其力之所不及，而强其知之所不能者，皆不得为致良知。而凡"劳其筋骨，饿其体肤，空乏其身，行拂乱其所为，动心忍性以增益其所不能"[3]者，皆所以致其良知也。若云"宁不了事，不可不加培养"者，亦是先有功利之心，较计成败利钝而爱憎取舍于其间，是以将了事自作一事，而培养又别作一事，此便有是内非外之意，便是"自私用智"，便是"义外"，便有"不得于心，勿求于气"[4]之病，便不是致良知以求自慊之功矣。

---

[1]《孟子·公孙丑上》："夫志，气之帅也；气，体之充也。夫志，至焉；气次焉。故曰：持其志，无暴其气。"

[2] 语出《论语·宪问》。

[3] 语出《孟子·告子下》。

[4] 语出《孟子·公孙丑上》。"不得于心，勿求于气；不得于言，勿求于心"，这是告子的观点，意为心所感受不到的事物，不要在形气上探求；语言所把握不了的对象，不要在心上探求。孟子赞同"不得于心，勿求于气"，但反对"不得于言，勿求于心"。

所云"鼓舞支持，毕事则困惫已甚"，又云"迫于事势，困于精力"，皆是把作两事做了，所以有此。凡学问之功，一则诚，二则伪。凡此皆是致良知之意，欠诚一真切之故。《大学》言"诚其意者，如恶恶臭，如好好色，此之谓自慊"。曾见有恶恶臭、好好色而须鼓舞支持者乎？曾见毕事则困惫已甚者乎？曾有迫于事势，困于精力者乎？此可以知其受病之所从来矣。

【译文】

来信又写道："先生说：'终身为学只有一件事，不论有事无事，只是这一件事。如果说宁可不做事，也不能不加存养的功夫，就是将为学的功夫分作两件事了。'我以为，感到精力衰弱，不能做完事的，是良知；宁可不做事，也要加以存养的，是致知。这怎么成了两件事呢？如果事情变化不能不处理，虽然精力衰弱，稍加振作也能坚持下来，只要保持意志统帅气力便可。然而言语行动终究有气无力，一旦做完事情就疲惫不堪，这不是滥用气力吗？这其中的轻重缓急，良知固然明白，但有时迫于形势，又怎么能顾及精力？有时精疲力竭，又怎么能顾及形势？该怎么办呢？"

"宁可不做事，也不能不加存养的功夫"，对初学者这么说也不是没有好处。但将处理事情和存养心体分作两件事看待，就有弊端。孟子说"必有事焉"，君子终身的学问都在"集义"。义就是宜，心能够处事得宜便是义。能致良知，心就处事得宜，所以"集义"也就是致良知。君子待人接物、应对事变，当做则做，当止则止，当生则生，当死则死，斟酌思考，无非致其良知，以求心安理得。所以"君子素其位而行""思不出其位"。凡是谋求自己力所不及的事情，勉强干自己才智不能胜任的事情，都不能致其良知；凡是"劳其筋骨，饿其体肤，空乏其身，行拂乱其所为，动心忍性以增益其所不能"的，都是为了致其良知。如果说"宁可不做事，也不能不存养心体"，这也是先有功利之心，计较成败厉害，而以爱恶取舍，所以把做事与存养心体看作两件事了。这就是重视本心、忽视做事的心态，就是"自私用智"，就是把义看作外在的东西，便会出现"心感受不到，便去气上探求"的毛病，这就不是致良知以求心安理得的功夫。

所谓"振作坚持，做完事后就疲惫不堪"，又说"迫于形势，精疲力竭"，都是把做事和存养本心看作两件事，所以才会如此说。但凡学问功夫，精一就是诚，三心二意则是伪。这些都是因为致良知的心还不够真切。《大学》里说："诚其意者，如恶恶臭，如好好色，此之谓自慊。"你何曾见过讨厌恶臭、喜欢美色需要振作坚持的吗？何曾见过做完这些事后疲惫不堪的人吗？由此可以知道病根所在之处了。

【一七〇】

来书又有云："人情机诈百出，御之以不疑，往往为所欺，觉则自入于逆、亿[1]。夫逆诈，即诈也；亿不信，即非信也；为人欺，又非觉也。不逆不亿而常先觉，其惟良知莹彻乎？然而出入毫忽之间，背觉合诈者多矣。"

不逆不亿而先觉，此孔子因当时人专以逆诈、亿不信为心，而自陷于诈与不信；又有不逆、不亿者，然不知致良知之功，而往往又为人所欺诈，故有是言。非教人以是存心，而专欲先觉人之诈与不信也。以是存心，即是后世猜忌险薄者之事。而只此一念，已不可与入尧、舜之道矣。不逆、不亿而为人所欺者，尚亦不失为善，但不如能致其良知，而自然先觉者之尤为贤耳。崇一谓"其惟良知莹彻"者，盖已得其旨矣，然亦颖悟所及，恐未实际也。

盖良知之在人心，亘万古、塞宇宙而无不同。"不虑而知"，"恒易以知险"，"不学而能"[2]，"恒简以知阻"[3]，"先天而天不违。天且不违，而况于人乎？况于鬼神乎？"[4]夫谓背觉合诈者，是虽不逆人，而或未能无自欺也；

---

[1]《论语·宪问》："子曰：'不逆诈，不亿不信，抑亦先觉者，是贤乎！'"逆诈：事先怀疑别人欺诈；亿不信：猜测别人不诚信。

[2]《孟子·尽心上》："人之所不学而能者，其良能也；所不虑而知者，其良知也。"参见第一〇八条注。

[3]《周易·系辞下》："夫乾，天下之至健也。德行恒易以知险。夫坤，天下之至顺也，德行恒简以知阻。"乾是运动与刚健的象征，坤是静止与顺从的象征。在运动与静止之中，事物变化的规律在乾坤之间均可以把握，因此对于险与阻的认知也是在这乾坤变易的大道之中予以领会。

[4]语出《周易·乾卦·文言》，意为与天地万物为一体的人，能够通晓天地万物的道理，先于天道而天道的运行不会与其相违背，后于天道也能够尊奉天道运作的规律，天道都不会与这类人的德行相违背，何况鬼神和人呢？

虽不亿人，而或未能果自信也。是或常有求先觉之心而未能常自觉也。常有求先觉之心，即已流于逆、亿而足以自蔽其良知矣，此背觉合诈之所以未免也。

君子学以为己[1]，未尝虞人之欺己也，恒不自欺其良知而已；未尝虞人之不信己也，恒自信其良知而已；未尝求先觉人之诈与不信也，恒务自觉其良而已。是故不欺则良知无所伪而诚，"诚则明"矣；自信则良知无所惑而明，"明则诚"矣。明、诚相生，是故良知常觉、常照。常觉、常照则如明镜之悬，而物之来者自不能遁其妍媸矣。何者？不欺而诚，则无所容其欺，苟有欺焉而觉矣；自信而明，则无所容其不信，苟不信焉而觉矣。是谓"易以知险，简以知阻"，子思所谓"至诚如神，可以前知"[2]者也。然子思谓"如神"，谓"可以前知"，犹二而言之，是盖推言思诚者之功效，是犹为不能先觉者说也。若就至诚而言，则至诚之妙用即谓之"神"，不必言"如神"；至诚则无知而无不知，不必言"可以前知"矣。

【译文】

来信又写道："人情诡诈多变，如果不加疑问地对待，往往会被欺骗。若想发现别人的诡诈，自己便会先怀疑别人、猜测别人。逆诈就是欺诈，猜测就是不诚信，被人欺骗又是不觉悟。不怀疑、不猜测却又能事先察觉，只有良知晶莹透彻的人才能做到吗？然而欺诈与诚实的差别实在是太过细微，因此不能觉悟和欺诈不实的人都很多。"

不怀疑、不猜测而能够事先觉察，这是孔子针对当时许多人欺诈别人、待人不诚信、深陷欺诈和不诚信的泥沼而说的；有些人不欺诈、不随意猜测别人，但他们并不知道致良知的功夫，常常被人欺骗，所以才这么说。孔子的话并不是教人存心去事先察觉他人的欺诈与不诚信。存心要事先觉察，便是后世猜测、阴险、狡诈、刻薄之人做的事。只要存有这个念头，就已然远离了尧、舜的圣人之道。不欺诈、不猜测而被人欺骗，还算没有丧失善良的本心，只是不如能够致良知、能够自然事先察觉的人更为贤明。你说"只有良知晶莹透彻

---

[1]《论语·宪问》："古之学者为己，今之学者为人。"

[2]《中庸》："至诚之道，可以前知。"即人的行为与认知如果能够符合最为诚挚的大道，便能够预见未来。

的人才能做到",基本上把握了孔子的宗旨,不过这也是你的聪明所领悟到的,在实际功夫上恐怕还没有达到。

良知在人的心中,亘古不变,充塞宇宙。"不虑而知""恒易以知险""不学而能""恒简以知阻""先天而天不违。天且不违,而况于人乎?况于鬼神乎?"那些不能觉悟、欺诈不实的人,即便不欺诈别人,却也不能不自欺;即便不猜测别人,却也不能真有自信。这使得他们常常有寻求事先觉察的心,却不能常常自我觉察。常常有寻求事先觉察的心,便已堕入怀疑揣度别人欺诈和不诚信的心态之中,而这足以遮蔽他们的良知。这就是为什么他们免不了不能觉悟和欺诈的缘故。

君子之学是为了提高自身的修养,从不担忧别人欺骗自己,只要永远不欺骗自己的良知便可;不担心别人对自己不诚实,只要永远相信自己的良知便可;不去寻求事先觉察别人的欺诈与不诚信,只要永远努力觉察自己的良知便可。所以君子不自欺,良知就诚敬而不虚伪,诚敬则能明白;君子能自信,良知不受蛊惑而明白,明白则能诚敬。明白与诚敬相互促进,所以良知能不断觉悟、不断澄明。不断觉悟、不断澄明的良知好比高悬的明镜,万事万物在它面前都无法隐藏其美丑。为什么呢?良知不欺诈便是真诚,故而无法容忍欺诈,遇到欺骗便能觉察;良知自信明白,故而无法容忍不诚信,遇到不诚信便能觉察。这就是所谓"易以知险,简以知阻",以及子思所说的"至诚如神,可以前知"。不过子思说的"如神""可以前知",还是分作两件事来说,大概是因为他是从思诚的功效上而言,也还是给那些不能预先觉察的人说的。如果就至诚而言,那么至诚的妙用就叫"神",不必说"如神";至诚便是无知而无不知,不必说"可以前知"。

答罗整庵少宰书[1]

【一七一】

某顿首启：昨承教及《大学》，发舟匆匆，未能奉答。晓来江行稍暇，复取手教而读之。恐至赣后人事复纷沓，先具其略以请。

来教云："见道固难，而体道尤难。道诚未易明，而学诚不可不讲。恐未可安于所见而遂以为极则也。"

幸甚幸甚！何以得闻斯言乎？其敢自以为极则而安之乎？正思就天下之道以讲明之耳。而数年以来，闻其说而非笑之者有矣，诟訾之者有矣，置之不足较量辨议之者有矣，其肯遂以教我乎？其肯遂以教我而反复晓喻，恻然惟恐不及救正之乎？然则天下之爱我者，固莫有如执事之心深且至矣，感激当何如哉！夫"德之不修，学之不讲"[2]，孔子以为忧。而世之学者稍能传习训诂，即皆自以为知学，不复有所谓讲学之求，可悲矣！夫道必体而后见，非已见道而后加体道之功也；道必学而后明，非外讲学而复有所谓明道之事也。然世之讲学者有二：有讲之以身心者，有讲之以口耳者。讲之以口耳，揣摸测度，求之影响者也；讲之以身心，行著习察，实有诸己者也。知此则知孔门之学矣。

来教谓某："《大学》古本之复，以人之为学但当求之于内，而程、朱格物之说不免求之于外，遂去朱子之分章，而削其所补之传。"

非敢然也。学岂有内外乎？《大学》古本乃孔门相传旧本耳，朱子疑其有所脱误而改正补缉之；在某则谓其本无脱误，悉从其旧而已矣。失在于过信孔子则有之，非故去朱子之分章而削其传也。夫学贵得之心，求之于心而非也，虽其言之出于孔子，不敢以为是也，而况其未及孔子者乎？求之于心而是也，虽其言之出于庸常，不敢以为非也，而况其出于孔子者乎？且旧本之传数千载

---

[1] 罗整庵：即罗钦顺（1465—1547），字允升，号整庵，江西泰和人，著名哲学家，明代"气学"代表人物。

[2] 《论语·述而》："子曰：'德之不修，学之不讲，闻义不能徙，不善不能改，是吾忧也。'"

矣，今读其文词，即明白而可通，论其功夫，又易简而可入。亦何所按据而断其此段之必在于彼，彼段之必在于此，与此之如何而缺，彼之如何而补，而遂改正补缉之？无乃重于背朱而轻于叛孔已乎？

来教谓："如必以学不资于外求，但当反观内省以为务，则'正心''诚意'四字亦何不尽之有？何必于入门之际，便困以'格物'一段工夫也？"

诚然诚然！若语其要，则"修身"二字亦足矣，何必又言"正心"？"正心"二字亦足矣，何必又言"诚意"？"诚意"二字亦足矣，何必又言"致知"，又言"格物"？惟其工夫之详密，而要之只是一事，此所以为"精一"之学，此正不可不思者也。夫理无内外，性无内外，故学无内外。讲习讨论，未尝非内也；反观内省，未尝遗外也。夫谓学必资于外求，是以己性为有外也，是"义外"也，"用智"者也；谓反观内省为求之于内，是以己性为有内也，是"有我"也，"自私"者也，是皆不知性之无内外也。故曰"精义入神，以致用也；利用安身，以崇德也"[1]，"性之德也，合内外之道也"[2]，此可以知"格物"之学矣。

"格物"者，《大学》之实下手处，彻首彻尾，自始学至圣人，只此工夫而已，非但入门之际有此一段也。夫"正心""诚意""致知""格物"，皆所以"修身"，而"格物"者，其所用力日可见之地。故"格物"者，格其心之物也，格其意之物也，格其知之物也；"正心"者，正其物之心也；"诚意"者，诚其物之意也；"致知"者，致其物之知也。此岂有内外彼此之分哉？理一而已。以其理之凝聚而言则谓之性，以其凝聚之主宰而言则谓之心，以其主宰之发动而言则谓之意，以其发动之明觉而言则谓之知，以其明觉之感应而言则谓之物。故就物而言谓之格，就知而言谓之致，就意而言谓之诚，就心而言谓之正。正者，正此也；诚者，诚此也；致者，致此也；格者，格此也；皆所谓穷理以尽性也。天下无性外之理，无性外之物。学之不明，皆由世

---

[1] 语出《周易·系辞下》，意为对于精微道理的探求能够达到神妙的境界，便能够经世致用；对于精微道理运用得好，便能够安静身心，涵养品德。

[2] 《中庸》："诚者非自成而已也，所以成物也。成己，仁也；成物，知也。性之德也，合内外之道也，故时措之宜也。"意为成就自身与成就万物是人的德性所规定的人的行为，是人用自己的德性作用于外物的结果。

之儒者认理为外，认物为外，而不知"义外"之说，孟子盖尝辟之，乃至袭陷其内而不觉，岂非亦有似是而难明者欤？不可以不察也！

凡执事所以致疑于"格物"之说者，必谓其是内而非外也，必谓其专事于反观内省之为，而遗弃其讲习讨论之功也，必谓其一意于纲领本原之约，而脱略于支条节目之详也，必谓其沉溺于枯槁虚寂之偏，而不尽于物理人事之变也。审如是，岂但获罪于圣门，获罪于朱子？是邪说诬民，叛道乱正，人得而诛之也，而况于执事之正直哉？审如是，世之稍明训诂，闻先哲之绪论者，皆知其非也，而况执事之高明哉？凡某之所谓"格物"，其于朱子九条[1]之说，皆包罗统括于其中。但为之有要，作用不同，正所谓毫厘之差耳。然毫厘之差而千里之缪，实起于此，不可不辨。

孟子辟杨、墨至于"无父无君"。二子亦当时之贤者，使与孟子并世而生，未必不以之为贤。墨子"兼爱"，行仁而过耳；杨子"为我"，行义而过耳。此其为说，亦岂灭理乱常之甚，而足以眩天下哉？而其流之弊，孟子至比于禽兽、夷狄，所谓以学术杀天下后世也。

今世学术之弊，其谓之学仁而过者乎？谓之学义而过者乎？抑谓之学不仁、不义而过者乎？吾不知其于洪水、猛兽何如也！孟子云："予岂好辩哉？予不得已也。"[2]杨、墨之道塞天下，孟子之时，天下尊信杨、墨，当不下于今日之崇尚朱说。而孟子独以一人呶呶于其间。噫，可哀矣！韩氏云："佛、老之害甚于杨、墨。"[3]韩愈之贤不及孟子，孟子不能救之于未坏之先，而韩愈乃欲全之于已坏之后，其亦不量其力，且见其身之危莫之救以死也。呜呼！若某者，其尤不量其力，果见其身之危莫之救以死也矣！夫众方嘻嘻之中，而独出涕嗟若；举世恬然以趋，而独疾首蹙额以为忧。此其非病狂丧心，殆必诚有大苦者隐于其中。而非天下之至仁，其孰能察之？

其为《朱子晚年定论》，盖亦不得已而然。中间年岁早晚，诚有所未考，虽不必尽出于晚年，固多出于晚年者矣。然大意在委曲调停，以明此学为重。

---

[1] 朱子九条：朱熹在《大学或问》中提出关于格物致知功夫的九条方法。

[2] 语出《孟子·滕文公下》。

[3] 语出《韩昌黎全集》卷十八《与孟简尚书书》。

平生于朱子之说，如神明蓍龟，一旦与之背驰，心诚有所未忍，故不得已而为此。"知我者谓我心忧，不知我者谓我何求？"[1]盖不忍牴牾朱子者，其本心也，不得已而与牴牾者，道固如是，"不直则道不见"[2]也。执事所谓"决与朱子异"者，仆敢自欺其心哉？夫道，天下之公道也；学，天下之公学也。非朱子可得而私也，非孔子可得而私也。天下之公也，公言之而已矣。故言之而是，虽异于己，乃益于己也；言之而非，虽同于己，适损于己也。益于己者，己必喜之；损于己者，己必恶之。然则某今日之论，虽或于朱子异，未必非其所喜也。"君子之过，如日月之食，其更也，人皆仰之"[3]，而"小人之过也必文"[4]。某虽不肖，固不敢以小人之心事朱子也。

执事所以教，反复数百言，皆以未悉鄙人"格物"之说。若鄙说一明，则此数百言皆可以不待辨说而释然无滞。故今不敢缕缕，以滋琐屑之渎。然鄙说非面陈口析，断亦未能了了于纸笔间也。嗟乎！执事所以开导启迪于我者，可谓恳到详切矣。人之爱我，宁有如执事者乎！仆虽甚愚下，宁不知所感刻佩服？然而不敢遽舍其中之诚然而姑以听受云者，正不敢有负于深爱，亦思有以报之耳。秋尽东还，必求一面，以卒所请，千万终教！

【译文】

阳明顿首谨启：昨天承蒙教诲《大学》，匆匆上船，未能及时回答。今早趁行船空闲时，又将您的信拜读一遍。恐怕到了江西后杂务繁多，先在这里简单回复，请您指教。

您信中说："认识大道当然十分困难，然而体会大道就更为困难了。道的确不易明白，然而学问也确实不能不讲，恐怕不能满足于自己的所见所闻，认为这就是标准了。"

荣幸之至！我从哪里能够听闻这样的教诲？我怎敢以为这就是最高的标

---

[1] 语出《诗经·王风·黍离》。

[2] 语出《孟子·滕文公上》。

[3] 《论语·子张》："君子之过也，如日月之食焉。过也，人皆见之；更也，人皆仰之。"

[4] 语出《论语·子张》。

准而心安理得呢？我正想着如何讲明天下的大道呢。然而，数年以来，听到我学说的人，有的嘲笑，有的谩骂，有的不屑一顾甚至懒得辩论，他们哪里肯开导、教诲我？他们肯教导我、反复开导我、心存恻隐之心，惟恐不能补救我的为学之偏吗？然而，天下关心爱护我的人中，没有谁像您一样，对我悉心指教，我该如何感激是好！所谓"德之不修，学之不讲"，孔子也为此担忧。后世的学者稍稍能够读经、训诂，就都自以为有学问，不再对学问讲求探索，这是多么可悲的事啊！大道必然要体会才能认知，并不是先看到大道，再去下体会道的功夫；大道必然要学习才能明白，并非在讲求学问之外还有其他明道的事业。然而世间讲学的人有两种：一种是用身心讲学，一种是用口耳讲学。用口耳讲学的人，依靠揣摩和猜测，讲求的都是捕风捉影的事；用身心讲学的人，能够把握事物的本质，讲求的都是为己的学问。明白这一点，便能通晓圣人之学了。

您信中说我"之所以恢复《大学》旧本，是认为做学问只应向内求索，然而程朱格物之学未免向外探求了，所以否定了朱熹所分的章节，删掉他增补的格物补传"。

我并不敢如此。学问难道有内外之分吗？《大学》旧本是孔门相传的旧本而已，朱子怀疑旧本有所脱误，所以就改正、补订；在我看来，旧本并没有脱误，所以才完全遵从旧本。我可能有过分相信孔子的过失，并不是刻意要否定朱子所分的章节，删掉他补充的补传。做学问贵在有得于心，如果求之于心而认为有误，即便是孔子说的话，也不敢认为是正确的，何况是不如孔子的人呢？如果求之于心而认为正确，即便是一般人说的话，也不敢认为是错误的，何况是出自孔子之口呢？况且《大学》旧本已经传世数千年了，如今读其文字，十分明白通畅，论其功夫，又简单明了。又有什么根据断定这一段一定在那里，那一段一定在这里，这里缺了什么，那里补了什么，于是加以纠正增补呢？这难道不是对违背朱熹十分在意，却对违背孔子毫不在意吗？

您信中说："如果认为做学问不必向外探求，只要反观内省便足够了，那么'正心''诚意'四字还有没说明白的地方吗？为何在初学入门之时，还要用'格物'的功夫来使人困惑呢？"

是啊是啊！如果要说最关键的，"修身"二字也足够了，为何又要说"正心"?"正心"二字也足够了,为何又要说"诚意"?"诚意"二字也足够了,为何又要说"致知"?"致知"二字也足够了,为何又要说"格物"?之所以这样,是因为学问功夫详细周密,就其关键而言,只是一件事,这就是所谓"精研专一"的学问,对此不能不认真思考。天理无分内外,天性无分内外,故而学问也无分内外。讲习讨论,不能说不是内;反观内省,也未必就遗弃了外。如果认定学问必然是向外求,就是认为自己的天性有外在的部分,就是"义外",就是"用智";如果认为反观内省为向内探求,就是认为自己的性有内在的部分,就是"有我",就是"自私"。这两种说法都不明白性无内外之分的道理。所以说"精义入神,以致用也。利用安身,以崇德也""性之德也,合内外之道也",由此便可明白"格物"的学问了。

所谓"格物",是《大学》切实下功夫的地方,彻头彻尾,从初学到成圣,只有这个功夫而已,并非只有入门之初才要用"格物"的功夫。"正心""诚意""致知""格物",都是为了"修身",而"格物"正是每天下功夫所能看得见的地方。所以"格物"是纠正心中之物,纠正物的意念;"正心"是端正物的心;"诚意"是使关于物的念头诚敬;"致知"是实践关于物的知。何来内外、彼此的区分?天理只有一个。就天理凝聚在具体的对象上来说称为性,就天理主宰这个凝聚的现象来说称为心,就天理主宰心的作用来说称为意,就心体作用的明白觉察之处来说称为知,就知的明白觉察之处能够感应外在的对象来说称为物。所以就物而言称为格,就知而言称为致,就意而言称为诚,就心而言称为正。正就是正心,诚就是诚意,致就是致知,格就是格物,都是为了达到天理、穷尽天性而已。天下没有性之外的天理,没有性之外的事物。圣人的学问之所以不彰明于天下,都是因为世俗的儒者认为理和物都是外在的东西,却不明白"义外"是孟子曾经批评过的学说,以至于沿袭、深陷其中而不自觉,这难道不是似是而非、难以明白吗?对此不能不认真体察!

你怀疑我的格物学说,一定是认为我肯定内求而反对外求;认为我专注于反观内省,遗弃了讲习讨论的功夫;认为我只重视学问的头脑,却忽略细枝末节;认为我沉溺于枯槁空虚的偏执,却不务人情事变。如果真是这样,难道我仅仅获罪于孔门、获罪于朱子吗？这是用邪说来欺骗百姓，叛离纲常，扰乱正道，人人得而诛之，何况像您这般正直的人呢？如果真是这样，世间稍微懂得训诂的人，知道一些圣贤的言论，就知道我说的是错的，何况像您如此高明的人呢？我所说的格物，将朱熹所说的九条囊括其中。但是格物的功夫又有关键之处，作用和朱子所论也有所不同，正所谓差之毫厘、谬以千里，正是由此而起，不能不辨明。

孟子批评杨朱、墨子是"无父无君"。然而这两人也是当时的贤人，如果与孟子同处一个时代，孟子也会认可他们的贤德。墨子"兼爱"，这是过分推行仁德的结果；杨朱"为我"，这是过分推行义道的结果。他们的学说，难道泯灭天理、搅乱纲常到如此地步，以至于能够迷惑天下之人吗？然而，孟子将他们的学说所产生的弊端比作夷狄、禽兽，这是在用学术杀害后世之人啊。

当今学术的弊病，是在学仁太过呢，还是学义太过呢？还是说学不仁、学不义太过呢？我不知道它们同洪水猛兽有何不同！孟子说："我难道喜欢辩论吗？我是不得已啊。"杨朱、墨子的学说充塞天下，孟子的时代，天下之人尊信杨朱、墨子的人，并不比如今尊崇朱子之说的人少，而孟子独自一人与众人抗辩。唉，真是可悲！韩愈说："佛老的危害甚于杨墨。"韩愈的贤明不及孟子，孟子无法在世道人心败坏之前加以救治，韩愈却想恢复世道人心于败坏之后，真是不自量力，而且他身陷危险，也没有人救他。唉！像我这样的人更是不自量力，发现自己身陷危险，却没有人能够救我于死地！天下之人都在嘻嘻哈哈，唯独我痛哭哀叹；天下之人都趋炎附势，唯独我愁眉不展。如果不是我丧心病狂，就一定是我心中有极大的愁苦。如果不是世上最为仁爱之人，谁又能体察到我心中的愁苦呢？

我写《朱子晚年定论》，也是不得已而为之。其中所采录的文字时间的早晚，确实有未加考证之处。虽然并不全是朱子晚年的文字，但大部分都是他晚年所作。我的主要目的在于调和朱子与陆子的学问，以彰明圣学为重任。我一生始终将朱子的学说奉若神明，一旦要与之背离，确实有诸多不忍，所以我是不得已为之。"知我者谓我心忧，不知我者谓我何求？"我本不忍心与朱子相矛盾，只是不得已才如此，因为圣人之道本就如此。"如果不直接，圣人之道便不会显现"。您说我是"决意要与朱子对立",我怎敢如此欺骗自己?大道,是天下的公道;圣学,是天下的公学。并非朱子可以私有,也并非孔子可以私有。天下公有的东西,应当秉公而论。所以只要说得对,即便与自己不同,也是对自己有益;只要说得不对,即便与自己相同,也是损害自己。益于自己的,自己一定喜欢;损害自己的,自己必定讨厌。既然这样,那么我现在的观点,虽然可能与朱子相异,却未必不是朱子所喜欢的。"君子的过错好比日食、月食,他改正了过错,人人都会敬仰他",然而"小人一定会掩饰自己的过错"。我虽然不贤明,也不敢用小人的心态对待朱子啊!

您的教诲有数百言之多,都是因为不能完全明白我的格物学说。一旦明白了我的学说,那么这数百言不用辩论也可释然。所以我现在不敢再详细论述,以免过于琐碎。然而我的学说不是写信可以说清楚的,非要当面陈述才能明白。唉!您对我的开导启迪不能不说是恳切又详细的。爱护我的人,哪有像您这般对我好的!我虽然愚笨,难道不知道感恩、敬佩吗?但是我不敢放弃心中真诚的想法而轻易接受您的指教,这正是不敢辜负您的厚爱,并且希望能回报您一二。待得秋天过后我回来时,一定前去拜访您,当面向您请教,届时还希望您能够赐教!

答聂文蔚[1]

【一七二】

　　春间远劳迂途枉顾，问证惓惓，此情何可当也！已期二三同志，更处静地，扳留旬日，少效其鄙见，以求切劘之益。而公期俗绊，势有不能，别去极怏怏，如有所失。忽承笺惠，反复千余言，读之无任浣慰。中间推许太过，盖亦奖掖之盛心，而规砺真切，思欲纳之于贤圣之域。又托诸崇一以致其勤勤恳恳之怀，此非深交笃爱，何以及是？知感知愧，且惧其无以堪之也。虽然，仆亦何敢不自鞭勉，而徒以感愧辞让为乎哉？其谓"思、孟、周、程，无意相遭于千载之下。与其尽信于天下，不若真信于一人。道固自在，学亦自在，天下信之不为多，一人信之不为少"者，斯固君子"不见是而无闷"[2]之心。岂世之谫谫屑屑者知足以及之乎？乃仆之情，则有大不得已者存乎其间，而非以计人之信与不信也。

　　夫人者，天地之心，天地万物本吾一体者也。生民之困苦荼毒，孰非疾痛之切于吾身者乎？不知吾身之疾痛，无是非之心者也。是非之心，不虑而知，不学而能，所谓良知也。良知之在人心，无间于圣愚，天下古今之所同也。世之君子，惟务其良知，则自能公是非，同好恶，视人犹己，视国犹家，而以天地万物为一体，求天下无治不可得矣。古之人所以能见善不啻若己出，见恶不啻若己入，视民之饥溺犹己之饥溺[3]，而一夫不获若己推而纳诸沟中者，非故为是而以蕲天下之信己也，务致其良知求自慊而已矣。尧、舜、三王之圣，言而民莫不信者，致其良知而言之也；行而民莫不说者，致其良知而行之

---

[1] 聂文蔚：即聂豹，字文蔚，号双江，江西永丰人，王阳明的学生。

[2] 《周易·乾卦·文言》："遁世无闷，不见是而无闷。"意为即便不被肯定，也不会烦闷。

[3] 《孟子·离娄下》："禹思天下有溺者，由己溺之也；稷思天下有饥者，由己饥之也。"

也。是以其民熙熙皞皞，杀之不怨，利之不庸[1]。施及蛮貊，而凡有血气者莫不尊亲，为其良知之同也。呜呼！圣人之治天下，何其简且易哉！

后世良知之学不明，天下之人用其私智以相比轧。是以人各有心，而偏琐僻陋之见，狡伪阴邪之术，至于不可胜说。外假仁义之名，而内以行其自私自利之实；诡辞以阿俗，矫行以干誉；掩人之善而袭以为己长，讦人之私而窃以为己直；忿以相胜而犹谓之徇义，险以相倾而犹谓之疾恶；妒贤忌能而犹自以为公是非，恣情纵欲而犹自以为同好恶。相陵相贼，自其一家骨肉之亲，已不能无尔我胜负之意、彼此藩篱之形，而况于天下之大，民物之众，又何能一体而视之？则无怪于纷纷籍籍而祸乱相寻于无穷矣。

仆诚赖天之灵，偶有见于良知之学，以为必由此而后天下可得而治。是以每念斯民之陷溺，则为之戚然痛心，忘其身之不肖，而思以此救之，亦不自知其量者。天下之人见其若是，遂相与非笑而诋斥之，以为是病狂丧心之人耳。呜呼，是奚足恤哉！吾方疾痛之切体，而暇计人之非笑乎？人固有见其父子兄弟之坠溺于深渊者，呼号匍匐，裸跣颠顿，扳悬崖壁而下拯之。士之见者，方相与揖让谈笑于其旁，以为是弃其礼貌衣冠而呼号颠顿若此，是病狂丧心者也。故夫揖让谈笑于溺人之旁而不知救，此惟行路之人，无亲戚骨肉之情者能之，然已谓之"无恻隐之心，非人矣"[2]。若夫在父子兄弟之爱者，则固未有不痛心疾首，狂奔尽气，匍匐而拯之。彼将陷溺之祸有不顾，而况于病狂丧心之讥乎？而又况于蕲人信与不信乎？呜呼！今之人虽谓仆为病狂丧心之人，亦无不可矣。天下之人心，皆吾之心也。天下之人犹有病狂者矣，吾安得而非病狂乎？犹有丧心者矣，吾安得而非丧心乎？

昔者孔子之在当时，有议其为谄者，有讥其为佞者，有毁其未贤，诋其为

---

[1]《孟子·尽心上》："王者之民，皞皞如也。杀之而不怨，利之而不庸，民日迁善而不知为之者。"

[2] 语出《孟子·公孙丑上》。

不知礼，而侮之以为"东家丘"[1]者，有嫉且沮之者[2]，有恶而欲杀之者[3]。晨门、荷蒉之徒，皆当时之贤士，且曰："是知其不可而为之者欤？""鄙哉！硁硁乎！莫己知也，斯已而已矣。"虽子路在升堂之列，尚不能无疑于其所见，不悦于其所欲往，而且以之为迂。则当时之不信夫子者，岂特十之二三而已乎？然而夫子汲汲遑遑，若求亡子于道路，而不暇于暖席者，宁以蕲人之知我、信我而已哉？盖其天地万物一体之仁，疾痛迫切，虽欲已之而自有所不容已。故其言曰："吾非斯人之徒与而谁与？""欲洁其身而乱大伦。""果哉，末之难矣！"[4]呜呼！此非诚以天地万物为一体者，孰能以知夫子之心乎？若其"遁世无闷""乐天知命"者，则固"无入而不自得""道并行而不相悖"也。

仆之不肖，何敢以夫子之道为己任？顾其心亦已稍知疾痛之在身，是以彷徨四顾，将求其有助于我者，相与讲去其病耳。今诚得豪杰同志之士，扶持匡翼，共明良知之学于天下，使天下之人皆知自致其良知，以相安相养，去其自私自利之蔽，一洗谗妒胜忿之习，以济于大同，则仆之狂病固将脱然以愈，而终免于丧心之患矣。岂不快哉！

嗟乎！今诚欲求豪杰同志之士于天下，非如吾文蔚者而谁望之乎？如吾文蔚之才与志，诚足以援天下之溺者。今又既知其具之在我，而无假于外求矣，循是而充，若决河注海，孰得而御哉？文蔚所谓"一人信之不为少"，其又能逊以委之何人乎？

会稽素号山水之区，深林长谷，信步皆是。寒暑晦明，无时不宜。安居饱食，尘嚣无扰。良朋四集，道义日新。优哉游哉！天地之间宁复有乐于是者！孔子云："不怨天，不尤人，下学而上达。"[5]仆与二三同志力将请事斯语，奚

---

[1] 东家丘：《孔子家语》记载，孔子西邻有愚人，不知道孔子是圣人，称其为东家丘。

[2] 有嫉且沮之者：《史记·孔子世家》记载，孔子任鲁国大司寇时，齐国害怕鲁国因此强大起来，就送女乐给鲁国国君和当权者季孙氏，使得鲁国国政荒废，孔子不得已离开鲁国。

[3] 有恶而欲杀之者：《论语·宪问》记载，孔子周游列国时，经过宋国时，宋国的司马魋想杀他。

[4] 以上诸语均出自《论语》。

[5] 语出《论语·宪问》。

暇外慕？独其切肤之痛，乃有未能恝然者，辄复云云尔。

咳疾暑毒，书札绝懒，盛使远来，迟留经月，临歧执笔，又不觉累纸。盖于相知之深，虽已缕缕至此，殊觉有所未能尽也。

【译文】

有劳你春天绕道我这儿，不知疲倦地询问论证，这种情分我该如何承受呢！原来已约好几位同道，想找一个安静的处所，待上十来天，一起讨论我的学说，以便在切磋磨砺之中有所收获。但是你公务繁忙，不得不离开，我心中十分惆怅，若有所失。突然收到你的信件，洋洋千言，读后十分欣慰。信中对我十分推许，这也是对我的一片鼓舞嘉奖的心意，其中的规劝砥砺十分真切，希望我能够步入圣贤的行列。你又托付欧阳崇一转达对我恳切的关怀，若非深交厚爱之人，怎会如此呢？我既感动又惭愧，唯恐辜负了你的厚爱。虽然如此，我又怎敢不自我鞭策，仅仅感激、辞让呢？你说："子思、孟子、周敦颐、程颢等人，并不期望千年以后为世人理解。与其让天下之人都相信你，不如被一个人笃信。大道自然而然地存在，圣学亦自然而然地存在，天下之人尽信也不算多，只有一人笃信也不算少。"这就是君子"不见是而无闷"的心态。这难道是世上浅薄琐碎的人所能知道的吗？对我来说，则有许多万不得已的苦衷，并不是计较他人相信与否。

人就是天地的心，天地万物本与我为一体。百姓所遭受的困苦与荼毒，哪一件不是自己的切肤之痛？不知道自身痛苦的人，便是没有是非之心。人的是非之心，无须思虑便可知道，无须学习便能具备，这就是所谓的良知。良知自在人心，无论圣人还是愚人，从古至今都是相同的。世上的君子，只要专心致其良知，自然能秉公判别是非，与人同好同恶，视他人如同自己，爱国如同爱家，甚至把天地万物视作与自己为一体，使得天下都得到治理。古人之所以能够看见别人行善如同自己行善，看到别人为恶如同自己为恶，看到百姓饥饿痛苦如同自己饥饿痛苦，有一个人没有过上好的生活，好像是自己把他推入深坑之中似的，这并不是因为他们故意表现出这些而想取信于天下，而是一心一意致其良知而自求心安理得而已。尧、舜、三王这样的圣贤，说的话百姓没有不相信的，这是因为他们的话是出于自己良知而说的话；他们做的事百姓没有不喜欢的，这是因为他们的行为是出于自己的良知而做的事。所以他们的老百姓和平安乐，就算被处死也无怨言，给好处也不答谢。把这样的教化推及蛮荒之地，凡是有血气的人没有不孝敬双亲的，是因为人的良知是相通的。唉！圣人治理天下多么简单容易啊！

后世良知的学说不再昌明，天下的人各用自己的私心才智互相倾轧。人人各有自己的私心，那些偏颇浅鄙的见解、阴险狡诈的手段不可胜数。他们都假借仁义的名号，干着自私自利的勾当；用诡辩的言辞来迎合世俗的要求，用虚伪的行为来博取自己的名誉；把掩盖别人的善行作为自己的长处，用攻击别人的隐私来显示自己的正直；怨恨地相互争斗，却认为是为了正义而献身，险恶地互相倾轧，还认为这是嫉恶如仇；嫉贤妒能，却认为自己是秉持公正；放纵情欲，还认为这是与民同好同恶。互相欺凌、互相侵害，即使是一家之内的骨肉至亲，彼此间也要分出胜负、架起很高的藩篱，更何况天下广大、百姓名物众多，又如何能够将所有的百姓与名物与自己视为一体呢？这就难怪天下纷纷扰扰，祸乱频发无止了。

我靠着上天的眷顾，偶然发现良知的学说，认为只有致良知天下才能得到治理。所以我一想到百姓的苦难就心痛不已，忘了自己才智浅薄，却想用良知的学说拯救天下，这也是不自量力的行为。世上之人看到我这样做，就纷纷嘲笑、诋毁我，认为我是丧心病狂之人。唉！这有什么可以顾忌的呢！我正感受到的是切肤之痛，哪里还有空去计较别人的诋毁、嘲笑？如果有人看到自己的父子、兄弟坠入深渊，一定会大喊着爬过去，鞋帽掉了也全然不在意，爬着悬崖峭壁而下，希望能够救人。而那些看到这一情况的读书人，却在一旁作揖、谈笑，认为这人丢弃衣帽、不顾礼节，大喊大叫，一定是一个丧心病狂之人。所以，一旁有人陷溺还在作揖谈笑，这是只有那些没有骨肉亲情的人才能做出来的事，是孟子所说的"没有恻隐之心就不是人"的人。如果是有父子兄弟亲情的人，就会感同身受、痛心疾首，尽力狂奔、连滚带爬地跑去救人。他们都能够不顾自己陷入危险之中，还害怕被人讥笑为丧心病狂吗？还会在意别人相信与否吗？唉！如今的人即使认为我是丧心病狂之人，也没有什么不可以的。天下人的心，都是我的心。天下之人有那么多得病发狂的，我又怎能不得病发狂呢？天下之人有那么多丧心的，我又怎么能不丧心呢？

　　从前孔子在世时，有人说他谄媚，有人说他花言巧语，有人诋毁他的贤能，诽谤他不知礼，侮辱他是东家丘，有人嫉妒他，阻止他振兴鲁国，有人憎恶他，甚至想杀他。即使是当时如晨门、荷蒉一般的贤者，也说："孔子这是知其不可为而为之吗？""见识浅陋！又固执得很！没有人了解自己那就算了吧。"虽然子路对于圣学已经十分明白，却还难免怀疑孔子，对他想去的地方不高兴，而且认为孔子迂腐。所以当时不信任孔子的人，难道仅仅是十之二三而已吗？但是孔子依旧积极奔走，像是在道路上寻找自己遗失的儿子一样整天奔波，无暇在温暖的席褥上睡上一觉，难道是为了让世人了解自己、相信自己而已吗？或许孔子有与天地万物为一体的仁爱之心，痛切至深，即使想不管也身不由己。所以他说："我不和世人相处还能和谁在一起呢？""想要洁身自好却扰乱了伦理纲常。""好干脆啊！可他不知道我的难处！"唉！除了真的把天地万物视作与己一体的人，谁又能了解孔子的心思呢？至于那些"不见于世却不郁闷""乐于天道安于天命"的人，当然可以做到"不自己了解便不会知道""大道并行却不会相互违背"。

　　我才疏学浅，怎敢以振兴孔子之道为己任？只是我的心也稍微知道一点身上的病痛，所以心中彷徨，茫然四顾，四处寻找能够有助于我的人，共同想办法去除身上的病痛。现在如果真有豪杰同道支持我、匡正我，共同努力，使得良知之学彰明于天下，使得天下之人都能致其良知，互相帮助、互相存养，除去自私自利的弊病，洗去诋毁、嫉妒、好胜、愤懑的习气，以实现天下大同，那么我的狂病将会立刻痊愈，最终免于丧心病狂的祸患。这得有多痛快啊！

　　唉！现在果真要找到世上的豪杰志士，除了像文蔚你这样的人，还能指望谁呢？像你这样的才能和志向，必然可以拯救世人于苦难。如今又明白了良知就在自己心中，无须向外探求，只要依此扩充，就好比大河决口汇往大海，谁能抵御得住呢？像你所说的"只有一人笃信也不算少"，自然是你当仁不让，还能寄望于谁呢？

　　会稽周围向来山清水秀，深林幽谷，随处可见。寒暑阴晴，气候宜人。生活安定而不受世俗干扰。好朋友相聚在一起，切磋道义、日日精进。多么悠闲自在！天地之间还有如这般的快乐吗！孔子说："不抱怨上天，不归咎他人，通过慢慢学习知识最终通达天道。"我和几位同道想要努力遵循孔子的教诲，哪来的时间还能去外面探求呢？只是对于切肤之痛，无法漠不关心，于是写了这封信回复你。

我因天气炎热，一直咳嗽，懒于写信，你派人远来，停留数月，临别提笔，没想到又写了这么多。我们相知颇深，虽然信中所论已经十分详细，却还是觉得有好多话没有说完。

二

【一七三】

得书，见近来所学之骤进，喜慰不可言。谛视数过，其间虽亦有一二未莹彻处，却是致良知之功尚未纯熟，到纯熟时自无此矣。譬之驱车，既已由于康庄大道之中，或时横斜迂曲者，乃马性未调、衔勒不齐之故。然已只在康庄大道中，决不赚入旁蹊曲径矣。近时海内同志，到此地位者曾未多见，喜慰不可言，斯道之幸也！

贱躯旧有咳嗽畏热之病，近入炎方，辄复大作。主上圣明洞察，责付甚重，不敢遽辞。地方军务冗沓，皆舆疾从事。今却幸已平定，已具本乞回养病，得在林下稍就清凉，或可瘳耳。人还，伏枕草草，不尽倾企，外惟浚[1]一简，幸达致之。

来书所询，草草奉复一二。

近岁来山中讲学者，往往多说"勿忘勿助"工夫甚难。问之，则云："才著意便是助，才不著意便是忘，所以甚难。"区区因问之云："忘是忘个甚么？助是助个甚么？"其人默然无对，始请问。区区因与说，我此间讲学，却只说个"必有事焉"，不说"勿忘勿助"。"必有事焉"者只是时时去"集义"。若时时去用"必有事"的工夫，而或有时间断，此便是忘了，即须"勿忘"；时

---

[1] 惟浚：即陈九川，参见第一八〇条注。

时去用"必有事"的工夫,而或有时欲速求效,此便是助了,即须"勿助"。其工夫全在"必有事焉"上用,"勿忘勿助",只就其间提撕警觉而已。若是工夫原不间断,即不须更说"勿忘";原不欲速求效,即不须更说"勿助"。此其工夫何等明白简易!何等洒脱自在!今却不去"必有事"上用工,而乃悬空守着一个"勿忘勿助",此正如烧锅煮饭,锅内不曾渍水下米,而乃专去添柴放火,不知毕竟煮出个甚么物来!吾恐火候未及调停,而锅已先破裂矣。近日一种专在"勿忘勿助"上用工者,其病正是如此。终日悬空去做个"勿忘",又悬空去做个"勿助",济济荡荡,全无实落下手处,究竟工夫只做得个沉空守寂,学成一个痴呆汉。才遇些子事来,即便牵滞纷扰,不复能经纶宰制。此皆有志之士,而乃使之劳苦缠缚,担搁一生,皆由学术误人之故,甚可悯矣!

夫"必有事焉"只是"集义","集义"只是致良知。说"集义"则一时未见头脑,说"致良知"即当下便有实地步可用工。故区区专说"致良知"。随时就事上致其良知,便是"格物";著实去致良知,便是"诚意";著实致其良知,而无一毫意必固我,便是"正心"。著实致真知,则自无忘之病;无一毫意必固我,则自无助之病。故说"格、致、诚、正",则不必更说个"忘、助"。孟子说"忘、助",亦就告子得病处立方。告子强制其心,是助的病痛,故孟子专说助长之害。告子助长,亦是他以义为外,不知就自心上"集义",在"必有事焉"上用功,是以如此。若时时刻刻就自心上"集义",则良知之体洞然明白,自然是是非非,纤毫莫遁,又焉有"不得于言,勿求于心;不得于心,勿求于气"之弊乎?孟子"集义""养气"之说,固大有功于后学,然亦是因病立方,说得大段,不若《大学》"格、致、诚、正"之功,尤极精一简易,为彻上彻下,万世无弊者也。

圣贤论学,多是随时就事,虽言若人殊,而要其工夫头脑,若合符节。缘天地之间,原只有此性,只有此理,只有此良知,只有此一件事耳。故凡就古人论学处说工夫,更不必挽和兼搭而说,自然无不吻合贯通者;才须挽和兼搭而说,即是自己工夫未明彻也。

近时有谓"集义"之功,必须兼搭个致良知而后备者,则是"集义"之功尚未了彻也。"集义"之功尚未了彻，适足以为致良知之累而已矣。谓致良知之功，必须兼搭一个"勿忘勿助"而后明者，则是"致良知"之功尚未了彻也。"致良知"之功尚未了彻也，适足以为"勿忘勿助"之累而已矣。若此者，皆是就文义上解释牵附，以求混融凑泊，而不曾就自己实工夫上体验，是以论之愈精，而去之愈远。

文蔚之论，其于"大本达道"既已沛然无疑，至于"致知""穷理"及"忘助"等说，时亦有搀和兼搭处。却是区区所谓康庄大道之中，或时横斜迂曲者。到得工夫熟后，自将释然矣。

文蔚谓"致知之说，求之事亲、从兄之间，便觉有所持循"者，此段最见近来真切笃实之功。但以此自为不妨，自有得力处；以此遂为定说教人，却未免又有因药发病之患，亦不可不一讲也。

盖良知只是一个天理。自然明觉发见处，只是一个真诚恻怛，便是他本体。故致此良知之真诚恻怛以事亲便是孝，致此良知之真诚恻怛以从兄便是弟，致此良知之真诚恻怛以事君便是忠。只是一个良知，一个真诚恻怛。若是从兄的良知不能致其真诚恻怛，即是事亲的良知不能致其真诚恻怛矣；事君的良知不能致其真诚恻怛，即是从兄的良知不能致其真诚恻怛矣。故致得事君的知，便是致却从兄的良知；致得从兄的良知，便是致却事亲的良知。不是事君的良知不能致，却须又从事亲的良知上去扩充将来。如此，又是脱却本原，着在支节上求了。良知只是一个，随他发见流行处，当下具足，更无去来，不须假借。然其发见流行处，却自有轻重厚薄、毫发不容增减者，所谓"天然自有之中"[1]也。虽则轻重厚薄毫发不容增减，而原又只是一个；虽则只是一个，而其间轻重厚薄、又毫发不容增减。若可得增减，若须假借，即已非其真诚恻怛之本体矣。此良知之妙用，所以无方体、无穷尽，"语大天下莫能载，语小天下莫能破"[2]者也。

孟氏"尧舜之道，孝弟而已"者，是就人之良知发见得最真切笃厚、不容蔽昧处提省人。使人于事君、处友、仁民、爱物、与凡动静语默间，皆只是致

---

[1] 程颐《河南程氏遗书》卷十七："事事物物上皆天然有个中在那上，不待人安排也。"

[2]《中庸》："故君子语大，天下莫能载焉；语小，天下莫能破焉。"

他那一念事亲、从兄真诚恻怛的良知，即自然无不是道。盖天下之事虽千变万化，至于不可穷诘，而但惟致此事亲、从兄一念真诚恻怛之良知以应之，则更无有遗缺渗漏者，正谓其只有此一个良知故也。事亲、从兄一念良知之外，更无有良知可致得者，故曰："尧舜之道，孝弟而已矣。"此所以为"惟精惟一"之学，放之四海而皆准，施诸后世而无朝夕者也。

文蔚云："欲于事亲、从兄之间，而求所谓良知之学。"就自己用工得力处如此说，亦无不可。若曰致其良知之真诚恻怛以求尽夫事亲、从兄之道焉，亦无不可也。明道云："行仁自孝弟始，孝弟是仁之一事，谓之行仁之本则可，谓是仁之本则不可。"[1] 其说是矣。

"亿""逆""先觉"之说，文蔚谓"诚则旁行曲防，皆良知之用"，甚善甚善！间有拣搭处，则前已言之矣。惟浚之言亦未为不是。在文蔚须有取于惟浚之言而后尽，在惟浚又须有取于文蔚之言而后明。不然则亦未免各有倚着之病也。舜察迩言而询刍荛，非是以迩言当察、刍荛当询而后如此。乃良知之发见流行，光明圆莹，更无挂碍遮隔处，此所以谓之大知。才有执着意必，其知便小矣。讲学中自有去取分辨，然就心地上着实用工夫，却须如此方是。

"尽心"三节，区区曾有生知、学知、困知之说，颇已明白，无可疑者。盖尽心、知性、知天者不必说存心、养性，事天不必说"夭寿不二，修身以俟"，而存心、养性与"修身以俟"之功已在其中矣。存心、养性、事天者，虽未到得尽心、知天的地位，然已是在那里做个求到尽心、知天的工夫，更不必说"夭寿不二，修身以俟"，而"夭寿不二，修身以俟"之功已在其中矣。

譬之行路，尽心、知天者，如年力壮健之人，既能奔走往来于数千里之间者也；存心、事天者，如童稚之年，使之学习步趋于庭除之间者也；"夭寿不二，修身以俟"者，如襁抱之孩，方使之扶墙傍壁，而渐学起立移步者也。既已能奔走往来于数千里之间者，则不必更使之于庭除之间而学步趋，而步趋于庭除之间自无弗能矣；既已能步趋于庭除之间，则不必更使之扶墙傍壁而学起立移步，而起立移步自无弗能矣。然学起立移步，便是学步趋庭除之始，学步趋庭除，便是学奔走往来于数千里之基。固非有二事，但其工夫之难易则相去

---

[1] 语出《二程集·遗书》，原为程颐所说，此处误以为是程颢（明道）的话。

悬绝矣。

心也，性也，天也，一也。故及其知之成功则一。然而三者人品力量自有阶级，不可躐等而能也。细观文蔚之论，其意以恐尽心、知天者，废却存心、修身之功，而反为尽心、知天之病。是盖为圣人忧工夫之或间断，而不知为自己忧工夫之未真切也。吾侪用工，却须专心致志，在"夭寿不二，修身以俟"上做，只此便是做尽心、知天工夫之始。正如学起立移步便是学奔走千里之始，吾方自虑其不能起立移步，而岂遽其不能奔走千里？又况为奔走千里者而虑其或遗忘于起立移步之习哉？

文蔚识见本自超绝迈往，而所论云然者，亦是未能脱去旧时解说文义之习，是为此三段书分疏比合，以求融会贯通，而自添许多意见缠绕，反使用工不专一也。近时悬空去做勿忘勿助者，其意见正有此病，最能担误人，不可不涤除耳。

所谓"尊德性而道问学"一节，至当归一，更无可疑。此便是文蔚曾着实用工，然后能为此言。此本不是险僻难见的道理，人或意见不同者，还是良知尚有纤翳潜伏。若除去此纤翳，即自无不洞然矣。

已作书后，移卧檐间，偶遇无事，遂复答此。文蔚之学既已得其大者，此等处久当释然自解，本不必屑屑如此分疏。但承相爱之厚，千里差人远及，谆谆下问，而竟虚来意，又自不能已于言也。然直戆烦缕已甚，恃在信爱，当不为罪。惟浚处及谦之[1]、崇一处，各得转录一通寄视之，尤承一体之好也。

右南大吉录。

【译文】

来信收悉，看到你近来学问骤进，欣慰之情难以言表。你的信我仔细读了几遍，中间有一两处还未能理解透彻，恐怕是因为致良知的功夫尚未纯熟，如果到了纯熟的境界，自然不会如此了。这就好比是驾车，已经走在康庄大道上了，有时出现迂回曲折的情况，是马性没有调好、缰绳没有勒齐的缘故。然而已经在康庄大道之上，决计不会再误入歧途了。近来海内同道达到你这种境界的还不多见，我高兴得说不出话来，这是圣人之道的万幸！

---

[1] 谦之：即邹守益（1491—1562），字谦之，号东廓，王阳明弟子。

我原有畏热咳嗽的毛病，来到炎热的南方后，就复发得很厉害。皇上圣明洞察，托付的责任十分重大，不敢立即推辞。地方的军务又十分冗杂，我不得不带病处理。好在叛乱已经平定，我已奏请皇上让我回家养病，如能在山林清凉之处养病，或许还能痊愈。来人就要回去，我趴在枕上草草写信，匆忙间难以诉说得尽。另外，给陈九川的信请你转交给他。

你信中所询问的问题，我简单地回复一下。

今年来到山中讲学的人，常常说"勿忘勿助"的功夫很难。我询问原因，他们就说："稍有意念便是助长，一不留意便是忘记，所以很难。"我就问："忘是忘记什么？助是助长什么？"他们默然无言，便向我请教。我对他们说，我在这里讲学，只讲"必有事焉"的功夫，不说"勿忘勿助"。"必有事焉"就是时时刻刻去"集义"。如果时时刻刻用"必有事"的功夫，其间有中断便是忘记，就需要"勿忘"的功夫；时时刻刻用"必有事"的功夫，求速之心切便是助长，就需要"勿助"的功夫。功夫全在"必有事焉"之上，"勿忘勿助"只是在其中起提点警醒的作用。如果功夫原本就不间断，便不需说"勿忘"；功夫原本不求速效，那么便不需说"勿助"。如此功夫何等明白简单！何等洒脱自在！如今却不在"必有事"上用功，悬空苦守着"勿忘勿助"，这好比是烧火做饭，锅里不添水加米，却专门去添柴加火，不知最终能煮出个什么东西！恐怕火候还没调好，锅已经先烧破了。近来专在"勿忘勿助"上用功的人，他们的毛病正是如此。整体凭空去做"勿忘勿助"的功夫，茫茫荡荡，全然没有落实下手之处，最终只落得个死守空寂的功夫，学成了个痴呆。刚遇到一点事，就会心绪纷乱，难以应对。这些人都是有志之士，却因此劳苦困扰，耽误一生，这都是由于学术的错误耽误人，真叫人可惜呢！

"必有事焉"就是"集义"，"集义"就是致良知。说"集义"一时还未抓住主旨，说"致良知"那么当下便有切实用功之处。所以我专门说"致良知"的功夫。随时在事上致良知，便是"格物"；着实去致良知，便是"诚意"；着实去致良知，并且没有一丝一毫的私心妄意，便是"正心"。着实去致良知，便没有"忘"的毛病；没有一丝一毫的私心妄意，便没有"助"的毛病。所以说"格、致、诚、正"，便不需要再说"勿忘勿助"了。孟子说"勿忘勿助"，也是针对告子的毛病对症下药。告子通过强制的功夫来框定人心，是"助"的毛病，所以孟子专门说助长的危害。告子之所以犯助长的毛病，也是因为他将义看作外在的东西，不知道在自己心中"集义"，在"必有事焉"处用功，所以才会如此。如果时时刻刻在自己心中"集义"，那么良知本体便会豁然开朗，是是非非全部呈现，又何来的"不得于言，勿求于心；不得于心，勿求于气"的毛病？孟子"集义""养气"的学说，固然对于后学有极大的功劳，然而也不过是对症下药，只说了个大概，不及《大学》中"格、致、诚、正"的功夫特别精研专一、简单明了，这实在是上下贯通，千秋万世永无弊病的功夫。

圣贤讲学，大多是就事而论，虽然他们的说法不一，但功夫的主旨是一致的。这是由于天地间只有一个性，只有一个理，只有一个良知，只有这一件事。所以但凡就古人论学之处讨论功夫，没有必要掺杂着牵强附会地说，自然能够融会贯通；如果需要掺杂搭配，只是自己的功夫没有明白透彻罢了。

近来有人说"集义"的功夫必须搭配致良知才算完备，这是"集义"的功夫尚未透彻的缘故。"集义"的功夫尚未明了透彻，恰好成了致良知的牵累。认为致良知的功夫必须搭配"勿忘勿助"才能明白，则是"致良知"的功夫尚未透彻。"致良知"的功夫尚未明了透彻，恰好成了"勿忘勿助"的牵累。像这类情况，都是从文义上牵强附会的解释，以求融会贯通，却没有自己切实地在功夫上体验，所以论证得愈精细，实则愈偏离大道。

你的观点在"大本达道"方面已经没有疑问了，至于"致知""穷理"以及"勿忘勿助"等说法，有时还是会有掺杂搭配之处。这就是我说的走在康庄大道之上，有时还会出现横斜曲折之处。等到功夫纯熟之后，这一情况自然会消失。

你说"致知的学说，从侍奉双亲、遵从兄长上就应当有所持守、遵循"，此处最能看到你近来功夫的真切笃实。你自己从这里下功夫倒也无妨，有一个切实用力之处，但如果把此当作定论教给别人，难免出现用药不当、导致疾病的情况，这不能不同你说明白。

所谓良知只是一个天理。良知自然明觉地呈现，就是真诚恻隐，就是良知的本体。所以在侍奉双亲上致良知的真诚恻隐就是孝,在遵从兄长上致良知的真诚恻隐就是悌,在侍奉君主上致良知的真诚恻隐就是忠。只有一个良知,只是一个真诚恻隐。如果遵从兄长的良知不能达到真诚恻隐,也就是侍奉双亲的良知不能达到真诚恻隐;如果侍奉君主的良知不能达到真诚恻隐,便是遵从兄长的良知不能达到真诚恻隐。所以,能致侍奉君主的良知,便能致遵从兄长的良知;能致遵从兄长的良知,便能致侍奉双亲的良知。并不是说辅佐君主的良知不能致,却要从侍奉双亲的良知上去扩充得来。如果这样,便是脱离了良知的本原,在细枝末节上探求了。良知只是一个,随它发挥呈现,自然完备,无来无去,无须假借于外。但是良知发挥呈现之处有轻重厚薄的区别,丝毫不能增减,这就是所谓的"天然自有之中"。虽然轻重厚薄丝毫不能增减,但良知只有一个;虽然只是一个,但其中的轻重厚薄又丝毫不能增减。如果能够增减,如果需要向外假借,那么便已不是良知真诚恻隐的本体了。这就是良知的妙用,是良知之所以没有形体却无穷无尽的缘故,也是良知"说它大,天下任何东西都装载不了它;说它小,天下任何东西都没法攻破它"的原因。

孟子说的"尧舜之道,孝悌而已",这是从人的良知最真切笃厚、不容蒙蔽之处提醒人。使得人在事君、处友、仁民、爱物,以及其他所有动静语默之间,都只是致自己那一念侍奉双亲、遵从兄长的真诚恻隐的良知,那就自然处处都符合大道了。天下的事物虽然千变万化,以至于不可穷尽,但是只要致此侍奉双亲、遵从兄长的一念真诚恻隐的良知来应对,便没有任何遗漏缺失之处,这正是只有一个良知的缘故。侍奉双亲、遵从兄长的一念良知之外,没有别的良知可以致,所以说:"尧舜之道,孝悌而已矣。"这就是"精研专一"的学问,就是放之四海而皆准,施于后世也不会过时的道理。

你说:"想在侍奉双亲、遵从兄长之中,探求我所说的良知的学问。"从自己用功得力之处来说,这是可行的。如果说用致良知的真诚恻隐来探求侍奉双亲、遵从兄长的道理,也无不可。程颢先生说:"行仁从孝悌开始,孝悌是仁的一件事,说孝悌是践行仁的根本是可以的,说孝悌是仁的根本就不对了。"他说得对。

关于"不亿不信""不逆诈""先觉"等观点,你认为"只要真诚,即便是旁门左道、刻意提防，也都是良知的运用"，这话说得很对！其中有掺杂搭配之处，前面已经讨论过了。陈九川的说法也未必是错的。对你而言，要吸取九川的观点才能完备；对九川而言，要吸取你的观点才能明白。否则你们免不了各自有偏倚的毛病。舜对浅近之言也要加以思考并向樵夫请教，并不是因为浅近之言值得思考，而是樵夫值得请教，舜才这样做。这是良知的作用呈现，自然光明莹透，毫无任何障碍，这就是所谓的大知。一有执着和私意，知就会变小。讲学中自然有取舍分辨，然而，只要心中踏实下功夫，就必须这样才对。

"尽心"三节，我曾用生知、学知、困知的说法来解释，已经十分清楚，没有可怀疑的了。尽心、知性、知天的人不必说存心、养性，事天不必说"夭寿不二，修身以俟"，而存心、养性与"修身以俟"的功夫已经在其中了。存心、养性、事天的人，虽然没有到尽心、知天的境界，然而已经在那里做探求尽心、知天的功夫了，更不必说"夭寿不二，修身以俟"，"夭寿不二，修身以俟"的功夫已然包含在其中了。

这就好比是走路，尽心、知天的人，如同年轻力壮之人，能够往返奔走于数千里之间；存心、事天的人，如同儿童，只能在院子里学习走走路；而"夭寿不二，修身以俟"的人，如同襁褓中的婴儿，只能使他扶着墙壁慢慢学习站立走动。已经往返奔走于数千里之间的人，就没有必要再让他在庭院中学习走路，因为学习走路已经不存在问题；已经能在院子里走路的人，就不必让他再扶着墙学习站立走动，因为站立走路已经不存在问题了。然而，学习站立走动是在院子里学习走路的开始；在院子里学习走路，是往来奔走于数千里之间的基础。本来就不是两件事，只不过功夫的难易程度相差悬殊。

心、性、天的本质是一样的。所以等到这三类人各自修养成功后，便是相同的。然而这三类人的品行、才能存在差异，因此不能超越自身能力去修养。我仔细思考了你的观点，你的意思是害怕尽心、知天之人，荒废了存心、修身的功夫，反而成了尽心、知天的弊病。这大概是担心圣人的功夫会有间断，却不知道担忧自己的功夫尚未真切。我们这类人用功，必须专心致志在"夭寿不二，修身以俟"上，这样就是尽心、知天功夫的开始。正如同学习起立移步便是学习奔走于千里之间的开始，我正担心自己不能起立移步，又怎么会去担心不能奔走于千里呢？更何必去担心能够奔走千里的人忘了起立移步的功夫呢？

你的见识原本就超凡脱俗，不过就你所论而言，也还是没能去掉过去讲求文义的习气，所以你才将知天、事天、夭寿不二当作三部分，进行分析综合，以求得融会贯通，结果自己添加了许多纠缠不清的想法，反而使得自己用功不够专一。近来凭空去做勿忘勿助的功夫的人正是犯了这个毛病，这个毛病最为耽误人，所以不能不彻底清除。

你认为"尊德性而道问学"一节，应当统合为一，这没有什么可疑的。这是你切实用功之后说出来的话。这本来不是生僻难懂的道理，人们却有不同的意见，这还是因为良知中尚有灰尘潜伏。如果除去这些灰尘，良知便会豁然洞见了。

信写完后，我躺在屋檐下，正好闲来无事，就再写几句。你的学问已然得到要领，这些问题时间久了也会自然明白，本不必我来细细讲解。但承蒙你的厚爱，不远千里派人请教，为了不辜负你的来意，我自然得有所回报。然而我所说的过于直白琐碎，你对我如此信任，应当不会怪罪于我吧！还请你把这封信抄几份，分别寄给九川、谦之、崇一，让他们共同分享你的一片善意。

以上南大吉录。

训蒙大意示教读刘伯颂等[1]

【一七四】

古之教者,教以人伦。后世记诵词章之习起,而先王之教亡。今教童子,惟当以孝、弟、忠、信、礼、义、廉、耻为专务。其栽培涵养之方,则宜诱之歌诗以发其志意,导之习礼以肃其威仪,讽之读书以开其知觉。今人往往以歌诗、习礼为不切时务,此皆末俗庸鄙之见,乌足以知古人立教之意哉?

大抵童子之情,乐嬉游而惮拘检。如草木之始萌芽,舒畅之则条达,摧挠之则衰痿。今教童子,必使其趋向鼓舞,中心喜悦,则其进自不能已。譬之时雨春风,沾被卉木,莫不萌动发越,自然日长月化;若冰霜剥落,则生意萧索,日就枯槁矣。故凡诱之歌诗者,非但发其志意而已,亦所以泄其跳号呼啸于咏歌,宣其幽抑结滞于音节也;导之习礼者,非但肃其威仪而已,亦所以周旋揖让而动荡其血脉,拜起屈伸而固束其筋骸也;讽之读书者,非但开其知觉而已,亦所以沉潜反复而存其心,抑扬讽诵以宣其志也。凡此皆所以顺导其志意,调理其性情,潜消其鄙吝,默化其粗顽,日使之渐于礼义而不苦其难,入于中和而不知其故,是盖先王立教之微意也。

若近世之训蒙稚者,日惟督以句读课仿,责其检束而不知导之以礼,求其聪明而不知养之以善,鞭挞绳缚,若待拘囚。彼视学舍如囹狱而不肯入,视师长如寇仇而不欲见,窥避掩覆以遂其嬉游,设诈饰诡以肆其顽鄙,偷薄庸劣,日趋下流。是盖驱之于恶而求其为善也,何可得乎?

凡吾所以教,其意实在于此。恐时俗不察,视以为迂,且吾亦将去,故特叮咛以告。尔诸教读,其务体吾意,永以为训,毋辄因时俗之言,改废其绳墨,庶成"蒙以养正"[2]之功矣,念之念之!

---

[1] 训蒙:教育儿童。教读:社学的讲师,刘伯颂应为教读之一。王阳明于明正德十三年(1518年)平定南赣农民义军后,建立社学,邀请教读,教育当地儿童。此篇是写给刘伯颂等教读看的儿童教育大纲。

[2] 语出《周易·蒙卦·象传》,意为应当培养儿童纯正的品质。

【译文】

古代的教育，是教人以人伦。后世记诵辞章的习气兴起之后，先王的教化便消亡了。如今教育儿童，应当专门将孝、悌、忠、信、礼、义、廉、耻作为重点。至于栽培涵养的具体方法，则应当以吟咏诗歌来激发他们的志趣，以学习礼仪来端庄他们的仪表，以劝勉读书来开发他们的心智。现在的人往往认为吟咏诗歌、学习礼仪是不务正业，这是鄙陋庸俗的见解，又怎么能明白古人立教的本意呢？

大致说来，儿童的天性喜欢玩乐却害怕拘束。就好像草木开始萌芽时，让它舒展地生长就能枝叶茂盛，如果摧残阻挠就会衰败矮痹。现在教育儿童也应当积极鼓励天性，使得他们心中喜悦，这样就会不断进步。这就好比是时雨春风滋润花木，花木没有不萌芽生长的；如果花木受到冰霜的侵袭，就会生意萧索，不断枯萎。所以通过吟咏诗歌，不仅可以培养他们的志趣，也是为了在吟咏中宣泄他们的精力，在音律中抒发他们的抑郁之情；通过学习礼仪，不但可以端庄仪表，也是为了在打躬作揖之中活动血脉，在叩拜屈伸之间强健筋骨；通过劝勉读书，不但可以开发他们的心智，还可以在反复讨论中存养心体，在褒贬讽誉中宣扬志气。所有这一切都是顺导他们的志趣，调理他们的性情，消除他们的鄙陋吝啬，化去他们的粗劣顽皮，使得他们日渐符合礼仪而不会感到辛苦，心中中正平和而不知不觉，这就是先王立教的深刻含义。

近世教育儿童，每天只知道督促句读的功课，严格约束却不知道用礼仪引导，只求耳聪目明却不知道用善来培养，用鞭子抽打、用绳子捆缚，像对待囚犯一样。孩子们将学校视作监狱而不肯去，将师长视如仇敌而不想见，想尽各种办法要逃学去嬉戏玩耍，弄虚作假肆意顽皮，变得庸俗低劣，日益堕落。这是驱使他们作恶却还要求他们向善，怎么做得到呢？

我教学的主张就在于此。我恐怕世俗不能明白，认为我很迂腐，加上我就要离开了，所以特意叮嘱告知。诸位教读务必体察我的用意，以此为终身的教训，不要因为世俗的言论就改辙易辙，废除我所订立的规矩，也许可以收到"在童蒙时就培养儿童纯正的品格"的功效吧！诸位务必切记！

教 约

【一七五】

每日清晨，诸生参揖毕，教读以次遍询诸生：在家所以爱亲敬长之心，得无懈忽未能真切否？温清定省之仪，得无亏缺未能实践否？往来街衢步趋礼节，得无放荡未能谨饬否？一应言行心术，得无欺妄非僻未能忠信笃敬否？诸童子务要各以实对，有则改之，无则加勉。教读复随时就事，曲加诲谕开发，然后各退，就席肄业。

【译文】

每天清晨，学生参拜行礼完毕，教读应依次提问学生：在家时热爱亲人、尊敬长辈之心，是否真切而没有懈怠？在使得父母冬暖夏凉、早晚请安的礼节上，是否能够躬身实践而没有遗漏？在街上行走时，是否注意礼节而没有放荡不羁？一切言行心思，是否欺天罔人未能做到忠信笃敬？每位学生都应如实以对，有则改之，无则加勉。教读要随时根据情况，委婉地加以启发引导，然后让他们各自退回座位上学习。

【一七六】

凡歌诗，须要整容定气，清朗其声音，均审其节调，毋躁而急，毋荡而嚣，毋馁而慑。久则精神宣畅，心气和平矣。每学量童生多寡，分为四班。每日轮一班歌诗，其余皆就收敛容肃听。每五日则总四班递歌于本学，每朔望集各学会歌于书院。

【译文】

凡是吟诵诗歌，必须整理仪容，平定呼吸，使得声音清晰明朗，节奏均匀，不急不躁，不散漫不嘈杂，不气馁不畏难。时间久了，就会感到精神舒畅，心平气和。每个学校应当根据学生的多少分为四个班。每天轮流一个班吟诵诗歌，其余的学生收敛仪容，认真聆听。每五天让四个班依次吟诵诗歌，每月初一、十五组织各学堂到书院集体吟诵。

【一七七】

凡习礼,需要澄心肃虑。审其仪节,度其容止。毋忽而惰,毋沮而怍,毋径而野,从容而不失之迂缓,修谨而不失之拘局。久则体貌习熟,德性坚定矣。童生班次皆如歌诗,每间一日则轮一班习礼,其余皆就席敛容肃观。习礼之日,免其课仿。每十日则总四班递习于本学。每朔望则集各学会习于书院。

【译文】

但凡学习礼仪时,必须澄明内心,排除杂虑。老师要认真审察学生的礼仪细节,容貌举止。不疏忽不懈怠,不拘谨不害羞,不随便不粗野,从容而不缓慢,谨慎而不紧张。时间久了,体态仪貌练习得熟练了,德性的培养也就坚定了。学生的班次同吟诵诗歌一样,每隔一天轮流一个班练习礼仪,其余的班收敛仪容,认真观看。练习礼仪的那一天,免去其他的课业。每隔十天,集合四个班在本校依次练习礼仪。每月初一、十五组织各学堂到书院练习礼仪。

【一七八】

凡授书不在徒多,但贵精熟。量其资禀,能二百字者止可授以一百字,常使精神力量有余,则无厌苦之患,而有自得之美。讽诵之际,务令专心一志,口诵心惟,字字句句,绅绎反复。抑扬其音节,宽虚其心意。久则义礼浃洽,聪明日开矣。

【译文】

老师讲课不在多,贵在精熟。根据学生的资质,能认识两百字的只教一百字,让学生的精神力量有所富余,便不会产生辛苦厌烦的情绪,反而会有收获的喜悦。在诵读之时,一定要专心致志,口中所读、心中所想,字字句句,反复体会。音节要抑扬顿挫,心胸要宽广虚静。时间久了,学生就能明白礼仪,日益聪明了。

【一七九】

每日工夫,先考德,次背书诵书,次习礼或作课仿,次复诵书讲书,次歌诗。凡习礼歌诗之类,皆所以常存童子之心,使其乐习不倦,而无暇及于邪僻。教者如此，则知所施矣。虽然，此其大略也，"神而明之，则存乎其人"[1]。

【译文】

每天的功夫，首先考察学生的品德，其次是背书、诵读，再次是练习礼仪或其他课业，再次是读书、讲课，最后是吟诵诗歌。凡是练习礼仪、吟诵诗歌，都是为了使孩童的天性能够长存，使他们乐于学习而不感到疲倦，这样就没心思去干歪门邪道之事。老师们了解了这一点，就知道该如何教育学生了。当然，这里所说的也只是个大概，"至于要明白领悟其中的神妙之处，就在于各自的努力了"。

---

[1]《周易·系辞上》："神而明之，存乎其人。"

传习录下

【一八〇】[1]

正德乙亥，九川[2]初见先生于龙江。先生与甘泉[3]先生论"格物"之说。甘泉持旧说。先生曰："是求之于外了。"甘泉曰："若以格物理为外，是自小其心也。"九川甚喜旧说之是。先生又论"尽心"一章，九川一闻却遂无疑。

后家居，复以"格物"遗质。先生答云："但能实地用功，久当自释。"山间乃自录《大学》旧本读之，觉朱子"格物"之说非是，然亦疑先生以意之所在为物，物字未明。

己卯，归自京师，再见先生于洪都[4]。先生兵务倥偬，乘隙讲授。首问："近年用功何如？"

九川曰："近年体验得'明明德'功夫只是'诚意'。自'明明德于天下'，步步推入根源，到'诚意'上再去不得，如何以前又有格致工夫？后又体验，觉得意之诚伪必先知觉乃可，以颜子'有不善未尝不知，知之未尝复行'[5]为证，豁然若无疑，却又多了格物功夫。又思来吾心之灵何有不知意之善恶？只是物欲蔽了，须格去物欲，始能如颜子未尝不知耳。又自疑功夫颠倒，

---

[1] 自此条起至第二〇〇条为陈九川所录。

[2] 九川：即陈九川（1495—1562），字惟浚，号明水，江西临川人，王阳明的学生。

[3] 甘泉：即即湛若水（1466—1560），字元明，号甘泉，明代哲学家、教育家、书法家。在思想上主张"随处体认天理"，强调"主敬"为格物功夫。

[4] 洪都：今江西南昌。

[5] 《周易·系辞下》："子曰：'颜氏之子，其殆庶几乎？有不善未尝不知，知之未尝复行也。'"

与'诚意'不成片段。后问希颜[1]，希颜曰：'先生谓格物、致知是诚意功夫，极好。'九川曰：如何是诚意功夫？希颜令再思体看。九川终不悟，请问。"

先生曰："惜哉！此可一言而悟，惟浚所举颜子事便是了。只要知身、心、意、知、物是一件。"

九川疑曰："物在外，如何与身、心、意、知是一件？"

先生曰："耳、目、口、鼻、四肢，身也，非心安能视、听、言、动？心欲视、听、言、动，无耳、目、口、鼻、四肢亦不能。故无心则无身，无身则无心。但指其充塞处言之谓之身，指其主宰处言之谓之心，指心之发动处谓之意，指意之灵明处谓之知，指意之涉着处谓之物，只是一件。意未有悬空的，必着事物，故欲诚意，则随意所在某事而格之，去其人欲而归于理，则良知之在此事者，无蔽而得致矣。此便是诚意的功夫。"

九川乃释然破数年之疑。

又问："甘泉近亦信用《大学》古本，谓'格物'犹言'造道'，又谓穷如穷其巢穴之穷，以身至之也，故格物亦只是随处体认天理。似与先生之说渐同。"

先生曰："甘泉用功，所以转得来。当时与说'亲民'字不须改，他亦不信。今论'格物'亦近，但不须换'物'字作'理'字，只还他一物字便是。"

后有人问九川曰："今何不疑'物'字？"

曰："《中庸》曰'不诚无物'，程子曰'物来顺应'，又如'物各付物''胸中无物'之类，皆古人常用字也。"他日先生亦云然。

【译文】

正德十年（1515年），我在龙江第一次见到先生。当时先生正与湛甘泉先生讨论"格物"学说。甘泉先生坚持朱子之说。先生说："这是向外探求。"甘泉先生说："如果认为探求物理是外，那是把心看小了。"我本来十分赞同朱子的旧说。先生又讲了《孟子》中"尽心"一章，我听后才对先生之学没有怀疑。

---

[1] 希颜：生平不详。陈荣捷先生认为"希颜"可能是"希渊"之误，即蔡希渊，参见第一〇〇条注。

后来先生在家闲居，我又向先生请教"格物"学说。先生回答说："只要你能踏实用功，时日久了自会明白。"在山中居住的时间，我就抄录了《大学》旧本阅读，觉得朱子"格物"之说不对，但也怀疑先生将意的所在之处当作物的说法，认为这个"物"字的含义不明白。

正德十四年（1519年），我从京城归来，于江西南昌再次拜见先生。先生当时军务繁忙，只能抽空讲学。他首先问我："近年来用功如何？"

我说："近年来体会到'明明德'的功夫只是'诚意'。从'明明德于天下'，一步一步追根溯源，到'诚意'上就推不下去了，为何'诚意'之前还有格物、致知的功夫？又经过一番体验，觉得意的诚伪必须先有知觉才行，颜回'有不善未尝不知，知之未尝复行'可以为证。于是我豁然开朗，没有疑问，却又多了一个格物的功夫。又想到，凭借心的灵明怎会不知道意念的善恶？只是被物欲遮蔽了，须格去物欲，才能像颜回那样善恶都能知道。我又开始怀疑功夫的次序是否颠倒了，使得'诚意'的功夫脱节。后来我问希颜，希颜说：'先生说格物、致知是诚意的功夫，说得极好。'我又问：'为何是诚意的功夫？'希颜让我再仔细体察看看。但是我终究未能领悟，请先生指点。"

先生说："真是可惜啊！这用一句话就能说明白，你所举的颜回的例子就可以说明问题。只要知道身、心、意、知、物是一件事就可以了。"

我疑惑地问："物在身外，怎么能够和身、心、意、知是一件事呢？"

先生说："耳、目、口、鼻、四肢，是身体的部分，但是没有心又怎能视、听、言、动呢？心要视、听、言、动，没有耳、目、口、鼻、四肢也不行。所以没有心就没有身，没有身就没有心。就其充塞于形体而言称为身，就其主宰行动而言称为心，就其发动作用而言称为意，就其意念灵明处而言称为知，就意念指涉之处而言称为物，只是一件事。意念不能悬空存在，必然指向事物。所以要诚意就要随着意所指向的事物去格，摈弃人欲使其归于天理，那么良知在这件事上就不会被蒙蔽，就可以致知了。这就是诚意的功夫。"

我几年的疑惑豁然开朗。

我又接着问："甘泉先生近来也相信《大学》旧本，认为'格物'就是'造道'，又说穷理的穷就是穷其巢穴的穷，是亲身进去的意思，所以格物也只是随处体认天理,这似乎与先生的学说有些相同。"

先生说:"甘泉肯用功,所以他能转过弯来。当时我对他说'亲民'不必改为'新民',他也不相信。如今所论的'格物'同我的观点却相近了。不过在我看来,不必把'物'字改为'理'字,仍然用'物'字就可以了。"

后来有人问我:"现在为何不怀疑'物'字了?"

我说:"《中庸》说'不诚无物',程颢说'物来顺应''物各付物''胸中无物'等,都是古人常用的字。"后来先生也这样说。

【一八一】

九川问:"近年因厌泛滥之学,每要静坐,求屏息念虑,非惟不能,愈觉扰扰。如何?"

先生曰:"念如何可息?只是要正。"

曰:"当自有无念时否?"

先生曰:"实无无念时。"

曰:"如此却如何言静?"

曰:"静未尝不动,动未尝不静。戒谨恐惧即是念,何分动静。"

曰:"周子何以言'定之以中正仁义而主静'[1]?"

曰:"'无欲故静'[2],是'静亦定,动亦定'的'定'字。'主',其本体也。戒惧之念是活泼泼地,此是天机不息处,所谓'维天之命,於穆不已'[3]。一息便是死。非本体之念即是私念。"

【译文】

九川问:"近年来因为讨厌流行的泛滥学问,每次要静坐,屏息凝神,不但做不到,反而觉得更为困扰。为何会这样?"

先生说:"念头怎么能够止息?只是要让念头中正而已。"

九川说:"那就不存在没有念头的时候了吗?"

---

[1] 语出周敦颐《太极图说》。

[2] 语出《老子》。

[3] 语出《诗经·周颂·维天之命》。

先生说:"确实没有。"

九川说:"如果这样,又该如何理解静呢?"

先生说:"静中未尝没有动,动中未尝没有静。戒谨恐惧就是念头,怎能区分动静呢?"

九川说:"周敦颐先生为何说'定之以中正仁义而主静'?"

先生说:"'无欲故静',周敦颐先生所说的'静',就是程子所说的'静亦定,动亦定'的'定'字。'主'是指本体。戒慎恐惧的念头是活泼的,这正是天机流动不息之处,所谓'维天之命,於穆不已'。一旦停息就是死亡。不是从本体发出来的念头便是私念。"

【一八二】

又问:"用功收心时,有声、色在前,如常闻见,恐不是专一?"

曰:"如何欲不闻见?除是槁木死灰,耳聋目盲则可。只是虽闻见而不流去便是。"

曰:"昔有人静坐,其子隔壁读书,不知其勤惰。程子称其甚敬[1]。何如?"

曰:"伊川恐亦是讥他。"

【译文】

九川又问:"当用功专心的时候,如果有声色在面前,还一如往常去看、去听,恐怕就不是专一了?"

先生说:"怎么能够想不看、不听呢?除非身如槁木、心如死灰、耳聋目盲的人才能够做到。只要心不随着所看、所听的东西流转就是了。"

九川说:"从前有人静坐,他的儿子在隔壁读书,他却不知道儿子是勤奋还是懒惰。程颐先生称赞他能够持敬,为何?"

先生说:"伊川先生恐怕是在讥讽他。"

---

[1]《河南程氏遗书》卷二:"许渤与其子隔一窗而寝,乃不闻其子读书与不读书。先生谓:'此人持敬如此。'"

【一八三】

又问:"静坐用功,颇觉此心收敛。遇事又断了,旋起个念头去事上省察。事过又寻旧功,还觉有内外,打不作一片。"

先生曰:"此'格物'之说未透。心何尝有内外?即如惟浚今在此讲论,又岂有一心在内照管?这听讲说时专敬,即是那静坐时心。功夫一贯,何须更起念头?人须在事上磨炼,做功夫乃有益。若只好静,遇事便乱,终无长进。那静时功夫亦差似收敛,而实放溺也。"

后在洪都,复与于中[1]、国裳[2]论内外之说,渠皆云:"物自有内外,但要内外并着功夫,不可有间耳。"以质先生。

曰:"功夫不离本体,本体原无内外。只为后来做功夫的分了内外,失其本体了。如今正要讲明功夫不要有内外,乃是本体功夫。"是日俱有省。

【译文】

九川又问:"静坐用功,颇能感到内心的收敛。遇到事情又中断了,马上起个念头到事上反省体察。事情过后又寻找以前的功夫,仍然觉得内与外有差别,无法融为一体。"

先生说:"这是对格物的学说理解得不透彻。心何曾区分内外?就像你现在在这里讲论学问,难道还有一个心在里面起作用吗?在这里听讲时专心恭敬,就是静坐时的心。功夫是一以贯之的,何必再起一个念头?人必须在事情上磨炼,功夫才会有长进。如果一味地喜欢静守,遇到事情便乱了方寸,终究没有长进。那种一味求静的功夫看似在收敛,其实却在放纵心体。"

后来在南昌,我又和于中、国裳讨论内与外的学说,他俩都说:"事物原本有内外之分,只是要内外一起用功,不能有所间隔。"九川就此请教先生。

先生说:"功夫离不开本体,本体原无分内外。只是后来做功夫的人将其区分为内外,故而失却了功夫的本然面貌。现在正是要讲清楚,功夫不必有内外,才是有本体的功夫。"这一天大家都有所领悟。

---

[1] 于中:陈荣捷先生认为"于中"为"子中"之误。夏良胜,字子中,与陈九川交往密切。

[2] 国裳:即舒芬(1487—1527),字国裳,号梓溪,江西进贤人,尤善经学。

【一八四】

又问:"陆子之学何如?"

先生曰:"濂溪、明道之后,还是象山,只是粗些。"

九川曰:"看他论学,篇篇说出骨髓,句句似针膏肓,却不见他粗。"

先生曰:"然。他心上用过功夫,与揣摹依仿、求之文义自不同,但细看有粗处,用功久当见之。"

【译文】

九川又问:"陆九渊先生的学问如何?"

先生说:"周敦颐、程颢以后,还数陆九渊的学问最得圣道,只是粗糙了些。"

九川说:"我看他讨论学问,篇篇都道出了精髓,句句都是针砭膏肓,并没有看出粗糙之处。"

先生说:"是的。他在心体上下过功夫,与只是揣摩效仿、在字义上探求的学问当然不同,但仔细看看还是有粗糙之处的,你用功久了自然看得到。"

【一八五】

庚辰往虔州[1]再见先生,问:"近来功夫虽若稍知头脑,然难寻个稳当快乐处。"

先生曰:"尔却去心上寻个天理,此正所谓'理障'[2]。此间有个诀窍。"

曰:"请问如何?"

曰:"只是致知。"

曰:"如何致?"

曰:"尔那一点良知,是尔自家底准则。尔意念着处,他是便知是、非便知非,更瞒他一些不得。尔只不要欺他,实实落落依着他做去,善便存、恶便去,他这里何等稳当快乐!此便是'格物'的真诀,'致知'的实功。若不靠着这些真机,如何去格物?我亦近年体贴出来如此分明,初犹疑只依他恐有不

---

[1] 即今江西赣江。

[2] 理障:佛家用语,即执着于求理,使得理成为障碍。

足，精细看，无些小欠阙。"

【译文】

正德十五年（1520年），我到虔州再次拜见先生，问："近来我下功夫虽然稍微知道些关键，却很难找到一个安心愉悦的境界。"

先生说："你要在心上寻找天理，这就是所谓'理障'。这当中有个诀窍。"

九川问："请问是什么诀窍？"

先生说："就是致知。"

九川说："要如何致知？"

先生说："你那一点良知，是你自己的准则。你的意念所到之处，对就是对，错就是错，一点不得隐瞒。你只要不欺骗它，踏踏实实地按照它的指示去做，善念便存、恶念便去，这是何等的安心愉悦！这便是'格物'的秘诀，便是'致知'的实在功夫。如果不依靠这真正的关键，要怎么去格物？我也是近年来才体会得这样明白，刚开始还怀疑仅仅依靠良知恐怕不够，仔细体察后才发现丝毫不曾欠缺。"

【一八六】

在虔与于中、谦之同侍。先生曰："人胸中各有个圣人，只自信不及，都自埋倒了。"因顾于中曰，"尔胸中原是圣人。"

于中起，不敢当。

先生曰："此是尔自家有的，如何要推？"

于中又曰："不敢。"

先生曰："众人皆有之，况在于中？却何故谦起来？谦亦不得。"

于中乃笑受。

又论："良知在人，随你如何，不能泯灭。虽盗贼亦自知不当为盗。唤他作贼，他还忸怩。"

于中曰："只是物欲遮蔽。良心在内，自不会失。如云自蔽日，日何尝失了？"

先生曰："于中如此聪明，他人见不及此。"

【译文】

在虔州时，九川与于中、谦之一起陪同先生。先生说："每个人胸中都有圣人，只因自信不够，自己把心中的圣人给埋没了。"于是先生看着于中说，"你胸中本来有个圣人。"

于中站起来，表示不敢当。

先生说："这是你自己本就有了，为何要推辞呢？"

于中又说："不敢。"

先生说："大家都有，何况你于中？为何要谦让起来？这是谦让不得的。"

于中才笑着接受。

先生又说："良知在人心中，无论你如何做，都无法泯灭它。即便是盗贼也知道不应当做盗贼。喊他是贼，他还不好意思。"

于中说："这只是由于物欲遮蔽。良知在心中，自然不会丧失。好比乌云蔽日，太阳又何曾丧失？"

先生说："于中你如此聪明，别人未必有你这样的见识。"

【一八七】

先生曰："这些子看得透彻，随他千言万语，是非诚伪，到前便明。合得的便是，合不得的便非，如佛家说'心印'[1]相似。真是个试金石、指南针。"

【译文】

先生说："把这些道理认识透彻，无论千言万语，是非真假，一看便明白。符合的就对，不符合的就错，好比佛家说的'心印'一样，真是个试金石、指南针。"

【一八八】

先生曰："人若知这良知诀窍，随他多少邪思枉念，这里一觉，都自消融。真个是'灵丹一粒，点铁成金'。"

---

[1] 心印：佛家语，意为不诉诸语言文字，而以心相印证。

【译文】

先生说:"人如果知道良知这个诀窍,无论有多少邪思枉念,只要良知一觉察,自然会消除。真是'灵丹一粒,点铁成金'。"

【一八九】

崇一曰:"先生致知之旨发尽精蕴,看来这里再去不得。"

先生曰:"何言之易也!再用功半年看如何?又用功一年看如何?功夫愈久,愈觉不同。此难口说。"

【译文】

崇一说:"先生把致良知的宗旨阐释得淋漓尽致,看来在这个问题上已经没有深入的余地了。"

先生说:"怎么能说得如此容易!你再用半年功夫看看如何?再用一年功夫看看如何?功夫越久,越觉得不同。这很难用语言表达清楚。"

【一九〇】

先生问:"九川于致知之说体验如何?"

九川曰:"自觉不同。往时操持常不得个恰好处,此乃是恰好处。"

先生曰:"可知是体来与听讲不同。我初与讲时,知尔只是忽易,未有滋味。只这个要妙,再体到深处,日见不同,是无穷尽的。"

又曰:"此'致知'二字,真是个千古圣传之秘,见到这里,'百世以俟圣人而不惑'。"

【译文】

先生问:"九川你对致良知的学说体会得怎样了?"

九川说:"感觉同以前不一样了。以前操持时常常不能恰到好处,现在可以了。"

先生说:"由此可知体会到的与听到的不一样。我刚同你讲的时候,知道你稀里糊涂,体会不到什么。从恰到好处再往下深入,每天都会有所不同,没有穷尽。"

先生又说:"这'致知'二字,真是千百年来圣贤流传的秘密,懂得这个道理,便能'百年以后圣人复出也不会有疑惑'。"

【一九一】

九川问曰:"伊川说到'体用一原,显微无间'处,门人已说是泄天机[1]。先生致知之说,莫亦泄天机太甚否?"

先生曰:"圣人已指以示人,只为后人掩匿,我发明耳,何故说泄?此是人人自有的,觉来甚不打紧一般。然与不用实功人说,亦甚轻忽,可惜彼此无益;与实用功而不得其要者提撕之,甚沛然得力。"

【译文】

九川问:"程颐先生谈到'体用一原,显微无间'时,学生说他泄露天机。先生致知的学说,莫不是泄露了太多天机?"

先生说:"圣人早已把致知的学问指示给人看,只是被后人掩盖了,我不过是把它揭示出来罢了,怎么能说是泄露天机呢?良知是人人具有的,只是人们无知无觉罢了。如果对那些不肯切实下功夫的人说,他们对此肯定十分轻视,对彼此都没有益处;如果对那些肯切实用功却不得要领的人讲明白,对他们就大有裨益了。"

【一九二】

又曰:"知来本无知,觉来本无觉。然不知则遂沦埋。"

【译文】

先生又说:"知道了才知道本无所谓知道,觉悟了才发现本无所谓觉悟。但如果不知道,那么自己的良知便会沦陷、埋没。"

【一九三】

先生曰:"大凡朋友,须箴规指摘处少,诱掖奖劝意多,方是。"

后又戒九川云:"与朋友论学,须委曲谦下,宽以居之。"

---

[1] 语出《河南程氏外书》卷十二。

【译文】

先生说:"但凡对待朋友,应当少一些批评指摘,多一些劝导鼓励才好。"

而后先生又告诫九川,说:"与朋友讨论学问,应当谦虚委婉,宽以待人。"

【一九四】

九川卧病虔州。

先生云:"病物亦难格,觉得如何?"

对曰:"功夫甚难。"

先生曰:"常快活便是功夫。"

【译文】

九川在虔州生病了。

先生说:"病这一事物很难格正,你觉得如何?"

九川说:"这个功夫确实很难。"

先生说:"时常保持快活就是功夫。"

【一九五】

九川问:"自省念虑,或涉邪妄,或预料理天下事,思到极处,井井有味,便缱绻难屏。觉得早则易,觉迟则难。用力克治,愈觉扞格。惟稍迁念他事,则随两忘。如此廓清亦似无害。"

先生曰:"何须如此,只要在良知上着功夫。"

九川曰:"正谓那一时不知。"

先生曰:"我这里自有功夫,何缘得他来?只为尔功夫断了,便蔽其知。既断了,则继续旧功便是。何必如此?"

九川曰:"直是难鏖。虽知,丢他不去。"

先生曰:"须是勇。用功久,自有勇。故曰'是集义所生者'。胜得容易,便是大贤。"

【译文】

九川问:"我反省自己的念头思虑,有时涉及邪恶妄念,有时又思考平治天下,想得最深的时候,感觉到津津有味,难以摈去。发现得早还容易去除,发现得晚就很难去除。用力克制,愈发觉得难以抵挡。只有去想别的事才能忘掉。这样清除思虑好像也没什么害处。"

先生说:"何须如此?只需要在良知上下功夫。"

九川说:"我说的正是良知不在的时候。"

先生说:"我这里自然是有功夫的,怎么会出现你说的这种情况呢?只因为你的功夫间断了,蒙蔽了良知。既然功夫间断了,继续原来的功夫便可。何必要那样做呢?"

九川说:"那真是一场鏖战。虽然知道却又去不掉。"

先生说:"这需要勇气。用功久了,自然勇敢。所以说'是集义所生者'。如果能轻易战胜思虑,便是大贤人了。"

【一九六】

九川问:"此功夫却于心上体验明白,只解书不通。"

先生曰:"只要解心。心明白,书自然融会。若心上不通,只要书上文义通,却自生意见。"

【译文】

九川问:"致良知的功夫虽能在心上体验明白,却解释不通书上的文句。"

先生说:"只需要在心中理解便可。心中明白,书上的文句自然融会贯通。如果心中不通透,只想在书中的文义上求通透,却会生出许多其他意思来。"

【一九七】

有一属官,因久听讲先生之学,曰:"此学甚好,只是簿书讼狱繁难,不得为学。"

先生闻之,曰:"我何尝教尔离了簿书讼狱悬空去讲学?尔既有官司之事,便从官司的事上为学,才是真格物。如问一词讼,不可因其应对无状,起个怒心；不可因他言语圆转，生个喜心；不可恶其嘱托，加意治之；不可因其请求，屈意从之；不可因自己事务烦冗，随意苟且断之；不可因旁人潜毁罗织，随人意思处之。这许多意思皆私，只尔自知，须精细省察克治，惟恐此心有一毫偏倚，杜人是非。这便是格物、致知。簿书讼狱之间，无非实学。若离了事物为学，却是着空。"

【译文】

有一位先生的属官，长期听先生讲学，说道："先生您的学问十分好，可是文书、断案繁杂困难，无暇去学习。"

先生听到这句话，说："我何时教你离开文书、断案凭空去做学问？你既然要处理官司，便在处理官司上做学问，这才是真正的格物。比如断案，不能因当事人回答时无礼就发怒；不能因其言辞婉转就高兴；不能因厌恶其说情就故意惩罚；不能因其苦苦哀求就屈意答应；不能因自己事务繁冗就随意糊弄；不能因旁人诋毁、罗织罪名就听之任之。这许多的情况都是私意在作祟，只有你自己知道，必须精细体察、反省克制，唯恐心中有一丝一毫的偏移就错断了案件的是非。这就是格物，就是致知。文书、断案之间，无非都是实实在在的学问。如果离开了事物去做学问，反而会落空。"

【一九八】

虔州将归，有诗别先生云："良知何事系多闻，妙合当时已种根。好恶从之为圣学，将迎无处是乾元。"

先生曰："若未来讲此学，不知说'好恶从之'从个甚么。"

敷英在座，曰："诚然。尝读先生《大学古本序》，不知所说何事。及来听讲许时，乃稍知大意。"

【译文】

我将要离开虔州时，写了一首诗向先生告别："良知何事系多闻，妙合当时已种根。好恶从之为圣学，将迎无处是乾元。"

先生说："你如果没有来此讨论学问，那么就不知道'好恶从之'的'从'说的是什么意思。"

敷英也在座，说："是啊！我曾经读先生的《大学古本序》，不知道说的是什么。在这里听讲了一段时日，才稍稍明白其中的大意。"

【一九九】

于中、国裳辈同侍食。

先生曰："凡饮食只是要养我身，食了要消化。若徒蓄积在肚里，便成痞了，如何长得肌肤？后世学者博闻多识，留滞胸中，皆伤食之病也。"

【译文】

于中、国裳等人陪同先生吃饭。

先生说："但凡饮食都是为了滋养我们的身体，吃了就要消化。如果只是把食物积蓄在肚子里，就成了不消化的肿块，如何能够滋养身体？后世的学者博闻多识，却把知识滞留在胸中，这都是患了消化不良的毛病。"

【二〇〇】

先生曰："圣人亦是'学知'，众人亦是'生知'。"

问曰："何如？"

曰："这良知人人皆有，圣人只是保全无些障蔽，兢兢业业、亹亹翼翼，自然不息，便也是学。只是生的分数多，所以谓之'生知安行'。众人自孩提之童，莫不完具此知，只是障蔽多，然本体之知自难泯息，虽问学克治，也只凭他。只是学的分数多，所以谓之'学知利行'。"

【译文】

先生说："圣人也是'学而知之'，众人也是'生而知之'。"

九川问："怎么理解？"

先生说："良知人人具有，圣人只是保全得好而没有受到任何蒙蔽，兢兢业业、勤勤恳恳，良知自然不息，这也是学。只是天生的成分多，所以说圣人'生知安行'。常人从孩提时代也都具有完备的良知，只是遮蔽得多，然而本体的良知难以泯灭、止息，虽然通过学问克制的功夫，但也只是凭借天生的良知。只是通过学习的成分多，所以才说常人是'学知利行'。"

【二〇一】[1]

黄以方[2]问:"先生格致之说,随时格物以致其知,则知是一节之知,非全体之知也,何以到得'溥博如天,渊泉如渊'地位?"

先生曰:"人心是天、渊。心之本体无所不该,原是一个天,只为私欲障碍,则天之本体失了;心之理无穷尽,原是一个渊,只为私欲窒塞,则渊之本体失了。如今念念致良知,将此障碍窒塞一齐去尽,则本体已复,便是天、渊了。"乃指天以示之曰,"比如面前见天是昭昭之天,四外见天也只是昭昭之天,只为许多房子墙壁遮蔽,便不见天之全体。若撤去房子墙壁,总是一个天矣。不可道跟前天是昭昭之天,外面又不是昭昭之天也。于此便见一节之知即全体之知,全体之知即一节之知,总是一个本体。"

以下门人黄直录。

【译文】

黄直问:"先生格物致知的学说,是随时格物来实现其良知,这样就使得知只是一部分的知,而非全体的知。这如何能够达到《中庸》所说的'溥博如天,渊泉如渊'的境界呢?"

先生说:"人心就是天、就是渊。心的本体无所不括,它原本就是一个天,只是被私欲蒙蔽,才丧失了天的本来面目;心中的天理无穷无尽,原本就是一个渊,只是被私欲阻塞,才失去了作为渊的本体。现在念念不忘致良知,将这些障碍一并去除,恢复心的本体,便是天和渊了。"先生就指着天接着说,"比如面前的天是晴朗的天,在外面看到的天也是晴朗的天,只是被许多房子墙壁遮蔽了,便看不见天的全体。如果撤去房子墙壁,就是一个天而已。不能说眼前的天是晴朗的天,外面的天就不是晴朗的天了。由此可见,部分的良知就是全体的良知,全体的良知就是部分的良知,总之只是一个本体。"

此条及以下内容是弟子黄直所录。

---

[1] 自此条起至第二一五条为黄直所录。

[2] 黄以方:即黄直,字以方,江西金溪人,王阳明弟子。

【二〇二】

先生曰:"圣贤非无功业气节,但其循着这天理则便是道。不可以事功气节名矣。"

【译文】

先生说:"圣贤并非没有建功立业的志向,只是他们遵循天理,这就是道。圣贤并不以功绩而闻名。"

【二〇三】

"'发愤忘食'[1]是圣人之志如此,真无有已时;'乐以忘忧'是圣人之道如此,真无有戚时。恐不必云得不得也。"[2]

【译文】

先生说:"'发愤忘食',圣人的志向就是如此,真是没有止息的时候;'乐以忘忧',圣人的道路就是如此,真是没有忧伤的时候。恐怕不必去说什么得或者不得。"

【二〇四】

先生曰:"我辈致知,只是各随分限所及。今日良知见在如此,只随今日所知扩充到底;明日良知又有开悟,便从明日所知扩充到底。如此方是精一功夫。与人论学,亦须随人分限所及。如树有这些萌芽,只把这些水去灌溉,萌芽再长,便又加水。自拱把以至合抱,灌溉之功皆是随其分限所及。若些小萌芽,有一桶水在,尽要倾上,便浸坏他了。"

【译文】

先生说:"我们致良知也只是各人尽各人的力。今天良知认识到这个程度,就根据今天的认识扩充到底;明天良知又进一步领悟,就根据明天的认知扩充到底。这就是精研专一的功夫。与别人讨论学问,也必须根据对方的能力所

---

[1]《论语·述而》:"叶公问孔子于子路,子路不对。子曰:'女奚不曰,其为人也,发愤忘食,乐以忘忧,不知老之将至云尔。'"

[2] 朱熹《论语集注》:"未得,则发愤以忘食;已得,则乐之而忘忧。"

及。好比树木刚刚萌芽，只用一点水去灌溉，树芽长大些，便加些水。树木从两手合握的大小到双臂合抱的大小，灌溉的多少都是根据树的大小来决定的。如果只是小小的树芽，却把一桶水都浇上去，就会把树给浸坏了。"

【二〇五】

问知行合一。

先生曰："此须识我立言宗旨。今人学问，只因知行分作两件，故有一念发动，虽是不善，然却未曾行，便不去禁止。我今说个知行合一，正要人晓得一念发动处便即是行了。发动处有不善，就将这不善的念克倒了，须要彻根彻底，不使那一念不善潜伏在胸中。此是我立言宗旨。"

【译文】

有人向先生请教知行合一。

先生说："这就必须了解我的立言宗旨。今人的学问，把知与行分作两件事，所以有一个念头发动，即便是不善的，只因为没有去实行，就不去禁止它。我如今说知行合一，正是要人晓得一念发动之处便已经是实行了。意念发动之处有不善，就要将这个不善的念头克去，需要彻底根除，使得不善之念不能在心中潜伏。这就是我的立言宗旨。"

【二〇六】

"圣人无所不知，只是知个天理；无所不能，只是能个天理。圣人本体明白，故事事知个天理所在，便去尽个天理。不是本体明后，却于天下事物都便知得，便做得来也。天下事物，如名物度数、草木鸟兽之类，不胜其烦，圣人须是本体明了，亦何缘能尽知得？但不必知的，圣人自不消求知；其所当知的，圣人自能问人，如'子入太庙，每事问'[1]之类。先儒谓'虽知亦问，敬谨之至'[2]，此说不可通。圣人于礼乐名物不必尽知，然他知得一个天理，便自有许多节文度数出来。不知能问，亦即是天理节文所在。"

---

[1] 语出《论语·八佾》。

[2] 朱熹《论语集注》引用尹和靖语："礼者，敬而已矣。虽知亦问，谨之至也。"

【译文】

先生说:"圣人无所不知,知只是知道天理;圣人无所不能,能也只是能发扬天理。圣人之心本都明白,所以在每一件事上都知道天理的所在,就去穷尽其中的天理。并不是心的本体明白后,对于天下的事物都能懂得、都能做得。天下的事物,如名物度数、草木鸟兽等,不计其数,就算圣人的心体再明白,但又怎能全部知道呢?只是那些不必去知道的,圣人不必去知;对于那些应当知道的,圣人自然会向人请教,比如'孔子进入太庙,每件事都要问'等。朱熹先生引用尹和靖的话,说'孔子虽然知道也还要问,这是极其虔敬谨慎的表现',这种说法说不通。圣人对于礼乐名物不必都知道,但是他知道一个天理,就自然会明白许多规矩法则。不知就问,这也是天理的法则。"

【二〇七】

问:"先生尝谓善恶只是一物。善恶两端,如冰炭相反,如何谓只一物?"

先生曰:"至善者,心之本体。本体上才过当些子,便是恶了。不是有一个善,却又有一个恶来相对也。故善恶只是一物。"

直因闻先生之说,则知程子所谓"善固性也,恶亦不可不谓之性"[1],又曰"善恶皆天理。谓之恶者本非恶,但于本性上过与不及之间耳"[2],其说皆无可疑。

【译文】

黄直问:"先生曾说善恶只是一个东西。然而善与恶就如同冰与炭,相互对立,怎么能说只是一个东西?"

先生说:"至善是心的本体。本体上稍稍过分一些,便是恶。并不是有一个善,还有一个恶与善相对。所以善恶只是一个东西。"

黄直听了先生的解释,就明白了程颐先生所说的"善固然是性,恶也不能不说是性",以及"善恶都是天理使然。即便说它是恶也并非本来就是恶的,

---

[1] 语出《河南程氏遗书》卷一。
[2] 程颢《河南程氏遗书》卷二:"天下善恶皆天理,谓之恶者本非恶,但过或不及,便如此。"

只是在本性上稍稍有过或不及罢了"，黄直对于这些说法都没有疑问了。

【二〇八】

先生尝谓："人但得好善如好好色，恶恶如恶恶臭，便是圣人。"

直初时闻之，觉甚易，后体验得来，此个功夫着实是难。如一念虽知好善恶恶，然不知不觉，又夹杂去了。才有夹杂，便不是好善如好好色、恶恶如恶恶臭的心。善能实实的好，是无念不善矣；恶能实实的恶，是无念及恶矣。如何不是圣人？故圣人之学，只是一诚而已。

【译文】

先生曾说："人只要像喜欢美色那样喜欢善德，讨厌恶臭那样讨厌恶行，便是圣人了。"

黄直刚听闻时，觉得这很容易，后来仔细体会才觉得，这个功夫着实很难。比如心里的念头虽然知道好善恶恶，然而不知不觉间又会夹杂别的意念。一旦夹杂了别的意念，就不是如喜欢美色那般喜欢善德、如讨厌恶臭那样讨厌恶行的心了。能切实地喜欢善德，那么就没有念头是不善了；能切实地厌恶恶行，就没有念头是恶的了。这样怎么不是圣人呢？所以圣人的学说，只是一个诚罢了。

【二〇九】

问《修道说》[1]言"率性之谓道"属圣人分上事、"修道之谓教"属贤人分上事。

先生曰："众人亦率性也，但率性在圣人分上较多，故'率性之谓道'属圣人事。圣人亦修道也，但修道在贤人分上多，故'修道之谓教'属贤人事。"

又曰："《中庸》一书，大抵皆是说修道的事，故后面凡说君子，说颜渊，说子路，皆是能修道的；说小人，说贤、知、愚、不肖，说庶民，皆是不能修道的。其它言舜、文、周公、仲尼，至诚至圣之类，则又圣人之自能修道者也。"

---

[1] 见《王文成公全书》卷七。

【译文】

有人就先生的《修道说》中所讲的"率性之谓道"属于圣人的分内事、"修道之谓教"属于贤人的分内事请教先生。

先生说:"常人也能率性,但率性在圣人处表现得多,所以'率性之谓道'属于圣人之事。圣人也能修道,但修道在贤人处表现得多,所以'修道之谓教'属于贤人之事。"

先生又说:"《中庸》这本书,大体上都是讲修道的事,所以后面但凡说到君子,说颜回、子路,都是指能修道的人;说到小人,说贤、知、愚、不肖,说百姓,都是不能修道的人。其他诸如说舜、文王、周公、孔子的,都是至诚至圣的人,这些人又是圣人之中能够自然而然修道的人。"

【二一〇】

问:"儒者到三更时分,扫荡胸中思虑,空空静静,与释氏之静只一般。两下皆不用,此时何所分别?"

先生曰:"动静只是一个。那三更时分空空静静的,只是存天理,即是如今应事接物的心。如今应事接物的心,亦是循此天理,便是那三更时分空空静静的心。故动静只是一个,分别不得。知得动静合一,释氏毫厘差处亦自莫掩矣。"

【译文】

有人问:"儒者到了三更时分,扫清胸中的思虑,空空荡荡,与佛家所说的静是一样的。这时儒佛两家的功夫都不发挥作用,又要如何区别它们呢?"

先生说:"动和静只是一回事。三更时分心中空空荡荡,也只是存养天理,就是现在待人接物的心。现在待人接物的心,也只是依循这个天理,也就是那三更时分空空荡荡的心。所以动和静是一回事,没法分别。明白动静合一的道理,佛家与儒家的细微差别就能自然明白了。"

【二一一】

门人在座,有动止甚矜持者。先生曰:"人若矜持太过,终是有弊。"

曰:"矜持太过,如何有弊?"

曰："人只有许多精神，若专在容貌上用功，则于中心照管不及者多矣。"

有太直率者。先生曰："如今讲此学，却外面全不检束，又分心与事为二矣。"

【译文】

在座学生中，有人举止过于矜持。先生说："人如果过于矜持，终究是有弊端。"

那人问："过于矜持，有什么弊端？"

先生说："人只有这些精神，如果专门在容貌上用功，就会无暇顾及照管心体了。"

有的学生十分粗率。先生说："现在讲求这个学问，却在容貌礼仪上不加检点，又是将心与事一分为二了。"

【二一二】

门人作文送友行，问先生曰："作文字不免费思，作了后又一二日常记在怀。"

曰："文字思索亦无害，但作了常记在怀，则为文所累，心中有一物矣，此则未可也。"

又作诗送人。先生看诗毕，谓曰："凡作文字要随我分限所及，若说得太过了，亦非'修辞立诚'[1]矣。"

【译文】

有一位学生写文章为朋友送行，问先生："写文章难免费心思，写完之后一两天又时时记得。"

先生说："思索写文章也没什么害处，只是写完之后时时记得，则确实被文字所拖累。心中滞留着一个事物，这就不太好。"

又有人写诗送人。先生看完说："凡是写作诗文都要量力而行，如果说得太过，也就不是'以诚挚之心修文立辞'了。"

---

[1]《周易·乾卦·文言》："修辞立其诚，所以居业也。"

【二一三】

"文公'格物'之说,只是少头脑。如所谓'察之于念虑之微',此一句不该与'求之文字之中,验之于事为之著,索之讲论之际'[1]混作一例看。是无轻重也。"

【译文】

"朱子格物之说,只是缺少个关键。比如他说'在念虑的细微之处体察',这一句不该与'在文字之中探求,在事物的显著之处验证,在讲学讨论之中求索'混在一起。这就是无分轻重。"

【二一四】

问"有所忿懥"[2]一条。

先生曰:"忿懥几件,人心怎能无得,只是不可有所耳。凡人忿懥,着了一分意思,便怒得过当,非廓然大公之体了。故有所忿懥,便不得其正也。如今于凡忿懥等件,只是个物来顺应,不要着一分意思,便心体廓然大公,得其本体之正了。且如出外见人相斗,其不是的,我心亦怒。然虽怒,却此心廓然,不曾动些子气。如今怒人,亦得如此,方才是正。"

【译文】

有人向先生请教《大学》中"有所忿懥"一节。

先生说:"愤怒等情绪,人心中怎会没有,只是不应该留驻而已。常人在愤怒时,多加了一分意思,便愤怒过当,不是公正宽广的心体。所以心中有所愤怒,心就无法维持中正。现在对于愤怒等情绪,只要物来而顺应便可,不要添加自己的一分意思,就是心体的广阔公正,得到心体本然的中正了。就好比外出看见有人在打斗,对于错的一方,我也会愤怒。然而我虽然愤怒,但心中是公正的,不会动气。现在对他人发怒时,也应如此,这才是心体的中正。"

---

[1] 四句皆出自朱熹《大学或问》,是朱子格物学说的四个方面。

[2] 《大学》:"身有所忿懥,则不得其正;有所恐惧,则不得其正;有所好乐,则不得其正;有所忧患,则不得其正。"

【二一五】

先生尝言："佛氏不着相[1]，其实着了相。吾儒着相，其实不着相。"

请问。

曰："佛怕父子累，却逃了父子；怕君臣累，却逃了君臣；怕夫妇累，却逃了夫妇。都是为个君臣、父子、夫妇着了相，便须逃避。如吾儒，有个父子，还他以仁；有个君臣，还他以义；有个夫妇，还他以别。何曾着父子、君臣、夫妇的相？"

【译文】

先生曾说："佛家不执着于相，实则执着于相。我们儒家貌似执着于相，实则不执着于相。"

黄直向先生请教。

先生说："信佛的人害怕被父子关系牵累，就抛弃父子之情；害怕被君臣关系牵累，就抛弃君臣之义；害怕被夫妇关系连累，就抛弃夫妇之别。这都是执着于君臣、父子、夫妇的相，所以才想逃避。像我们儒家，有父子关系，便待之以仁；有君臣关系，便待之以义；有夫妇关系，便待之以别。何尝执着于父子、君臣、夫妇的相呢？"

【二一六】

黄勉叔问："心无恶念时，此心空空荡荡的，不知亦须存个善念否？"

先生曰："既去恶念，便是善念，便复心之本体矣。譬如日光被云来遮蔽，云去光已复矣。若恶念既去，又要存个善念，即是日光之中添燃一灯。"

以下门人黄修易[2]录[3]。

【译文】

黄修易问："心中没有恶念时，空空荡荡，不知道是否需要存养善念呢？"

先生说："既然去除了恶念，自然就是善念，就是恢复心的本体了。好比太

---

[1] 相：佛家用语。即事物的外在表现，与"性"相对。

[2] 黄修易：字勉叔，王阳明的弟子，余不详。

[3] 自此则起至第二二五条为黄修易所录。

阳的光芒被乌云遮住，乌云过后光又重现了。如果恶念已经除去，又要存个善念，就像是在阳光下去点一盏灯。"

此条及以下内容是弟子黄修易所录。

【二一七】

问："近来用功，亦颇觉妄念不生，但腔子里黑窣窣的，不知如何打得光明？"

先生曰："初下手用功，如何腔子里便得光明？譬如奔流浊水，才贮在缸里，初然虽定，也只是昏浊的。须俟澄定既久，自然渣滓尽去，复得清来。汝只要在良知上用功，良知存久，黑窣窣自能光明矣。今便要责效，却是助长，不成功夫。"

【译文】

黄修易问："近来用功，颇有妄念不生的感觉，但心里漆黑一片，不知如何使它光明起来？"

先生说："起初用功，怎么能使得心里光明？好比汹涌的浊水，才贮藏在缸里，虽然静止不动了，也还是浑浊的。必须澄定的时间长了，水中的渣滓才会沉淀下来，才会变为清水。你只要在良知上下功夫，良知存养久了，漆黑的地方自然能光明起来。如今你要求速效，却有揠苗助长的毛病，不是真正的功夫。"

【二一八】

先生曰："吾教人致良知，在格物上用功，却是有根本的学问，日长进一日，愈久愈觉精明。世儒教人事事物物上去寻讨，却是无根本的学问。方其壮时，虽暂能外面修饰，不见有过，老则精神衰迈，终须放倒。譬如无根之树，移栽水边，虽暂时鲜好，终久要憔悴。"

【译文】

先生说："我教人致良知，要在格物上下功夫，这是有根的学问，一天比一天进步，用功越久就越精进、明白。俗儒教人在事事物物上探求，这是没有根的学问。当他年轻力壮时，虽然能暂时修饰外表，看不出有什么过错，但年老时精神衰败，就会支持不住。好比无根之木，移栽到水边，虽然暂时生机勃勃，但终究会憔悴枯死。"

【二一九】

问"志于道"[1]一章。

先生曰："只'志道'一句便含下面数句功夫，自住不得。譬如做此屋，'志于道'是念念要去择地鸠材，经营成个区宅；'据德'却是经画已成，有可据矣；'依仁'却是常常住在区宅内，更不离去；'游艺'却是加些画采，美此区宅。艺者，义也，理之所宜者也。如诵诗、读书、弹琴、习射之类，皆所以调习此心，使之熟于道也。苟不志道而游艺，却如无状小子，不先去置造区宅，只管要去买画挂、做门面，不知将挂在何处。"

【译文】

有人向先生请教《论语》"志于道"这一节。

先生说："只'志于道'一句话便涵盖了下面几句的功夫，自然不能停留在'志于道'上。好比盖房子，'志于道'是去挑选木材，改成房屋；'据德'则是房屋建成后，可以居住、依靠了；'依仁'是要常常住在房子里，不再离开；'游艺'则是装点、美化这个房子。艺就是义，是天理的合宜之处。比如诵诗、读书、弹琴、射箭等，都是为了调养本心，使其能够熟稔于道。如果不先'志于道'就去'游于艺'，就像是一个毛头小子，不先去盖房子，只管去买画来装点门面，却不知道要将画挂在何处。"

【二二〇】

问："读书所以调摄此心，不可缺的。但读之之时，一种科目意思牵引而来，不知何以免此？"

先生曰："只要良知真切，虽做举业，不为心累。总有累，亦易觉，克之而已。且如读书时，良知知得强记之心不是，即克去之；有欲速之心不是，即克

---

[1]《论语·述而》："子曰：'志于道，据于德，依于仁，游于艺。'"

去之；有夸多斗靡之心不是，即克去之。如此亦只是终日与圣贤印对，是个纯乎天理之心。任他读书，亦只是调摄此心而已，何累之有？"

曰："虽蒙开示，奈资质庸下，实难免累。窃闻穷通有命，上智之人恐不屑此；不肖为声利牵缠，甘心为此，徒自苦耳。欲屏弃之，又制于亲，不能舍去，奈何？"

先生曰："此事归辞于亲者多矣，其实只是无志。志立得时，良知千事万事为只是一事。读书作文，安能累人？人自累于得失耳！"因叹曰，"此学不明，不知此处担搁了几多英雄汉！"

【译文】

有人问："读书是为了调节内心，是不可或缺的。然而读书的时候，科举的念头又被牵扯进来，不知道该如何避免？"

先生说："只要良知真切，即便参加科举，也不会是心的牵累。即便有了牵累，也容易察觉，克服即可。好比读书时，良知明白有强记的心是不对的，就克制它；知道有求速的心是不对的，就克制它；知道有争强好胜的心是不对的，就克制它。如此这般，整天只是和圣贤相印证，就是一个纯然天理的心。不管如何读书，也都是调节本心罢了，何来的牵累？"

那人问："承蒙先生开导，奈何我资质愚钝，实在难以免除牵累。听说穷困与通达都由命运决定，天资卓著的人恐怕对科举的事业不屑一顾；而资质驽钝的人则会为声名利禄所牵绊，心甘情愿为科举而读书，却又为此痛苦。如果想要放弃科举，又迫于父母的压力，无法舍弃，这该如何是好？"

先生说："把科举之累归罪于父母的人太多了，说到底只是自己没有志向。志向立得定，良知即便主宰了千万件事，其实也只有一件事。读书写文章，又怎么牵累人呢？是人自己为得失之心所牵累啊！"先生因此感慨道，"良知的学说不彰明，不知道在这里耽误了多少英杰！"

【二二一】

问："'生之谓性'，告子亦说得是，孟子如何非之？"

先生曰："固是性，但告子认得一边去了，不晓得头脑。若晓得头脑，如此说亦是。孟子亦曰：'形色，天性也。'这也是指气说。"

又曰："凡人信口说、任意行，皆说'此是依我心性出来'，此是所谓'生之谓性'，然却要有过差。若晓得头脑，依吾良知上说出来、行将去，便自是停当。然良知亦只是这口说、这身行，岂能外得气，别有个去行去说？故曰：'论性不论气不备，论气不论性不明。'气亦性也，性亦气也。但须认得头脑是当。"

【译文】

有人问："告子说'生之谓性'，未必有错，孟子为何要否定他？"

先生说："生固然是性，然而告子只认识了一个方面，不知道性的本质。如果知道性的本质，这么说也不错。孟子也说：'形色，天性也。'这也是针对气而说的。"

先生又说："但凡是一个人信口说的、随意做的，都说'这是依照我的心性而为'，这就是所谓'生之谓性'，然而这样做会有许多过错。如果知道性的本质，依照自己的良知去说、去做，便自然得当。然而良知也只是依靠嘴巴来说、身体来行，又怎能撇开气，另外有个东西去说、去行呢？所以程颐先生说：'论性不论气不备，论气不论性不明。'气就是性，性就是气。只是必须明白性的本质方可。"

【二二二】

又曰："诸君功夫，最不可助长。上智绝少，学者无超入圣人之理。一起一伏，一进一退，自是功夫节次。不可以我前日用得功夫了，今却不济，便要矫强做出一个没破绽的模样，这便是助长，连前些子功夫都坏了。此非小过，譬如行路的人遭一蹶跌，起来便走，不要欺人，做那不曾跌倒的样子出来。诸君只要常常怀个'遁世无闷，不见是而无闷'之心，依此良知，忍耐做去，不管人非笑，不管人毁谤，不管人荣辱，任他功夫有进有退，我只是这致良知的主宰不息，久久自然有得力处，一切外事亦自能不动。"

又曰："人若着实用功，随人毁谤，随人欺慢，处处得益，处处是进德之资。若不用功，只是魔也，终被累倒。"

【译文】

先生又说:"诸位用功,切不可揠苗助长。天资卓著的人极少,为学之人没有一步登天成为圣人的道理。在起起伏伏、进进退退之间,才是功夫的次序。不能因为我前些日子用功了,今天却不管用,就故做一副没有破绽的样子,这就是揠苗助长,连以前的功夫都被败坏了。这不是小的过错,好比走路的人摔了一跤,爬起来便走,不要欺骗别人,装出一副没有跌倒过的样子。诸位只要时常怀揣着'避世而内心没有忧虑,不被人赏识内心也没有烦闷'的心态,按照良知切实用功,无论他人讥笑也好、诽谤也罢,不管别人赞誉也好、辱骂也罢,任凭功夫有进有退,只是坚持自己致良知的心念不停息,久而久之,自然会感到有力,自然能够不为外物所动。"

先生又说:"人如果能够切实用功,随便他人如何诋毁、诽谤、欺辱、轻慢,都是自己的受益之处,都是可以助长德性的资本。如果自己不用功,他人的意见就好比是妖魔,终究会被拖累倒。"

【二二三】

先生一日出游禹穴[1],顾田间禾,曰:"能几何时,又如此长了!"

范兆期[2]在旁曰:"此只是有根。学问能自植根,亦不患无长。"

先生曰:"人孰无根?良知即是天植灵根,自生生不息,但着了私累,把此根戕贼蔽塞,不得发生耳。"

【译文】

先生有一天去禹穴游玩,看到田间的禾苗,说:"这么短的时间,又长得如此高了!"

一旁的范兆期说:"这是因为禾苗有根。做学问如果能够自己种下根,也不怕学问没有进步。"

先生说:"人又怎么会没有根呢?良知就是人天生的灵根,自然生生不息,只是被私意牵累,将这个根戕害、蒙蔽了,不能生发出来罢了。"

---

[1] 禹穴:今浙江绍兴会稽山上,传闻大禹出巡时死在浙江,葬于会稽山。
[2] 范兆期:即范引年,字兆期,号半野,王阳明弟子。

【二二四】

一友常易动气责人。先生警之曰:"学须反己。若徒责人,只见得人不是,不见自己非;若能反己,方见自己有许多未尽处,奚暇责人?舜能化得象的傲[1],其机括只是不见象的不是。若舜只要正他的奸恶,就见得象的不是矣。象是傲人,必不肯相下,如何感化得他?"

是友感悔。

曰:"你今后只不要去论人之是非,凡当责辩人时,就把做一件大己私,克去方可。"

【译文】

一位学友时常容易生气,指责别人。先生警告他说:"做学问必须反求诸己。如果只是指责别人,就只看到他人的不是,看不到自己的过错;如果能够反省自己,便能看到自己许多做得不到位的地方,哪有空指责别人?舜之所以能感化象的傲慢,关键在于不去理会象的不是。如果舜只是想要纠正象的奸恶,就只会看到象的许多不是了。象是个傲慢的人,肯定不会服气,又怎能感化得了呢?"

这个学友有所感悟,十分后悔。

先生说:"你今后不要去议论他人的是非,但凡当你想要指责别人的时候,就把它当作一个大的私意,只有克服掉才行。"

【二二五】

先生曰:"凡朋友问难,纵有浅近粗疏,或露才扬己,皆是病发,当因其病而药之可也,不可便怀鄙薄之心。非君子与人为善之心矣。"

【译文】

先生说:"凡是朋友间论辩,纵使有人显得浅陋粗疏,或者想要标榜自己的才智,犯了这些毛病,也应当对症下药,不能因此怀有鄙夷之心。鄙视朋友不是君子与人为善的心地。"

---

[1] 象:舜的同父异母弟弟。《史记·五帝本纪》:"舜父瞽叟顽,母嚚,弟象傲,皆欲杀舜。舜顺适不失子道,兄弟孝慈。"

【二二六】

问:"《易》,朱子主卜筮[1],程《传》主理[2],何如?"

先生曰:"卜筮是理,理亦是卜筮。天下之理孰有大于卜筮者乎?只为后世将卜筮专主在占卦上看了,所以看得卜筮似小艺。不知今之师友问答、博学、审问、慎思、明辨、笃行之类,皆是卜筮。卜筮者,不过求决狐疑,神明吾心而已。《易》是问诸天,人有疑,自信不及,故以《易》问天。谓人心尚有所涉,惟天不容伪耳。"

【译文】

有人问:"朱子认为《易经》重在卜筮,程颐先生则认为《易经》重在阐明天理,怎么理解?"

先生说:"卜筮也是天理,天理也是卜筮。天下的道理难道有比卜筮还大的吗?只是后世之人将卜筮专门理解为占卦,所以将卜筮看作雕虫小技了。却不知如今师友之间的问答、博学、审问、慎思、明辨、笃行等,都是卜筮。卜筮不过是解决疑惑,使得人心变得神妙、明白而已。《易经》是向天请教,人有疑问,缺乏自信,所以用《易经》请教天。所以说,人心或许还有偏倚,只有天不容得任何虚假。"

【二二七】

黄勉之问:"'无适也,无莫也,义之与比。'[3]事事要如此否?"

先生曰:"固是事事要如此,须是识得个头脑乃可。义即是良知,晓得良知是个头脑,方无执着。且如受人馈送,也有今日当受的,他日不当受的;也有今日不当受的,他日当受的。你若执着了今日当受的,便一切受去;执着了今日不当受的,便一切不受去。便是'适''莫',便不是良知的本体。如何唤得做义?"

---

[1] 朱子主卜筮:朱熹在《周易本义》《易学启蒙》等著作中均认为,《易》原为卜筮之书。

[2] 程《传》主理:程颐著有《伊川易传》,认为圣人作《易》实则是为了阐明天理。

[3] 《论语·里仁》:"君子之于天下也,无适也,无莫也,义之与比。"

以下门人黄省曾[1]录[2]。

【译文】

黄勉之问:"《论语》有言:'没有绝对的肯定,也没有绝对的否定,符合义即可。'难道每件事都要如此吗?"

先生说:"当然每件事都要如此,只是必须先认识到宗旨才行。义就是良知,知道良知就是宗旨,才不会执着。好比接受别人的馈赠,有的今天可以接受,而其他时间不能接受;也有今天不能接受,而其他时间可以接受的。如果你执着于今天可以接受,就接受所有的馈赠;执着于今天不能接受,就拒绝一切馈赠。这就是'适'和'莫',就不是良知的本体。怎么能叫作义呢?"

此条及以下内容是弟子黄省曾所录。

【二二八】

问:"'思无邪'[3]一言,如何便盖得三百篇之义?"

先生曰:"岂特三百篇?《六经》只此一言便可该贯。以至穷古今天下圣贤的话,'思无邪'一言也可该贯。此外更有何说?此是一了百当的功夫。"

【译文】

有人问:"'思无邪'一句话怎么能够涵盖《诗》三百篇的意义呢?"

先生说:"何止可以涵盖《诗》三百篇?《六经》只此一句话也可概括。以至于从古至今天下圣贤的话,'思无邪'一句话也能概括了。此外还能有什么可说的?这真是个一了百了的功夫。"

【二二九】

问"道心""人心"。

先生曰:"'率性之谓道',便是'道心'。但着些人的意思在,便是'人

---

[1] 黄省曾:字勉之,苏州人,王阳明的弟子,著有《会稽问道录》。

[2] 自此条起至第二九五条为黄省曾所录。陈荣捷先生认为,其中第二三九、二七六、二九二、二九四、三一七、三一八、三二二条为钱德洪所录。据钱德洪跋中"合所私录,得若干条"一语,由第二三九条至第二九五条可能都是钱德洪所录。

[3] 《论语·为政》:"子曰:'《诗》三百,一言以蔽之,曰:思无邪。'"

心'。'道心'本是无声无臭，故曰'微'。依着'人心'行去，便有许多不安稳处，故曰'惟危'。"

【译文】

有人向先生请教"道心""人心"。

先生说："'率性之谓道'，就是'道心'。只要沾染了一些人的意念，就是'人心'。'道心'本来是无声无息的，所以称其为'微'。按照'人心'去行，便会有许多不稳妥之处，所以称其为'惟危'。"

【二三〇】

问："'中人以下，不可以语上。'[1]愚的人，与之语上尚且不进，况不与之语，可乎？"

先生曰："不是圣人终不与语，圣人的心忧不得人人都做圣人，只是人的资质不同，施教不可躐等。中人以下的人，便与他说性、说命，他也不省得，也须慢慢琢磨他起来。"

【译文】

有人问："《论语》说：'中人以下，不可以语上。'资质愚钝的人，与他讲高深的学问都无法进步，何况不给他们讲呢？"

先生说："不是圣人不给他们讲，圣人恨不得人人都能做得圣人，只是由于人的资质不同，施教时不能乱了次序。中等以下资质的人，即便给他讲性与命的道理，他也不明白，还是需要慢慢启发他。"

【二三一】

友问："读书不记得，如何？"

先生曰："只要晓得，如何要记得？要晓得已是落第二义了，只要明得自家本体。若徒要记得，便不晓得；若徒要晓得，便明不得自家的本体。"

【译文】

一位学友问："读书记不住，怎么办？"

---

[1]《论语·雍也》："中人以上，可以语上也；中人以下，不可以语上也。"

先生说:"只要理解便可,为何非要记住?理解已经落在第二位了,首要的是要明白自己的心体。如果只想要记住,便不能理解;如果只想要理解,便不能明白自己的心体。"

【二三二】

问:"'逝者如斯'[1],是说自家心性活泼泼地否?"

先生曰:"然。须要时时用致良知的功夫,方才活泼泼地,方才与他川水一般。若须臾间断,便与天地不相似。此是学问极至处,圣人也只如此。"

【译文】

有人问:"孔子说'逝者如斯',是不是说自己心性生动活泼呢?"

先生说:"是的。只有时时刻刻用致良知的功夫,才能使得心性活泼,才能使得心性如川水一样。如果有片刻间断,就与天地不一致。这是学问的最高境界,圣人也不过如此。"

【二三三】

问"志士仁人"[2]章。

先生曰:"只为世上人都把生身命子看得太重,不问当死不当死,定要宛转委曲保全,以此把天理却丢去了。忍心害理,何者不为?若违了天理,便与禽兽无异,便偷生在世上百千年,也不过做了千百年的禽兽。学者要于此等处看得明白。比干、龙逢[3],只为也看得分明,所以能成就得他的人。"

【译文】

有人向先生请教《论语》中"志士仁人"一节。

先生说:"只是因为世人都将自己的身家性命看得太重了,不问是否应当赴死,都想保全自己的性命,却把天理给丢了。忍心残害天理,还有什么事做不出来呢?如果违背了天理,与禽兽有什么区别,即便苟且偷生千百年,也不过

---

[1]《论语·子罕》:"子在川上曰:'逝者如斯夫,不舍昼夜。'"

[2]《论语·卫灵公》:"子曰:'志士仁人,无求生以害仁,有杀身以成仁。'"

[3] 比干:商代人,因谏商纣而被杀;龙逢:即关龙逢,夏代人,因谏夏桀而被杀。

是做了千百年的禽兽。为学之人在此处必须看得明白。比干、龙逢，只因为他们看得明白，所以能够做到他的为人之本。"

【二三四】

问："叔孙、武叔毁仲尼[1]，大圣人如何犹不免于毁谤？"

先生曰："毁谤自外来的，虽圣人如何免得？人只贵于自修，若自己实实落落是个圣贤，纵然人都毁他，也说他不着。却若浮云掩日，如何损得日的光明？若自己是个象恭色庄、不坚不介的，纵然没一个人说他，他的恶慝终须一日发露。所以孟子说：'有求全之毁，有不虞之誉。'[2] 毁誉在外的，安能避得，只要自修何如尔。"

【译文】

有人问："《论语》中记载叔孙、武叔诋毁孔子，大圣人为何也免不了被诽谤呢？"

先生说："诽谤都从外面来，即便是圣人又怎能避免？人贵在自我修养，如果自己实实在在是个圣贤，纵然他人都诽谤他，也没有什么损害。好比浮云遮住了太阳，又怎能损害太阳的光明呢？如果自己只是做出个恭敬端庄的样貌，内心却没有任何坚定的意志，纵然没有一个人诽谤他，内心的恶念终究会有一天爆发出来。所以孟子说：'想保全声誉却遭到毁谤，在预料不到的时候反而受到称誉。'毁誉都是外在的，如何能避免，只要加强自身修养即可。"

【二三五】

刘君亮[3]要在山中静坐。

先生曰："汝若以厌外物之心去求之静，是反养成一个骄惰之气了。汝若不厌外物，复于静处涵养却好。"

---

[1] 叔孙、武叔毁仲尼：《论语·子张》："叔孙、武叔毁仲尼。子贡曰：'无以为也，仲尼不可毁也。他人之贤者，丘陵也，犹可逾也。仲尼，日月也，无可逾焉。人虽欲自绝，其何伤于日月乎？多见其不知量也！'"

[2]《孟子·离娄上》："孟子曰：'有不虞之誉，有求全之毁。'"

[3] 刘君亮：字元道，王阳明的弟子，余不详。

【译文】

刘君亮要去山中静坐。

先生说:"你如果只是以厌弃外物之心去求静,反而会养成骄奢懒惰的习气。你如果不厌弃外物,又在静中存养,倒是挺好的。"

【二三六】

王汝中[1]、省曾侍坐。

先生握扇命曰:"你们用扇。"

省曾起对曰:"不敢。"

先生曰:"圣人之学,不是这等捆缚苦楚的,不是妆做道学的模样。"

汝中曰:"观'仲尼与曾点言志'[2]一章略见。"

先生曰:"然。以此章观之,圣人何等宽洪包含气象!且为师者问志于群弟子,三子皆整顿以对。至于曾点,飘飘然不看那三子在眼,自去鼓起瑟来,何等狂态!及至言志,又不对师之问目,都是狂言。设在伊川,或斥骂起来了。圣人乃复称许他,何等气象!圣人教人,不是个束缚他通做一般,只如狂者便从狂处成就他,狷者便从狷处成就他。人之才气如何同得?"

【译文】

王汝中和黄省曾陪着先生。

先生拿着扇子说:"你们也用扇子吧。"

黄省曾站起来说:"学生不敢。"

先生说:"圣人的学问不是这样拘束痛苦的,不是要装作道学家的样子。"

王汝中说:"这从《论语》中'仲尼与曾点言志'一节便大概可以看到。"

先生说:"是的。从这章来看,圣人是何等宽宏包容的气象!老师问学生们的志向,子路、冉有、公西华三人都正颜色、整仪容,认真回答。到了曾点,却飘飘然全然不把三人放在眼里,独自弹起瑟来,这是怎样的狂态!他谈到志

---

[1] 王汝中:即王畿(1498—1583),字汝中,号龙溪,浙江绍兴人。明代思想家,王阳明弟子。终身致力于传播王学,为王门七派中浙中王学的创始人。

[2] 参见第三〇条注。

向时，又不针对老师的问题，满口狂言。要是换作程颐，恐怕早就责骂他了。孔子却称许他，这是怎样的气象！圣人教人，并非束缚人，使得人人做得一样，而是对狂放不羁的人要在其狂处成就他，对洁身自好的人要在其狷处成就他。人的才能、习气又怎会相同呢？"

【二三七】

先生语陆元静曰："元静少年亦要解《五经》，志亦好博。但圣人教人，只怕人不简易，他说的皆是简易之规。以今人好博之心观之，却似圣人教人差了。"

【译文】

先生对陆元静说："你年轻时就想要注解《五经》，也是志在博学。然而圣人教人，只怕人做不到简单明白，所以讲的都是一些简单明白的规矩。用现在人崇尚博学的心态来看，却好像是圣人教错了似的。"

【二三八】

先生曰："孔子无不知而作[1]，颜子有不善未尝不知，此是圣学真血脉路。"

【译文】

先生说："孔子从来没有自己不知道还乱写的，颜回对于自己做不好的地方也没有不知道的，这就是圣学真正的脉络。"

【二三九】

何廷仁[2]、黄正之[3]、李侯璧[4]、汝中、德洪侍坐。先生顾而言曰："汝辈学问不得长进，只是未立志。"

---

[1]《论语·述而》："子曰：'盖有不知而作之者，我无是也。多闻，择其善者而从之，多见而识之，知之次也。'"

[2] 何廷仁：字性之，号善山，江西雩都人，王阳明的得意门生，时称"浙有钱（德洪）、王（畿），江有何（廷仁）、黄（弘纲）"。

[3] 黄正之：即黄弘纲，字正之，号洛村，江西雩都人，王阳明弟子。

[4] 李侯璧：名珙，浙江永康人，王阳明弟子。

侯璧起而对曰："珙亦愿立志。"

先生曰："难说不立，未是'必为圣人'之志耳。"

对曰："愿立'必为圣人'之志。"

先生曰："你真有圣人之志，良知上更无不尽。良知上留得些子别念挂带，便非'必为圣人'之志矣。"

洪初闻时心若未服，听说到此，不觉悚汗。

【译文】

何廷仁、黄弘纲、李珙、王畿、钱德洪等人陪同先生。先生看着大家说："你们的学问没有进步，原因只是没有立志。"

李珙站起来回答："我愿意立志。"

先生说："也不能说你没有立志，只是你立的不是'一定要做圣人'的志向罢了。"

李珙回答说："我愿意立'一定要做圣人'的志向。"

先生说："你如果真的有做圣人的志向，在致良知时就一定会竭尽全力。如果良知上还留有别的私心杂念，就不是'一定要做圣人'的志向了。"

钱德洪刚听闻时心中不服，听到这里，不禁浑身是汗。

【二四〇】

先生曰："良知是造化的精灵。这些精灵生天生地、成鬼成帝，皆从此出，真是与物无对。人若复得他完完全全，无少亏欠，自不觉手舞足蹈，不知天地间更有何乐可代！"

【译文】

先生说："良知是造化的精灵。这些精灵能够生天生地，成就了鬼神、天帝，一切都是从此而出，任何事物都无法与之比拟。人如果能完全彻底地恢复良知，没有任何欠缺，自然就会在不知不觉间手舞足蹈，不知道天地间还有什么快乐可以代替它！"

【二四一】

一友静坐有见，驰问先生。

答曰："吾昔居滁时，见诸生多务知解口耳异同，无益于得，姑教之静坐。一时窥见光景，颇收近效；久之，渐有喜静厌动、流入枯槁之病。或务为玄解妙觉，动人听闻。故迩来只说'致良知'。良知明白，随你去静处体悟也好，随你去事上磨练也好，良知本体原是无动无静的。此便是学问头脑。我这个话头，自滁州到今，亦较过几番，只是'致良知'三字无病。医经折肱，方能察人病理。[1]"

【译文】

一位学友在静坐中有所领悟，就跑来向先生请教。

先生回答说："我过去在滁州时，看到学生们大多注重口耳间的知识理解，争辩同异，没有什么收获，所以姑且教他们静坐。他们很快就能看到一些道理的大概，短时间内收获不错；久而久之，却渐渐有喜静厌动、沦入枯槁的毛病。有的人只追求那种神妙的感觉，借此夸耀于人。所以近来我只讲致良知。良知明白了，随你在静坐中体悟也好，在事上磨炼也罢，良知的本体原本就是不分动静的。这就是做学问的宗旨。我说的这番话，从滁州以来，也经过了几番思考，只是'致良知'三字没有任何弊病。好比医生要自己骨折过，才能了解骨折的病理一样。"

【二四二】

一友问："功夫欲得此知时时接续，一切应感处反觉照管不及。若去事上周旋，又觉不见了。如何则可？"

先生曰："此只认良知未真，尚有内外之间。我这里功夫不由人急心，认得良知头脑是当，去朴实用功，自会透彻。到此便是内外两忘，又何心事不合一？"

【译文】

一位学友问："下功夫想让良知不间断，但是在应付事物时又觉得良知照管

---

[1]《左传·定公十三年》："三折肱，知为良医。"

不到。如果在事情上周旋，又感觉不到良知了。如何是好？"

先生说："这只是对良知认识不够真切，还存在内与外的区分。我的功夫不能以求速之心去做，知道致良知的宗旨，踏踏实实用功，自然会体察明澈。到了那一步自然将内与外的区分给忘记了，又何愁心与事不能合一呢？"

【二四三】

又曰："功夫不是透得这个真机，如何得他充实光辉[1]？若能透得时，不由你聪明知解接得来，须胸中渣滓浑化[2]，不使有毫发沾滞始得。"

【译文】

先生又说："功夫不能透悟良知的真谛，怎能使它充实光大呢？如果想要透悟，不是靠你的聪明才智去掌握许多知识，而是要将心中的渣滓化去，使得心中没有丝毫沾染与滞留才行。"

【二四四】

先生曰："'天命之谓性'，命即是性；'率性之谓道'，性即是道；'修道之谓教'，道即是教。"

问："如何道即是教？"

曰："道即是良知。良知原是完完全全，是的还他是，非的还他非，是非只依着他，更无有不是处，这良知还是你的明师。"

【译文】

先生说："'天命之谓性'，天命就是本性；'率性之谓道'，本性就是天道；'修道之谓教'，天道就是教化。"

有人问："为何说天道就是教化？"

先生说："天道就是良知。良知本是完完全全的，是就是是，非就是非，是非只依此来判断，更不会有差错，这良知就是你的明师。"

---

[1]《孟子·尽心下》："充实而有光辉之谓大。"

[2] 朱熹《论语集注》："八音之节，可以养人之性情而荡涤其邪秽，消融其渣滓。"

【二四五】

问:"'不睹不闻'是说本体,'戒慎恐惧'是说功夫否?"

先生曰:"此处须信得本体原是'不睹不闻'的,亦原是'戒慎恐惧'的。'戒慎恐惧'不曾在'不睹不闻'上加得些子。见得真时,便谓'戒慎恐惧'是本体,'不睹不闻'是功夫亦得。"

【译文】

有人问:"《中庸》里'不闻不睹'说的是本体,'戒慎恐惧'说的是功夫吗?"

先生说:"这里必须相信本体原来就是'不闻不睹'的,也原来就是'戒慎恐惧'的。'戒慎恐惧'并不是在'不闻不睹'中再加一些什么。想明白时,即便说'戒慎恐惧'是本体,'不闻不睹'是功夫也没错。"

【二四六】

问"通乎昼夜之道而知"[1]。

先生曰:"良知原是知昼知夜的。"

又问:"人睡熟时,良知亦不知了。"

曰:"不知,何以一叫便应?"

曰:"良知常知,如何有睡熟时?"

曰:"向晦宴息,此亦造化常理。夜来天地混沌,形色俱泯,人亦耳目无所睹闻,众窍俱翕,此即良知收敛凝一时;天地既开、庶物露生,人亦耳目有所睹闻,众窍俱辟,此即良知妙用发生时。可见人心与天地一体。故'上下与天地同流'[2]。今人不会宴息,夜来不是昏睡,即是妄思魇寐。"

曰:"睡时功夫如何用。"

先生曰:"知昼即知夜矣。日间良知是顺应无滞的,夜间良知即是收敛凝一的,有梦即先兆。"

---

[1] 语出《周易·系辞上》。

[2] 《孟子·尽心上》:"夫君子所过者化,所存者神,上下与天地同流,岂曰小补之哉?"

【译文】

有人向先生请教《周易》中"通乎昼夜之道而知"一句。

先生说:"良知原本就知道昼夜。"

那人又问:"人熟睡时,良知就不知道了。"

先生说:"不知道的话,怎能一叫就有反应?"

那人问:"既然良知常知,为何还有睡熟的时候?"

先生说:"晚上需要休息是天地中的常理。夜晚天地混沌,事物的形色都看不见,人的耳目也看不见、听不到,所有器官都停止运作,这就是良知收敛凝聚的时刻;白昼到来,万物生长,人的耳目也可以看、可以听了,其他器官也都运作起来,这便是良知发生妙用的时刻。由此可见,人心与天地原本就是一体的。所以孟子说'上下与天地同流'。如今的人不会休息,夜间不是昏睡,就是胡思乱想做噩梦。"

那人问:"睡觉时如何下功夫?"

先生说:"知道白天就通晓夜晚了。白天的良知畅行无阻,夜间的良知收敛凝聚,有梦就是先兆。"

【二四七】

又曰:"良知在'夜气'发的方是本体,以其无物欲之杂也。学者要使事物纷扰之时,常如夜气一般,就是'通乎昼夜之道而知'。"

【译文】

先生又说:"良知在'夜气'中生发的才是本体,因为没有物欲掺杂其中。为学之人要在事事物物纷扰的时候,时常像'夜气'生发时一样持守,就是'通乎昼夜之道而知'了。"

【二四八】

先生曰:"仙家说到'虚',圣人岂能'虚'上加得一毫'实'?佛氏说到'无',圣人岂能'无'上加得一毫'有'?但仙家说'虚'从养生上来,佛氏说'无'从出离生死苦海[1]上来。却于本上加却这些子意思在，便不是他'虚''无'的本色了，便于本体有障碍。圣人只是还他良知的本色，更不着些子意在。良知之'虚'便是天之太虚，良知之'无'便是太虚之无形[2]。日、月、风、雷、山、川、民、物，凡有貌象形色，皆在太虚无形中发用流行，未尝作得天的障碍。圣人只是顺其良知之发用，天地万物俱在我良知的发用流行中，何尝又有一物超于良知之外，能作得障碍？"

【译文】

先生说："道家讲'虚'，圣人又怎能在'虚'上增加一丝'实'？佛家说'无'，圣人又怎能在'无'上增加一丝'有'？然而道家说'虚'是从养生上说的，佛家说'无'是从脱离生死苦海上说的。佛、道两家在本体上却加了一些意思，就不是'虚''无'的本体了，便对本体有所妨碍了。圣人只是还良知的本来面目，不添加任何意思。良知的'虚'就是天的太虚，良知的无就是太虚的无形。日、月、风、雷、山、川、民、物等，但凡有样貌、形色的东西，都是太虚无形中的发用流行，从未是天的障碍。圣人只是顺应良知的发用，天地万物都在我良知的发用流行之中，何曾有一件事物在良知的外部发生，成为良知的障碍的？"

【二四九】

或问："释氏亦务养心，然要之不可以治天下，何也？"

先生曰："吾儒养心，未尝离却事物，只顺其天，则自然就是功夫。释氏却要尽绝事物，把心看做幻相，渐入虚寂去了。与世间若无些子交涉，所以不可治天下。"

【译文】

有人问："佛家专注于养心，然而却不能用来治理天下，为何？"

先生说："我们儒家养心，未曾离开事物，只是顺应天道，自然就是功夫了。佛家却要完全抛却事物，将心看作幻相，逐渐堕入虚空寂静中去。与世间

---

[1] 苦海：佛家语，比喻烦恼的世俗世界。
[2] 张载《正蒙·太和》："太虚无形，气之本体。"

的事物全无交涉，所以佛家的学说无法用来治理天下。"

【二五〇】

或问异端[1]。

先生曰："与愚夫愚妇同的，是谓同德；与愚夫愚妇异的，是谓异端。"

【译文】

有人问到异端。

先生说："与普通老百姓相同的，叫作同德；与普通老百姓相异的，叫作异端。"

【二五一】

先生曰："孟子不动心与告子不动心，所异只在毫厘间。告子只在不动心上着功，孟子便直从此心原不动处分晓。心之本体原是不动的，只为所行有不合义便动了。孟子不论心之动与不动，只是'集义'，所行无不是义，此心自然无可动处。若告子只要此心不动，便是把捉此心，将他生生不息之根反阻挠了，此非徒无益，而又害之。孟子'集义'工夫，自是养得充满，并无馁歉，自是纵横自在，活泼泼地，此便是浩然之气。"

【译文】

先生说："孟子的不动心与告子的不动心，差别仅仅在毫厘之间。告子只是在不动心上用功，孟子则是从心原本不动处用功。心的本体原本不动，只在所作所为不合于义时才会妄动。孟子不讨论心的动或不动，只是去'集义'，所以所作所为没有不义的，心自然没什么可动的。而告子只是要心不动，便抓住了心不放，反而将心中生生不息的根给阻挠了，这非但没有益处，反而损害了心。孟子'集义'的功夫，是把心存养得充实，没有任何气馁、亏欠之处，自由自在，生动活泼，这就是浩然之气。"

---

[1]《论语·为政》："攻乎异端，斯害也已。"

【二五二】

又曰:"告子病源,从性无善无不善上见来。性无善无不善,虽如此说,亦无大差。但告子执定看了,便有个无善无不善的性在内。有善有恶,又在物感上看,便有个物在外。却做两边看了,便会差。无善无不善,性原是如此。悟得及时,只此一句便尽了,更无有内外之间。告子见一个性在内,见一个物在外,便见他于性有未透彻处。"

【译文】

先生又说:"告子的病根,在于他认为性无善无不善。性无善无不善,这么说虽然没有大错,但告子执着于此,便有一个无善无不善的性滞留在心里。认为性有善有恶,是在事物的感觉上看,这就把物视作外了。将心与物视作两边,便会有差错。无善无不善,性本就是如此。领悟得及时,只此一句话便够了,没有什么内外之分。告子看见一个性在内,一个物在外,便知道他对于性的理解还不透彻。"

【二五三】

朱本思[1]问:"人有虚灵,方有良知。若草木瓦石之类,亦有良知否?"

先生曰:"人的良知,就是草木瓦石的良知。若草木瓦石无人的良知,不可以为草木瓦石矣。岂惟草木瓦石为然?天地无人的良知,亦不可为天地矣。盖天地万物与人原是一体,其发窍之最精处,是人心一点灵明,风雨露雷,日月星辰,禽兽草木,山川土石,与人原只一体。故五谷、禽兽之类皆可以养人,药石之类皆可以疗疾,只为同此一气,故能相通耳。"

【译文】

朱本思问:"人有灵性,所以才会有良知。像草木瓦石等东西,也有良知吗?"

先生说:"人的良知,就是草木瓦石的良知。如果草木瓦石没有人的良知关注,便不是草木瓦石了。难道只有草木瓦石是这样吗?天地如果没有人的良知关注,也不是天地了。概而言之,天地万物与人原本是一体的,它最精妙、最

---

[1] 朱本思:即朱得之,字本思,号近斋,江苏靖江人,王阳明的弟子。

开窍之处,是人心的一点知觉灵明,风雨露雷、日月星辰、禽兽草木、山川土石,与人原本就是一体的。所以五谷、禽兽等都可以滋养人的身体,药石等东西可以治疗疾病,是因为人与万物所禀的气是相同的,所以能够相通。"

【二五四】

先生游南镇[1]。一友指岩中花树问曰:"天下无心外之物,如此花树,在深山中自开自落,于我心亦何相关?"

先生曰:"你未看此花时,此花与汝心同归于寂。你来看此花时,则此花颜色一时明白起来,便知此花不在你的心外。"

【译文】

先生游览南镇。一位学友指着岩石中的花树问道:"先生说天下间没有心外的事物,像这花树,在深山中自开自落,与我的心有什么关系?"

先生说:"你未见到这花时,这花与你的心同归于寂静。你来看这花时,这花的颜色一下子就鲜明起来,由此可知,这花并不在你的心外。"

【二五五】

问:"大人与物同体,如何《大学》又说个厚薄[2]?"

先生曰:"惟是道理自有厚薄。比如身是一体,把手足捍头目,岂是偏要薄手足?其道理合如此。禽兽与草木同是爱的,把草木去养禽兽,又忍得?人与禽兽同是爱的,宰禽兽以养亲与供祭祀、燕宾客,心又忍得?至亲与路人同是爱的,如箪食豆羹,得则生,不得则死[3],不能两全,宁救至亲,不救路人,心又忍得?这是道理合该如此。及至吾身与至亲,更不得分别彼此厚薄。盖以仁民爱物皆从此出,此处可忍,更无所不忍矣。《大学》所谓厚薄,是良知上自然的条理,不可逾越,此便谓之义;顺这个条理,便谓之礼;知此条理,便谓之智;终始是这条理,便谓之信。"

---

[1] 南镇:浙江会稽山在隋文帝开皇年间被封为南镇。

[2]《大学》:"其所厚者薄,而其所薄者厚,未之有也。"

[3]《孟子·告子上》:"一箪食,一豆羹,得之则生,弗得则死。"

【译文】

有人问:"大人与万物同为一体,为何《大学》却要分厚薄来说?"

先生说:"只是因为道理本就有厚薄。比如人的身体是一个整体,为何要用手足保护头部和眼睛,难道是故意轻视手足吗?是道理本该如此。人对于禽兽与草木同样热爱,又怎么忍心用草木去供养禽兽呢?人对于人与禽兽同样热爱,又怎能忍心宰杀禽兽供养亲人、祭祀先祖、招待宾客呢?人对于至亲和路人同样热爱,如果只有一碗饭、一碗汤,得到就活,得不到就死,无法两全,又怎么忍心只救亲人而不救路人呢?这是因为道理本该如此。至于对自己和对亲人,更不会区分彼此厚薄。仁民爱物都源于亲情,对此都能忍心,便没有什么不能忍心的了。《大学》所说的厚薄,是良知自然的条理,不能逾越,这就是义;顺着这个条理,就是礼;知道这个条理,就是智;始终坚持这个条理,就是信。"

【二五六】

又曰:"目无体,以万物之色为体;耳无体,以万物之声为体;鼻无体,以万物之臭为体;口无体,以万物之味为体;心无体,以天地万物感应之是非为体。"

【译文】

先生又说:"眼睛没有本体,以万物的颜色为本体;耳朵没有本体,以万物的声音为本体;鼻子没有本体,以万物的气味为本体;口舌没有本体,以万物的味道为本体;心没有本体,以天地万物的感应是非为本体。"

【二五七】

问"夭寿不二"。

先生曰:"学问功夫,于一切声利嗜好俱能脱落殆尽,尚有一种生死念头毫发挂带,便于全体有未融释处。人于生死念头,本从生身命根上带来,故不易去。若于此处见得破、透得过,此心全体方是流行无碍,方是尽性至命之学。"

【译文】

有人向先生请教"夭寿不二"。

先生说:"学问功夫能够摆脱一切名利嗜好,然而只要有一丝贪生怕死的念头,就是心的本体还有未能融通之处。人对于生死的念头,本来是从生命的根子上带来的,所以要清除并不容易。如果对此能够看得破、想得透,整个心体就会畅通无碍,这才是尽性至命的学问。"

【二五八】

一友问:"欲于静坐时,将好名、好色、好货等根逐一搜寻,扫除廓清,恐是剜肉做疮否?"

先生正色曰:"这是我医人的方子,真是去得人病根。更有大本事人,过了十数年亦还用得着。你如不用,且放起,不要作坏我的方子!"

是友愧谢。

少间曰:"此量非你事,必吾门稍知意思者,为此说以误汝[1]。"

在坐者皆悚然。

【译文】

一位学友问:"我想在静坐时,将好名、好色、好货等病根逐一找出来,扫除干净,恐怕这是割肉补疮的做法吧?"

先生严肃地说:"这是我治病的方子,确实能去掉人的病根。即便有再大本事的人,过了十几年也还用得着。你如果不用就放下,不要糟蹋了我的方子!"

这位学友十分惭愧地道了歉。

过了一会儿,先生说:"我猜这也不是你的想法,一定是我那些略通皮毛的弟子这样说,误导了你。"

在座的学生都十分惊恐。

---

[1] 邓艾民先生认为这里指的是陆元静"引犬上堂"之喻,见第一六〇条。

【二五九】

一友问功夫不切。

先生曰:"学问功夫,我已曾一句道尽。如何今日转说转远,都不着根?"

对曰:"致良知盖闻教矣,然亦须讲明。"

先生曰:"既知致良知,又何可讲明?良知本是明白,实落用功便是。不肯用功,只在语言上转说转糊涂。"

曰:"正求讲明致之之功。"

先生曰:"此亦须你自家求,我亦无别法可道。昔有禅师,人来问法,只把麈尾提起。一日,其徒将其麈尾藏过,试他如何设法。禅师寻麈尾不见,又只空手提起。我这个良知就是设法的麈尾,舍了这个,有何可提得?"

少间,又一友请问功夫切要。

先生旁顾曰:"我麈尾安在?"

一时在坐者皆跃然。

【译文】

一位学友问先生,功夫不真切应该怎么办。

先生说:"学问功夫我已经一句话和你说明白了。为何现在越说越远,找不到学问的根了呢?"

那位学友回答说:"我已听你讲过致良知的功夫,但还需要进一步说明。"

先生说:"既然知道致良知,又有什么需要说明的呢?良知本就明白,实实在在下功夫即可。不肯用功,只在言语上说来说去,越说越糊涂。"

那人说:"我正是想请教讲明致良知的功夫。"

先生说:"这也必须你自己去探求,我也没别的方法可讲。过去有一位禅师,有人来问佛法,他就把拂尘提起来。有一天,他的徒弟将拂尘藏了起来,想看看他用什么方法说法。禅师找不到拂尘,只好徒手做了个提拂尘的样子。我说的良知就是这个说法的拂尘,除了它,还有什么可以提起的呢?"

不一会儿,又有一位学友来请教功夫的要领。

先生看看旁边的学生,说:"我的拂尘哪儿去了?"

一时间在座的人哄堂大笑。

【二六〇】

或问"至诚""前知"[1]。

先生曰:"诚是实理,只是一个良知。实理之妙用流行就是神,其萌动处就是几。'诚、神、几,曰圣人'[2]。圣人不贵前知,祸福之来虽圣人有所不免,圣人只是知几,遇变而通耳。良知无前后,只知得见在的几,便是一了百了。若有个'前知'的心,就是私心,就有趋避利害的意。邵子[3]必于前知,终是利害心未尽处。"

【译文】

有人向先生请教《中庸》里的"至诚""前知"。

先生说:"诚是实在的道理,只是一个良知。实在的道理妙用流行就是神,它的萌动之处就是几。所以周敦颐说'具备诚德、感悟神化、通晓几微,就是圣人'。圣人并不注重事先知道,即便是圣人也无法免于祸福,圣人只是知道事物的前兆,遇到事情变化能够通达而已。良知则没有前后,只要知道事物的前兆,便能解决所有问题。如果有一个要想事先知道的心,就是私心,就有趋利避害的念头。邵雍硬要追求事先知道,终究是利害之心没有除尽。"

【二六一】

先生曰:"无知无不知,本体原是如此。譬如日未尝有心照物,而自无物不照。无照无不照,原是日的本体。良知本无知,今却要有知;本无不知,今却疑有不知。只是信不及耳。"

【译文】

先生说:"无知而无所不知,心的本体原本就是如此。好比太阳何尝有意去照耀万物,然而无物不照。无意去照却无所不照,便是太阳的本体。良知本来无所谓知,而今却要其有知;本来无所不知,而今却怀疑其有不知。只是对良

---

[1] 《中庸》:"至诚之道,可以前知。国家将兴,必有祯祥;国家将亡,必有妖孽。"

[2] 周敦颐《通书》:"寂然不动者,诚也;感而遂通者,神也;动而未形、有无之间者,几也。诚精故明,神应故妙,几微故幽。诚、神、几,曰圣人。"

[3] 邵子:即邵雍,字尧夫,谥康杰,北宋著名哲学家,对于术数之学颇有研究,著有《皇极经世》《观物内外篇》《先天图》《伊川击壤集》等。

知不够相信罢了。"

【二六二】

先生曰:"'惟天下至圣为能聪明睿知',旧看何等玄妙,今看来原是人人自有的。耳原是聪,目原是明,心原是睿知。圣人只是一能之尔,能处正是良知。众人不能,只是个不致知。何等明白简易!"

【译文】

先生说:"《中庸》说'只有天下最圣明的人才能具备聪明睿智',以前看这句话觉得十分玄妙,如今看来却是人人都具有的。耳朵本来就聪,眼睛本来就明,心思对知本来就敏感。圣人只是具备某种才能,也就是实现自己良知的才能而已。众人之所以不能,只是因为不能实现自己的良知。多么简单明白呢!"

【二六三】

问:"孔子所谓'远虑'[1],周公'夜以继日',与'将迎'[2]不同。何如?"

先生曰:"'远虑'不是茫茫荡荡去思虑,只是要存这天理。天理在人心,亘古亘今,无有终始。天理即是良知,千思万虑,只是要致良知。良知愈思愈精明,若不精思,漫然随事应去,良知便粗了。若只着在事上茫茫荡荡去思,教做远虑,便不免有毁誉、得丧、人欲搀入其中,就是'将迎'了。周公终夜以思,只是'戒慎不睹,恐惧不闻'的功夫。见得时,其气象与'将迎'自别。"

【译文】

有人问:"孔子所说的'远虑',周公的'夜以继日'思考,这与程颢所谓'将迎'有何不同?"

先生说:"'远虑'不是空空荡荡去思虑,是要存养天理。天理自在人心,

---

[1]《论语·卫灵公》:"子曰:'人无远虑,必有近忧。'"

[2] 参见第二三条注。

从古至今，无始无终。天理就是良知，千思万虑只是要致良知。良知越思考越精细明白，如果不认真思考，漫不经心地随事而应，良知就会粗疏了。如果将在事上空空荡荡去思虑叫作'远虑'，则免不了有毁誉、得失、私欲掺杂其中，这就是'将迎'。周公整夜思索的，只是'戒慎不睹，恐惧不闻'的功夫。明白这一点，就能明白周公的境界与'将迎'的区别了。"

【二六四】

问："'一日克己复礼，天下归仁'，朱子作效验[1]说，如何？"

先生曰："圣贤只是为己之学，重功夫不重效验。仁者以万物为一体，不能一体，只是己私未忘。全得仁体，则天下皆归于吾仁，就是'八荒皆在我闼'[2]意。天下皆与，其仁亦在其中。如'在邦无怨，在家无怨'，亦只是自家不怨，如'不怨天，不尤人'之意。然家邦无怨，于我亦在其中，但所重不在此。"

【译文】

有人问："朱熹认为《论语》所谓'一日克己复礼，天下归仁'是从效验上说，如何理解？"

先生说："圣贤的学问只是为了自己，重视功夫本身而非效验。仁者以天地万物为一体，不能一体的话，只是因为自己的私意未能忘尽。全然都是仁的本体，那么天下都归于我仁的本体了，就是'天下万物全在我心'的意思。天下都归于我的仁，那么仁也就包含在天下之中了。比如《论语》中的'在邦无怨，在家无怨'，也只是在自己家没有可怨的，就如同'不怨天，不尤人'的意思。然而如果在家、在邦都无可怨，我自然也在其中，只是重点不在于效验而已。"

---

[1] 朱熹《论语集注》："极言其效之甚远而至大也。"

[2] 吕大临《克己铭》："亦既克制，皇皇四达；洞然八荒，皆在我闼。"八荒：也叫八方，指东、西、南、北、东南、东北、西南、西北八面方向，指代天下。闼（tà）：门。意为天下万物全部在我的心中。

【二六五】

问:"孟子'巧、力、圣、智'[1]之说,朱子云'三子力有余而巧不足'[2],何如?"

先生曰:"三子固有力,亦有巧。巧、力实非两事,巧亦只在用力处,力而不巧,亦是徒力。三子譬如射:一能步箭,一能马箭,一能远箭。他射得到俱谓之力,中处俱可谓之巧。但步不能马,马不能远,各有所长,便是才力分限有不同处。孔子则三者皆长。然孔子之和只到得柳下惠而极,清只到得伯夷而极,任只到得伊尹而极,何曾加得些子?若谓三子力有余而巧不足,则其力反过孔子了。巧、力只是发明圣、知之义,若识得圣、知本体是何物,便自了然。"

【译文】

有人问:"孟子'巧、力、圣、智'的说法,朱熹认为'伯夷、伊尹、柳下惠三人力有余而巧不足',对吗?"

先生说:"这三人当然有力,但也有巧。巧与力并非两回事,巧也体现在用力之处,有力而不巧,只是蛮力。以射箭来比喻三人:一个能够步行射箭,一个能够骑马射箭,一个能够很远射箭。他们都能用力射到一定的距离,而射得中才是巧。然而能步行射箭的不能骑马射箭,能骑马射箭的不能远处射箭,各有所长,这便是才力的局限有所不同。孔子则兼有三者的长处。然而孔子的'和'只能到柳下惠的限度,'清'只能到伯夷的限度,'任'只能到伊尹的限度,何尝在三人的限度上多加了一些吗?如果说这三人力有余而巧不足,那就是说他们的力反而超过孔子了。巧和力的比喻只是用来说明圣和知的含义,如果能够知道圣和知的本意是什么,便自然了然于心了。"

---

[1] 孟子认为伯夷、伊尹、柳下惠及孔子同为圣人而各有不同。伯夷是"圣之清者",即十分清雅;伊尹是"圣之任者",即十分有担当;柳下惠是"圣之和者",即十分随和;孔子则是"圣之时者""集大成者",即能够识时务、随时遇而变的圣人。相比之下,伯夷、伊尹、柳下惠的圣德只是某一种特定的品质。此外,在这里,孟子还以巧比喻智,以力比喻圣。参见《孟子·万章下》。

[2] 朱熹《孟子集注》:"三子则力有余而巧不足,是以一节虽至于圣,而智不足以及乎时中也。"

【二六六】

先生曰："'先天而天弗违'，天即良知也；'后天而奉天时'，良知即天也。[1]"

【译文】

先生说："'先天而天弗违'，天就是良知；'后天而奉天时'，良知就是天。"

【二六七】

"良知只是个是非之心，是非只是个好恶。只好恶就尽了是非，只是非就尽了万事万变。"

又曰："是非两字是个大规矩，巧处则存乎其人。"

【译文】

"良知只是个是非之心，是非只是好恶。知道好恶就穷尽了是非，懂得是非就穷尽了万事万物的变化。"

又说："但'是非'这两个字也只是个大的原则，具体运用还是得因人而异。"

【二六八】

"圣人之知，如青天之日，贤人如浮云天日，愚人如阴霾天日。虽有昏明不同，其能辨黑白则一。虽昏黑夜里，亦影影见得黑白，就是日之余光未尽处。困学功夫，亦只从这点明处精察去耳。"

【译文】

"圣人的良知好比晴天的太阳，贤人的良知好比多云天的太阳，愚人的良知好比阴霾天的太阳。虽然在昏聩与明白之间有所区别，但是在能辨别黑白上则是一致的。即便在昏暗的夜里，也能隐隐看得清黑与白，这是太阳的余光没有完全消失的缘故。在困境之中学习的功夫，也只是从这点光明之处去精确体察而已。"

---

[1] 语出《易·乾·文言》，意为具备与天地万物为一体的至高德性的圣人，能够在天地万物之先就通晓天道运作的规律，生于天地万物之后而行事却丝毫不违背天道。

【二六九】

问:"知譬日,欲譬云。云虽能蔽日,亦是天之一气合有的,欲亦莫非人心合有否?"

先生曰:"喜、怒、哀、惧、爱、恶、欲,谓之七情,七者俱是人心合有的,但要认得良知明白。比如日光,亦不可指着方所,一隙通明,皆是日光所在。虽云雾四塞,太虚中色象可辨,亦是日光不灭处。不可以云能蔽日,教天不要生云。七情顺其自然之流行,皆是良知之用,不可分别善恶,但不可有所着。七情有着,俱谓之欲,俱为良知之蔽。然才有着时,良知亦自会觉;觉即蔽去,复其体矣。此处能勘得破,方是简易透彻功夫。"

【译文】

有人问:"先生以太阳比喻良知,以乌云比喻私欲。乌云虽然能遮蔽太阳,那也是天地之间的气所本该有的,私欲难道也是人心中本该有的吗?"

先生说:"喜、怒、哀、惧、爱、恶、欲,是人的七情,这都是人心本该有的,只是必须把良知体认明白。比如阳光,也不能局限在一个固定的地方,只要有一丝的光亮,都是阳光的所在之处。虽然云雾蔽日,在空虚之中依然能辨别颜色外貌,这也是因为日光尚存。不能因为乌云会遮蔽太阳,就让天不产生乌云。七情顺其自然地流露,都是良知的作用,不能认为七情有善有恶,但也不能有所执着。执着于七情,就称为欲,就是良知的遮蔽。不过七情稍有执着,良知也自然会觉察;觉察后便要去掉蒙蔽,恢复本体。对这个问题能够看得明白,才是简易透彻的功夫。"

【二七〇】

问:"圣人'生知安行'是自然的,如何?有甚功夫?"

先生曰:"'知行'二字即是功夫,但有浅深难易之殊耳。良知原是精精明明的,如欲孝亲。'生知安行'的只是依此良知实落尽孝而已;'学知利行'者只是时时省觉,务要依此良知尽孝已;至于'困知勉行'者,蔽锢已深,虽要依此良知去孝,又为私欲所阻,是以不能,必须加人一己百、人十己千之功,方能依此良知以尽其孝。圣人虽是'生知安行',然其心不敢自是,肯做

'困知勉行'的功夫。'困知勉行'的却要思量做'生知安行'的事,怎生成得?"

【译文】

有人问:"圣人'生知安行'是自然而然的,这话对吗?有什么功夫吗?"

先生说:"'知行'二字就是功夫,但是有深浅难易的区别。良知原本是精察明白的,比如想要孝顺双亲。'生知安行'的人只要依此良知切实去孝亲即可;'学知利行'的人只要时时反省觉察,努力按照良知去尽孝而已;至于'困知勉行'的人,因为良知受到蒙蔽禁锢十分深重,虽然要按照良知去行孝,但又被私欲阻隔,所以才做不到,必须付出比别人多千百倍的功夫,才能按照良知去尽孝。圣人虽然是'生知安行'的,然而圣人的心不敢自以为是,愿意做'困知勉行'的功夫。那些'困知勉行'的人却想着去做'生知安行'的事,这怎么做得到呢?"

【二七一】

问:"乐是心之本体,不知遇大故,于哀哭时,此乐还在否?"

先生曰:"须是大哭一番了方乐,不哭便不乐矣。虽哭,此心安处即是乐也,本体未尝有动。"

【译文】

有人问:"乐是心的本体,不知遇到父母故去,哀悼痛哭之时,心中的乐是否还存在呢?"

先生说:"必须大哭一番后才能快乐,不哭便无法快乐。虽然痛哭,但心安理得之处便是乐,心的本体并不为之所动。"

【二七二】

问:"良知一而已,文王作《彖》,周公系《爻》,孔子赞《易》,何以各自看理不同?"

先生曰:"圣人何能拘得死格?大要出于良知同,便各为说何害?且如一园竹,只要同此枝节,便是大同。若拘定枝枝节节,都要高下大小一样,便非造化妙手矣。汝辈只要去培养良知，良知同更不妨有异处。汝辈若不肯用功，连笋也不曾抽得，何处去论枝节？"

【译文】

有人问："良知只是一个，然而文王作《卦辞》，周公作《爻辞》，孔子写《十翼》，为何他们对于《易》理的看法不同呢？"

先生说："圣人怎会拘泥于教条呢？只要大体上是出于相同的良知，即便各为其说又有什么害处呢？好比一个竹园里的竹子，只要长着竹子的枝节，就是本体上的相同。如果拘泥于具体的枝节，非要竹子每一节的高下大小都一样，就不是天地造化的妙用了。你们只要用心去培养良知，只要良知相同，其他方面有差异也无妨。你们如果不肯用功，就好比种竹子连笋都发不出，还谈什么具体的枝节？"

【二七三】

乡人有父子讼狱，请诉于先生。侍者欲阻之，先生听之。言不终辞，其父子相抱恸哭而去。

柴鸣治[1]入，问曰："先生何言，致伊感悔之速？"

先生曰："我言舜是世间大不孝的子，瞽瞍是世间大慈的父。"

鸣治愕然，请问。

先生曰："舜常自以为大不孝，所以能孝；瞽瞍常自以为大慈，所以不能慈。瞽瞍只记得舜是我提孩长的，今何不曾豫悦我？不知自心已为后妻所移了，尚谓自家能慈，所以愈不能慈。舜只思父提孩我时如何爱我，今日不爱，只是我不能尽孝，日思所以不能尽孝处，所以愈能孝。及至瞽瞍底豫时，又不过复得此心原慈的本体。所以后世称舜是个古今大孝的子，瞽瞍亦做成个慈父。"

【译文】

乡里有父子俩打官司，请先生裁断。先生的侍从意欲阻止，先生却听着他们说。话还没说完，父子俩就抱头痛哭离去了。

---

[1] 柴鸣治：王阳明的弟子，余不详。

柴鸣治进来，问道："先生说了什么，使他们那么快就悔悟了？"

先生说："我说舜是世间最不孝的儿子，瞽瞍是世间最慈爱的父亲。"

柴鸣治很惊讶，请教先生为何这么说。

先生说："舜时常认为自己最不孝，所以才能孝顺；瞽瞍时常认为自己很慈爱，所以做不到慈爱。瞽瞍只记得舜是自己从小养大的，现在为何不能让自己高兴？却不知道自己的心思已经被后妻改变了，还以为自己能够慈爱，所以愈发不能慈爱。舜则一直想到父亲在自己小时候如何爱自己，如今不爱自己只是因为自己不能尽孝，所以每天考虑自己为何不能尽孝，所以愈发孝顺。等到瞽瞍高兴的时候，只不过恢复了心中原本慈爱的状态。所以后世称赞舜是古往今来最孝的儿子，瞽瞍也就成了慈爱的父亲。"

【二七四】

先生曰："孔子有鄙夫来问，未尝先有知识以应之，其心只空空而已，但叩他自知的是非两端[1]，与之一剖决，鄙夫之心便已了然。鄙夫自知的是非，便是他本来天则，虽圣人聪明，如何可与增减得一毫？他只不能自信，夫子与之一剖决，便已竭尽无余了。若夫子与鄙夫言时，留得些子知识在，便是不能竭他的良知，道体即有二了。"

【译文】

先生说："有农夫来向孔子请教时，孔子并非预先有知识来应对他，心中只是空空如也，只是孔子根据农夫所问来判断是非，帮他分析，农夫便能够明白。农夫自己知道的是非，是他内心本就有的天赋准则，即便如圣人那般聪明，又怎能增减得一丝一毫？农夫只是不自信，孔子帮他一分析，是非曲直就一览无余了。如果孔子跟农夫讲的时候，想要告诉他一些知识，就不能使他悟到自己的良知，反而将良知与道一分为二了。"

---

[1]《论语·子罕》："子曰：'吾有知乎哉？无知也。有鄙夫问于我，空空如也。我叩其两端而竭焉。'"

【二七五】

先生曰:"'烝烝乂,不格奸'[1],本注说象已进进于义,不至大为奸恶。舜征庸后,象犹日以杀舜为事[2],何大奸恶如之!舜只是自进于义,以义熏烝,不去正他奸恶。凡文过掩慝,此是恶人常态,若要指摘他是非,反去激他恶性。舜初时致得象要杀己,亦是要象好的心太急,此就是舜之过处。经过来,乃知功夫只在自己,不去责人,所以致得'克谐'。此是舜'动心忍性,增益不能'[3]处。古人言语,俱是自家经历过来,所以说得亲切,遗之后世,曲当人情。若非自家经过,如何得他许多苦心处?"

【译文】

先生说:"《尚书》有言'烝烝乂,不格奸',旧注认为象已接近于义,不至于去做大奸大恶的事。但舜被尧征召为官后,象还是每天想着要杀舜,还有什么大奸大恶可以与此相比!舜只是自己发扬义,用义来感化他,而不是去纠正他的奸恶。文过饰非,掩盖罪恶,这是恶人的常态,如果要去批评他的错误,反而会激化他的恶性。舜当时就知道象要杀他,但那时想要象变好的心太急切,这是舜的过失。有了这次的教训,舜才知道功夫只在自己,不要去苛责他人,所以才能与象和平相处。这是舜'动心忍性,增益不能'的地方。古人的话,都是从自身经历过的事情上感悟得来,所以说得亲切,流传到后世,经过变通仍能适用于人情事变。如果不是自己经历过,怎能体会得了圣人的苦心呢?"

---

[1] 语出《尚书·尧典》。四岳向尧推荐舜说:"瞽子,父顽,母嚚,象傲;克谐以孝,烝烝乂,不格奸。"乂:即义。蔡沈注解认为"烝"是增进、发扬的意思,说的是舜让象接近道义,不至于做大奸大恶的事。王阳明认为"烝"是"熏蒸"的"蒸",是舜用自己的义去熏陶象。

[2] 《孟子·万章上》:"象往入舜宫……不识舜不知象之将杀己与?"曰:"奚而不知也?象忧亦忧,象喜亦喜。"

[3] 《孟子·告子下》:"故天将降大任于斯人也,必先苦其心志,劳其筋骨,饿其体肤,空乏其身,行拂乱其所为,所以动心忍性,增益其所不能。"这段话意为:如果上天要赋予某个人重大的责任,一定要先使他的内心痛苦,使他的筋骨劳累,使他经受饥饿,以致肌肤消瘦,使他受贫困之苦,使他做的事颠倒错乱、总不如意,通过那些来使他的内心警觉,使他的性格坚毅,使他具备不曾具备的才能。

【二七六】

先生曰："古乐不作久矣。今之戏子，尚与古乐意思相近。"

未达，请问。

先生曰："《韶》之九成[1]，便是舜的一本戏子；《武》之九变[2]，便是武王的一本戏子。圣人一生实事，俱播在乐中。所以有德者闻之，便知他尽善尽美与尽美未尽善处[3]。若后世作乐，只是做些词调，于民俗风化绝无关涉，何以化民善俗！今要民俗反朴还淳，取今之戏子，将妖淫词调俱去了，只取忠臣孝子故事，使愚俗百姓人人易晓，无意中感激他良知起来，却于风化有益，然后古乐渐次可复矣。"

曰："洪要求元声[4]不可得，恐于古乐亦难复。"

先生曰："你说元声在何处求？"

对曰："古人制管候气，恐是求元声之法。"

先生曰："若要去葭灰黍粒中求元声，却如水底捞月，如何可得？元声只在你心上求。"

曰："心如何求？"

先生曰："古人为治，先养得人心和平，然后作乐。比如在此歌诗，你的心气和平，听者自然悦怿兴起，只此便是元声之始。《书》云'诗言志'，志便是乐的本；'歌永言'，歌便是作乐的本；'声依永，律和声'，律只要和声，和声便是制律的本[5]。何尝求之于外？"

曰："古人制候气法，是意何取？"

先生曰："古人具中和之体以作乐。我的中和原与天地之气相应，候天地之气，协凤凰之音，不过去验我的气果和否。此是成律已后事，非必待此以成律

---

[1] 成：相当于现在的乐章。

[2] 变：一个乐章演奏完转入下一个乐章即为变。

[3] 《论语·八佾》："子谓《韶》：'尽美矣，又尽善也。'谓《武》：'尽美矣，未尽善也。'"

[4] 元声：古人定十二律以黄钟之管为基准，故名黄钟为元声。

[5] 《尚书·舜典》："诗言志，歌永言。声依永，律和声。"

也。今要候灰管先须定至日[1]，然至日子时恐又不准，又何处取得准来？"

【译文】

先生说："古代的乐曲不流行已经很久了。如今的戏曲与古代的乐曲还有些相近。"

钱德洪不明白，向先生请教。

先生说："《韶》有九章，就是舜的戏曲；《武》有九变，就是武王的戏曲。圣人一生的事迹，都记录在乐曲之中。所以品德高尚的人听了乐曲，就能知道其中尽善尽美及尽美而不尽善的地方。后世作曲，只是作一些词调，与民俗风化没有任何关系，这怎么可以用来教化风俗呢！现在要想使民风返朴还淳，就要将当今戏曲中的淫词滥调都删去，只保留忠臣孝子的故事，使得愚笨庸俗的百姓都能人人明白，在潜移默化之中激发他们的良知，这对于风俗教化大有益处，然后古代的乐曲便能渐渐恢复了。"

钱德洪说："我要寻找元声却找不到，恐怕古代的乐曲也难以恢复吧。"

先生说："你说元声去哪里找呢？"

钱德洪回答："古人制造律管来确定节气，这大概就是寻找元声的方法吧。"

先生说："如果你要在草灰稻谷里寻找元声，就好像在水里捞月，怎么可能找得到呢？元声只在你心中寻找。"

钱德洪说："如何在心中寻找？"

先生说："古人治理天下，先将人心存养得中正平和，然后制作音乐。比如在此吟咏诗歌，你的心气平和，听的人自然能感到愉悦兴奋，这就是元声的发端。《尚书》说：'诗言志'，志便是乐的根本；'歌永言'，歌便是作乐的根本；'声依永，律和声'，音律只要声音和谐，和谐的声音就是制律的根本。何曾向外求过？"

钱德洪说："那么古人制作律管来确定节气的方法，是根据什么呢？"

先生说："古人具备中正平和的心体才制作乐曲。我中正平和的心体原本与天地之气相对应，测定天地之气、协调凤凰的声音，不过是为了验证自己的气

---

[1] 参见第六二条注。

是否中正平和。这些都是制成音律之后的事了，并非根据这些来制作音律。如今要用律管来确定节气，必须先确定冬至的日子，但是到了冬至的子时，又怕时间不准确，这又要去何处寻找标准呢？"

【二七七】

先生曰："学问也要点化，但不如自家解化者，自一了百当。不然，亦点化许多不得。"

【译文】

先生说："学问也需要开导，只是不如自己领悟那样一通全通。如果自己不能领悟，靠别人开导，也开导不了许多。"

【二七八】

先生曰："孔子气魄极大，凡帝王事业无不一一理会，也只从那心上来。譬如大树有多少枝叶，也只是根本上用得培养功夫，故自然能如此，非是从枝叶上用功做得根本也。学者学孔子，不在心上用功，汲汲然去学那气魄，却倒做了。"

【译文】

先生说："孔子的气魄十分大，但凡帝王的事业他都一一学过，不过这些也都是从他的本心得来。好比一棵大树，无论有多少枝叶，只要在树根上下培养的功夫，自然能够枝繁叶茂，而不是从枝叶上用功去培养树根。学者学习孔子，不在自己的心体上用功，却时刻想着去学孔子的气魄，这是把功夫做颠倒了。"

【二七九】

"人有过，多于过上用功，就是补甑，其流必归于文过。"

【译文】

"人有过错，如果多在过错上用功，就好像修补打碎的瓦罐，时日一长必然会产生文过饰非的毛病。"

【二八〇】

"今人于吃饭时,虽无一事在前,其心常役役不宁。只缘此心忙惯了,所以收摄不住。"

【译文】

"现在的人吃饭,即使没有事情要等着做,心中也常常不能宁静。只是因为心忙惯了,所以收不住。"

【二八一】

"琴瑟简编,学者不可无。盖有业以居之,心就不放。"

【译文】

"琴瑟与书籍,为学之人不能没有。因为有了这些事情来安定,心就不至于放纵了。"

【二八二】

先生叹曰:"世间知学的人,只有这些病痛打不破,就不是'善与人同'[1]。"

崇一曰:"这病痛只是个好高不能忘己尔。"

【译文】

先生感慨道:"世上懂得学问的人,只要这些毛病改不掉,就不是'善与人同'了。"

欧阳崇一说:"这毛病也只是因为好高骛远、不能忘掉私意罢了。"

【二八三】

问:"良知原是中和的,如何却有过、不及?"

先生曰:"知得过、不及处,就是中和。"

---

[1] 语出《孟子·公孙丑上》,是孟子对舜的评价。意为自己有优点,愿意别人同自己一样;别人有长处,就向别人学习。

【译文】

有人问:"良知原本是中正平和的,为何却有过与不及的情况?"

先生说:"知道自己在哪里过与不及,就是中正平和的良知。"

【二八四】

先生曰:"'所恶于上'是良知,'毋以使下'即是致知。[1]"

【译文】

先生说:"'所恶于上'便是良知,'毋以使下'便是致良知。"

【二八五】

先生曰:"苏秦、张仪之智,也是圣人之资。后世事业文章,许多豪杰名家,只是学得仪、秦故智。仪、秦学术善揣摸人情,无一些不中人肯綮[2],故其说不能穷。仪、秦亦是窥见得良知妙用处,但用之于不善尔。"

【译文】

先生说:"苏秦、张仪的才智,也具备了圣人的资质。后世的事业和文章,许多豪杰名家,只是学到了苏秦、张仪的皮毛。苏秦、张仪的学问擅长揣摩人情,没有一点不切中要害的,所以他们的学问不能穷尽。张仪、苏秦也是窥见了良知的妙用,只是把它用在不好的地方罢了。"

【二八六】

或问"未发""已发"。

先生曰:"只缘后儒将'未发''已发'分说了,只得劈头说个无'未发''已发',使人自思得之。若说有个'已发''未发',听者依旧落在后儒见解。若真见得无'未发''已发',说个有'未发''已发',原不妨,原有个'未发''已发'在。"

---

[1]《大学》:"所恶于上,毋以使下;所恶于下,毋以使上。"即如果厌恶上级对你的某种行为,就不要用这种行为去对待你的下属;如果厌恶下属对你的某种行为,就不要用这种行为去对待你的上级。

[2] 肯綮(qìng):典出《庄子·养生主》,意为筋骨结合的地方,比喻要害或关键处。

问曰:"'未发'未尝不和,'已发'未尝不中。譬如钟声,未扣不可谓无,既扣不可谓有。毕竟有个扣与不扣,何如?"

先生曰:"未扣时原是惊天动地,既扣时也只是寂天寞地。"

【译文】

有人向先生请教"未发"与"已发"。

先生说:"只是因为后世儒者将'未发'和'已发'分开来说,我只能劈头盖脸先说没有'未发'和'已发',让学者自己思考。如果说有'未发'和'已发',听的人仍然摆脱不了后世儒者的见解。如果真的能懂得没有'未发'和'已发'之分,即便说个'未发'和'已发'也无妨,因为原本就有'未发'和'已发'存在。"

有人问:"'未发'未尝不平和,'已发'未尝不中正。好比钟声,没有敲时不能说没有声音,敲了也不能说就有声音。但毕竟有敲和不敲的区别,是这样吗?"

先生说:"不敲时的钟声原本是惊天动地的,敲了后的钟声原本是寂寞无声的。"

【二八七】

问:"古人论性各有异同,何者乃为定论?"

先生曰:"性无定体,论亦无定体。有自本体上说者,有自发用上说者,有自源头上说者,有自流弊处说者。总而言之,只是一个性,但所见有浅深尔。若执定一边,便不是了。性之本体,原是无善无恶的,发用上也原是可以为善、可以为不善的,其流弊也原是一定善、一定恶的。譬如眼,有喜时的眼,有怒时的眼,直视就是看的眼,微视就是觑的眼。总而言之,只是这个眼。若见得怒时眼就说未尝有喜的眼,见得看时眼就说未尝有觑的眼,皆是执定,就知是错。孟子说性,直从源头上说来,亦是说个大概如此;荀子性恶之说,是从流弊上来,也未可尽说他不是,只是见得未精耳。众人则失了心之本体。"

问:"孟子从源头上说性,要人用功在源头上明彻;荀子从流弊说性,功夫只在末流上救正,便费力了。"

先生曰："然。"

【译文】

有人问："古人论性的说法各有异同，谁的说法可以作为定论呢？"

先生说："性没有定体，关于性的说法也不存在定论。有的人从本体上说，有的人从发用上说，有的人从源头上说，有的人从流弊上说。总而言之，只是一个性，只是见解有深有浅罢了。如果执着于一家之言，便流于偏颇了。性的本体原本无分善恶，在作用上也只是可以为善、可以为不善的，性的流弊也是有一定的善、一定的恶的。好比眼睛，有高兴时的眼睛，有愤怒时的眼睛，直视时就是正面看的眼睛，偷看时就是窥视的眼睛。总而言之，只是同一个眼睛。如果看到愤怒时的眼睛就说没有高兴时的眼睛，看到直视时的眼睛就说没有窥视时的眼睛，这就都是执着，显然是错误的。孟子说性，都是从源头上说的，也只说了个大概；荀子说性恶，是从流弊上说，也不能认为他说的就一定不对，只是认识得不精微而已。但一般人失去了心的本体。"

那人问："孟子从源头上说性，要人用功，从源头上开始就明白透彻；荀子从流弊上说性，所以在功夫上就舍本逐末，白费了许多力气。"

先生说："是的。"

【二八八】

先生曰："用功到精处，愈着不得言语，说理愈难。若着意在精微上，全体功夫反蔽泥了。"

【译文】

先生说："用功到纯粹之处，就越难诉诸言语，说理也就越难。如果执意在精微之处探求，功夫的全体反而被遮蔽了。"

【二八九】

"杨慈湖[1]不为无见，又着在无声无臭上见了。"

---

[1] 杨慈湖：即杨简（1140—1226），字敬仲，浙江慈溪人。陆九渊的弟子，对传播心学有重要作用。

【译文】

"杨简并非没有见识,他只是执着在无声无味中去体认罢了。"

【二九〇】

"人一日间,古今世界都经过一番,只是人不见耳。夜气清明时,无视无听,无思无作,淡然平怀,就是羲皇世界;平旦时,神清气朗,雍雍穆穆,就是尧舜世界;日中以前,礼仪交会,气象秩然,就是三代世界;日中以后,神气渐昏,往来杂扰,就是春秋战国世界;渐渐昏夜,万物寝息,景象寂寥,就是人消物尽世界。学者信得良知过,不为气所乱,便常做个羲皇以上人。"

【译文】

"人在一日之间,从古至今的世界都能游历一番,只是人自己没有意识到罢了。夜晚清爽明白之时,没有视觉和听觉,没有思想和作为,心中淡然平静,就是伏羲的时代;清晨时,人神清气爽,安定庄严,便是尧舜的时代;中午以前,人们礼貌交往,秩序井然,就是夏商周的时代;中午以后,人的精神昏蔽,往来杂扰,就是春秋战国的时代;等到夜晚渐渐昏黑,万物休息,景象寂然,便是人与物都消失殆尽的时代。学者如果能坚信良知,不为气的变化所扰乱,就能一直做伏羲时代的人。"

【二九一】

薛尚谦、邹谦之、马子萃、王汝止[1]侍坐,因叹先生自征宁藩[2]以来,天下谤议益众。请各言其故。有言先生功业势位日隆,天下忌之者日众;有言先生之学日明,故为宋儒争是非者亦日博;有言先生自南都以后,同志信从者日众,而四方排阻者日益力。

先生曰:"诸君之言,信皆有之。但吾一段自知处,诸君俱未道及耳。"

诸友请问。

---

[1] 王汝止:即王艮(1483—1541),字汝止,号心斋,江苏泰州人。王阳明的弟子,泰州学派的创始人。

[2] 征宁藩:即正德十四年(1519年),王阳明平定宁王朱宸濠之乱。

先生曰："我在南都以前，尚有些子乡愿[1]的意思在。我今信得这良知真是真非，信手行去，更不着些覆藏。我今才做得个狂者[2]的胸次，使天下之人都说我行不掩言也罢。"

尚谦出曰："信得此过，方是圣人的真血脉。"

【译文】

薛尚谦、邹谦之、马子莘、王艮坐在先生旁，感叹先生从平定宁王之乱以来，天下诽谤议论的人越来越多。先生就让大家谈谈是何原因。有人说是因为先生的功业权势日盛，天下嫉妒的人越来越多；有人说是因为先生的学说日益昌明，所以替宋儒争辩是非的人越来越多；有人说是先生从南京讲学以后，同道和信众越来越多，所以四面八方的排挤阻挠也越来越多。

先生说："你们说的这些原因，想来也都存在。只是我有一些自己的感受，你们都没有说到。"

大家向先生请教。

先生说："我到南京以前，还有一些乡愿的想法。如今我确信良知能够知道真是真非，便放手去做，不去遮掩。我如今才有狂放的心胸，即便天下人都说我做得不如说得好也没有关系。"

薛尚谦起来说："相信这个道理，才是圣人真正的血脉。"

【二九二】

先生锻炼人处，一言之下，感人最深。

一日，王汝止出游归，先生问曰："游何见？"

对曰："见满街人都是圣人。"

先生曰："你看满街人是圣人，满街人倒看你是圣人在。"

又一日，董萝石[3]出游而归，见先生曰："今日见一异事。"

先生曰："何异？"

---

[1]《论语·阳货》："乡愿，德之贼也。"意为没有原则、一味逢迎的人。

[2]《论语·子路》："不得中行而与之，必也狂狷乎？狂者进取，狷者有所不为。"

[3] 董萝石：即董沄（1457—1533），字复宗，号萝石，晚号从吾道人，68岁始学于王阳明。

对曰:"见满街人都是圣人。"

先生曰:"此亦常事耳,何足为异?"

盖汝止圭角[1]未融,萝石恍见有悟,故问同答异,皆反其言而进之。

洪与黄正之、张叔谦[2]、汝中丙戌会试归,为先生道涂中讲学,有信、有不信。

先生曰:"你们拿一个圣人去与人讲学,人见圣人来,都怕走了,如何讲得行?须做得个愚夫愚妇,方可与人讲学。"

洪又言:"今日要见人品高下最易。"

先生曰:"何以见之?"

对曰:"先生譬如泰山在前,有不知仰者,须是无目人。"

先生曰:"泰山不如平地大,平地有何可见?"

先生一言剪裁,剖破终年为外好高之病,在座者莫不悚惧。

【译文】

先生点化人,一句话就能使人有很深切的感受。

一天,王艮出门归来,先生问他:"出门看到了什么?"

王艮回答:"我看到满街都是圣人。"

先生说:"你看满街都是圣人,满街的人倒看你是个圣人了。"

有一天,董云外出归来,见到先生,说:"今天看到一件怪事。"

先生问:"什么怪事?"

董云说:"我看到满街都是圣人。"

先生说:"这不过是平常事,有什么好奇怪的?"

大概是因为王艮的锋芒与棱角不能收敛,董云则是恍然有所领悟,所以对同一个问题,先生的回答不同,这大概是针对他们的话来开导他们。

钱德洪、黄正之、张叔谦、王畿丙戌年参加会试回来,途中讲授先生的学说,有人信,有人不信。

先生说:"你们一个个都扮作圣人去跟人讲学,别人看到圣人来了,都害怕

---

[1] 圭角:比喻锋芒。圭:玉器。

[2] 张叔谦:名元冲,号浮峰,浙江绍兴人,王阳明的弟子。

逃走了，怎么能讲得通呢？必须扮作愚夫愚妇的模样，才能与人讲学。"

钱德洪又说："如今要分辨人品的高下最为容易。"

先生说："何以见得？"

钱德洪回答："先生好比眼前的泰山，如果有人不知道仰望先生，大概就是不长眼的人吧。"

先生说："泰山不如平地广大，平地有什么值得仰望的？"

经过先生的一言点化，便破除我们多年来好高骛远的毛病，在座之人没有不感到心惊的。

【二九三】

癸未春，邹谦之来越问学，居数日，先生送别于浮峰。是夕与希渊诸友移舟宿延寿寺，秉烛夜坐。先生慨怅不已，曰："江涛烟柳，故人倏在百里外矣！"

一友问曰："先生何念谦之之深也？"

先生曰："曾子所谓'以能问于不能，以多问于寡；有若无，实若虚；犯而不校'[1]，若谦之者，良近之矣。"

【译文】

嘉靖二年（1523年）春天，邹谦之来绍兴问学，住了几天，走的时候先生送他到浮峰。当天晚上，先生与希渊等人乘船到延寿寺过夜，大家秉烛夜谈。先生感慨不已，说道："江水滔滔，烟柳朦胧，一瞬之间故人都已在百里之外了！"

一位学友问："先生为何如此挂念谦之？"

先生说："曾子说过'明明有才能却向无才的人请教，明明有学识却向无学识的人请教；有才却如同没有才能一样，有实学却又虚怀若谷；受到冒犯也能够不计较'，像谦之这样的人，就非常接近了。"

---

[1] 语出《论语·泰伯》。

【二九四】

丁亥年九月，先生起复[1]征思田[2]。将命行时，德洪与汝中论学。汝中举先生教言曰："无善无恶是心之体，有善有恶是意之动。知善知恶是良知，为善去恶是格物。"

德洪曰："此意如何？"

汝中曰："此恐未是究竟话头。若说心体是无善无恶，意亦是无善无恶的意，知亦是无善无恶的知，物亦是无善无恶的物矣。若说意有善恶，毕竟心体还有善恶在。"

德洪曰："心体是天命之性，原是无善无恶的。但人有习心，意念上见有善恶在。格、致、诚、正、修，此正是复那性体功夫。若原无善恶，功夫亦不消说矣。"

是夕侍坐天泉桥[3]，各举请正。

先生曰："我今将行，正要你们来讲破此意。二君之见，正好相资为用，不可各执一边。我这里接人，原有此二种：利根之人，直从本原上悟入，人心本体原是明莹无滞的，原是个'未发之中'，利根之人一悟本体，即是功夫，人己内外一齐俱透了；其次不免有习心在，本体受蔽，故且教在意念上实落为善去恶，功夫熟后，渣滓去得尽时，本体亦明尽了。汝中之见，是我这里接利根人的；德洪之见，是我这里为其次立法的。二君相取为用，则中人上下皆可引入于道。若各执一边，眼前便有失人，便于道体各有未尽。"

既而曰："以后与朋友讲学，切不可失了我的宗旨：'无善无恶是心之体，有善有恶是意之动。知善知恶是良知，为善去恶是格物。'[4] 只依我这话头，随人指点，自没病痛，此原是彻上彻下功夫。利根之人，世亦难遇。本体功夫一悟尽透，此颜子、明道所不敢承当，岂可轻易望人？人有习心，不教他在良知上

---

[1] 起复：古代为官者遇父母丧事要停职回家守孝，是谓丁忧；守孝期满复职，即谓起复。

[2] 征思田：思即思恩（今广西南宁武鸣区西北）、田即田州（今广西百色东）。当时少数民族与当地政府发生冲突，王阳明奉命征讨。

[3] 天泉桥：王阳明府邸碧霞池上的一座桥，这次谈话也被称作"天泉证道"。

[4] "无善无恶是心之体"四句，即王阳明著名的四句教。

实用为善去恶功夫，只去悬空想个本体，一切事为俱不着实，不过养成一个虚寂。此个病痛不是小小，不可不早说破。"

是日德洪、汝中俱有省。

【译文】

嘉靖六年（1527年）九月，先生守孝期满复职，奉命讨伐思恩、田州的叛乱。出征前，钱德洪与王汝中讨论学问。王汝中举出先生的教诲说："无善无恶是心的本体，有善有恶是意念发动。知善知恶是良知呈现，为善去恶是格物功夫。"

钱德洪说："这句话的意思怎么理解？"

王汝中说："这恐怕还没有说尽。如果说心的本体是无善无恶的，意念也应当是无善无恶的意念，良知也应当是无善无恶的良知，物也应当是无善无恶的物。如果说意念有善有恶，那么心的本体便还有善恶之分存在。"

钱德洪说："心的本体是天所赋予的本性，原本就是无善无恶的。然而人有沾染习气之心，意念上便看得到善恶。格物、致知、诚意、正心、修身，正是要恢复天性本体的功夫。如果原本就无善无恶，那便不需要说功夫了。"

当天夜晚，两人陪同先生一起坐在天泉桥上，各自说了自己的观点，请先生指正。

先生说："我马上要出征了，正要给你们阐明这个意思。你们两人的见解，正好可以相互补充，切不可各执一边。我开导人的方法一直有两种：天资聪颖的人，直接从本原上体悟，人心的本体原本就明白透彻，原本就是个'未发之中'，聪明的人只要领悟了本体，便有了功夫，人与己、内与外就都贯通透彻了；资质较差的人，心中难免会受到习气的干扰，心的本体受到蒙蔽，所以就教他们在意念上切实去下为善去恶的功夫，功夫纯熟之后，心中的杂念都去干净了，心的本体也就明白了。汝中的见解，是我这里开导天资聪颖之人的；德洪的见解，是我这里开导天资较差之人的。你们两人的观点相互补充运用，无论天资高下，都可以引导入道；如果各执一边，当下就会有许多人不得入道，对于道也不能穷尽。"

先生接着说："以后与朋友们讲学，你们千万不能丢掉我的宗旨：'无善无恶是心的本体，有善有恶是意念发动。知善知恶是良知呈现，为善去恶是格物功夫。'只要照着我这话，随人所需进行指点，便不会有什么差错，这本来就是一以贯之的功夫。天资聪颖的人，世间难遇。本体和功夫一领悟就能全然明白，即便是颜回、程颢先生都不敢当，怎能轻易期望别人呢？人有习气沾染，不教人在良知上切实地下为善去恶的功夫，只凭空去思考心体，一切事情都不切实应对，只会养成好虚喜静的毛病。这不是小病小痛，不能不早向你们说清楚。"

这一天，钱德洪与王汝中都有所省悟。

【二九五】

先生初归越时，朋友踪迹尚寥落，既后四方来游者日进。癸未年以后，环先生而居者比屋，如天妃、光相诸刹，每当一室，常合食者数十人，夜无卧处，更相就席，歌声彻昏旦。南镇、禹穴、阳明洞诸山远近寺刹，徒足所到，无非同志游寓所在。先生每临讲座，前后左右环坐而听者，常不下数百人。送往迎来，月无虚日。至有在侍更岁，不能遍记其姓名者。每临别，先生常叹曰："君等虽别，不出天地间，苟同此志，吾亦可以忘形似矣。"诸生每听讲出门，未尝不跳跃称快。尝闻之同门先辈曰："南都以前，朋友从游者虽众，未有如在越之盛者。"此虽讲学日久，孚信渐博，要亦先生之学日进，感召之机申变无方，亦自有不同也。

【译文】

先生刚回绍兴时，前来拜访的朋友还寥寥无几，后来四面八方前来拜访的人越来越多。嘉靖二年（1523年）以后，围绕先生居住的人也越来越多，天妃、光相两寺，每间屋里时常有几十人一起吃饭，晚上没有躺卧的地方，就轮流睡觉，歌声通宵达旦。南镇、禹穴、阳明洞等山中远近的寺庙，凡是移步便能到的，都有同道们居住的地方。先生每次讲学，前后左右四周围着听的人，常常不下数百人。迎来送往，一个月当中没有间断的时日。甚至有人听讲了一年多，先生还不能完全记住他们的名字。每次分别时，先生常感慨说："你们虽然离开了，但还在天地之间，只要我们志向相同，我不记得你们的形貌又有什么关系。"学生们每次听完先生讲学,出门时无不欢呼雀跃。我曾听同门师兄说:"以前在南京讲学,向先生求教的朋友虽然多,但远不如在绍兴那么隆盛。"这固然是先生讲学时日久了,获得的信任越来越多,但关键还是先生的学说日益精进,感召学生的时机和方法巧妙无比,效果自然也会不同。

【二九六】

以后黄以方录[1]。

黄以方问:"'博学于文'为随事学存此天理,然则谓'行有余力,则以学文',其说似不相合。"

先生曰:"《诗》《书》六艺皆是天理之发见,文字都包在其中。考之《诗》《书》六艺,皆所以学存此天理也,不特发见于事为者方为文耳。'余力学文'亦只'博学于文'中事。"

或问"学而不思"二句[2]。

曰:"此亦有为而言,其实思即学也,学有所疑,便须思之。'思而不学'者,盖有此等人,只悬空去思,要想出一个道理,却不在身心上实用其力,以学存此天理。思与学作两事做,故有'罔'与'殆'之病。其实思只是思其所学,原非两事也。"

【译文】

此后内容是黄以方所录。

黄以方问:"孔子说'博学于文',是要人在遇到的事情上学习存养天理,然而孔子又说'行有余力,则以学文',两个说法似乎并不一致。"

先生说:"《诗》《书》等《六经》都是天理的显现,文字都包含在其中。考察《诗》《书》等《六经》,都是用来学习存养天理的,并不是说显现在事情的上才叫文。'余力学文'也只是'博学于文'之中的事。"

有人向先生请教"学而不思则罔,思而不学则殆"两句。

先生说:"孔子说这两句话也是有特定的目的,实际上思考就是学习,学

---

[1] 自此条起至第三二二条为黄以方所录。

[2] 《论语·学而》:"学而不思则罔,思而不学则殆。"罔:迷惑;殆:有害。

习有疑问便需要思考。'思而不学'的人也有，这类人只凭空思考，想要思考出个道理来，却全然不在自己的身体与心体上切实用功，学习存养天理。将思考与学习分作两件事，所以才会有'罔'和'殆'的毛病。其实思就是思其所学，原本并不存在两件事。"

【二九七】

先生曰："先儒解'格物'为格天下之物，天下之物如何格得？且谓'一草一木亦皆有理'，今如何去格？纵格得草木来，如何反来诚得自家意？我解'格'作'正'字义，'物'作'事'字义。《大学》之所谓'身'，即耳、目、口、鼻、四肢是也。欲修身，便是要目非礼勿视，耳非礼勿听，口非礼勿言，四肢非礼勿动。要修这个身，身上如何用得功夫？心者身之主宰，目虽视，而所以视者心也；耳虽听，而所以听者心也；口与四肢虽言、动，而所以言、动者心也。故欲修身，在于体当自家心体，常令廓然大公，无有些子不正处。主宰一正，则发窍于目自无非礼之视，发窍于耳自无非礼之听，发窍于口与四肢自无非礼之言、动，此便是修身在正其心。

"然至善者，心之本体也，心之本体那有不善？如今要正心，本体上何处用得工？必就心之发动处才可着力也。心之发动不能无不善，故须就此处着力，便是在诚意。如一念发在好善上，便实实落落去好善；一念发在恶恶上，便实实落落去恶恶。意之所发既无不诚，则其本体如何有不正的？故欲正其心在诚意。工夫到诚意始有着落处。

"然诚意之本，又在于致知也。所谓'人虽不知而己所独知'者，此正是吾心良知处。然知得善，却不依这个良知便做去，知得不善，却不依这个良知便不去做，则这个良知便遮蔽了，是不能致知也。吾心良知既不得扩充到底，则善虽知好，不能着实好了；恶虽知恶，不能着实恶了，如何得意诚？故致知者，意诚之本也。

"然亦不是悬空的致知，致知在实事上格。如意在于为善，便就这件事上去为；意在于去恶，便就这件事上去不为。去恶固是格不正以归于正；为善则不善正了，亦是格不正以归于正也。如此，则吾心良知无私欲蔽了，得以致其极，而意之所发，好善去恶，无有不诚矣。诚意工夫实下手处在格物也，若如此格物，人人便做得。'人皆可以为尧舜'，正在此也。"

【译文】

先生说："程颐先生解释'格物'为格天下之物，天底下那么多物要怎么去格呢？还说'一草一木都有理'，如今要怎么去格呢？纵然能够格草木的道理，又如何用来作用于自己，来诚自己的意念呢？我把'格'字解作'正'字，'物'字解作'事'字。《大学》所谓'身'，就是耳、目、口、鼻、四肢。想要修身，就是要眼睛非礼勿视，耳朵非礼勿听，嘴巴非礼勿言，四肢非礼勿动。想要修这个身，那么身上的功夫怎么去下呢？心是身体的主宰，眼睛虽然会看，但使眼睛能看的是心；耳朵虽然会听，但使得耳朵能听的是心，嘴巴和四肢虽然会言说、动作，但使得嘴巴、四肢能够言说、动作的是心。所以想要修身，就应该体悟自己的心体，时常令其宽广、公正，没有一点不正的念头。身体的主宰一旦正了，那么作用于眼睛便没有非礼之视，作用于耳朵便没有非礼之听，作用于嘴巴和四肢便能没有非礼之言和动，这就是修身在正心的意思。

"然而至善是心的本体，心的本体何来不善？如今要正心，可以在本体上什么地方用功呢？这就要在心的发动之处才能用功了。心的发动不可能没有不善的，所以必须在此处用功，这就是诚意。如果一念发动在好善上，便切切实实去好善；一念发动在恶恶上，便切切实实去恶恶。意念的发动便没有不诚的了，那么本体怎么会不正呢？所以要正心就在于诚意。功夫用到诚意上，才有了着落。

"然而诚意的根本在于致知。朱熹所谓'人虽不知而己所独知'，正是我们心中良知的所在。然而知道善而不依良知去做，知道不善而不依良知不去做，良知便被遮蔽了，这就是不能致良知。我心中的良知既然不能扩充到底，那么虽然知道善是好的，却不能切实去喜欢，知道恶是坏的，却不能切实去厌恶，怎能使得意念真诚呢？所以致知是诚意的根本。

"然而也并非凭空追求致良知，致良知要在实际的事物上下手。比如意念指向为善，就要在为善的事上去做；意念指向去恶，就要在去恶的事上去做。

去恶固然是纠正不正的念头,使其归于正;为善则是不善已经得到纠正,也同样是纠正不正的念头,使其归于正。这样,我们心中的良知便没有私欲蒙蔽,才能扩充到极致,好善恶恶的意念发动,才没有不真诚的。诚意功夫的切实下手之处在于格物,如果像这样格物,人人都能做到。'人人都能成为尧舜',正是这个意思。"

【二九八】

先生曰:"众人只说格物要依晦翁,何曾把他的说去用?我着实曾用来。初年与钱友同论,做圣贤要格天下之物,如今安得这等大的力量?因指亭前竹子,令去格看。钱子早夜去穷格竹子的道理,竭其心思,至于三日,便致劳神成疾。当初说他这是精力不足,某因自去穷格,早夜不得其理。到七日,亦以劳思致疾。遂相与叹圣贤是做不得的,无他大力量去格物了。及在夷中三年,颇见得此意,乃知天下之物本无可格者,其格物之功,只在身心上做。决然以圣人为人人可到,便自有担当了。这里意思,却要说与诸公知道。"

【译文】

先生说:"人人都说格物要遵照朱熹先生的教诲,但他们何曾切实把朱子的学说付诸实践?我曾经认真实践过。早年,我同一名姓钱的朋友一起讨论,认为做圣贤就要格尽天下之物,但哪能有那么大的力量呢?我就指了指亭前的竹子,让他去格格看。他从早到晚去穷格竹子的道理,殚精竭虑,到了第三天,便因为劳心劳神生了病。当时我说他是精力不足,于是我就自己去格竹,从早到晚地格,也没看出道理。到了第七天,我也劳思致病了。于是我们互相感叹,认为圣贤是做不成的,没有那般大的力量去格物。然而在贵州龙场的三年,我对格物的道理有了自己的心得,才知道天下的事物本来就没什么可以格的,格物的功夫只需要在自己的身体和心灵上做。这才相信人人都可以成圣人,才有了一份传播圣人之道的担当。这个道理,我要让诸位都知道。"

【二九九】

门人有言,邵端峰[1]论童子不能"格物",只教以洒扫应对之说。

先生曰:"洒扫应对就是一件物。童子良知只到此,便教去洒扫应对,就是致他这一点良知了。又如童子知畏先生长者,此亦是他良知处。故虽嬉戏中,见了先生长者,便去作揖恭敬,是他能格物以致敬师长之良知了。童子自有童子的格物致知。"

又曰:"我这里言格物,自童子以至圣人,皆是此等工夫。但圣人格物,便更熟得些子,不消费力。如此格物,虽卖柴人亦是做得,虽公卿大夫以至天子,皆是如此做。"

【译文】

弟子中有人说,邵端峰认为儿童不能"格物",只能教给他们洒水扫地、酬答宾客的道理。

先生说:"洒水扫地、酬答宾客就是一件事。儿童的良知只到这个程度,便教他们洒水扫地、酬答宾客,就是实现他们那一点的良知。又比如儿童知道敬畏师长,这也是他们的良知所在。所以即便他们正在嬉戏玩耍,见到师长也会去打躬作揖,这是他能格物、尊敬师长的良知。儿童有儿童自己的格物与致知。"

先生又说:"我这里说的格物,从儿童到圣人,都是这样的功夫。只是圣人格物,功夫更纯熟,不需要费力气。这样的格物,即便是卖柴的人也能做到,即便是公卿大夫甚至到天子,也都是这样做。"

【三〇〇】

或疑知行不合一,以"知之匪艰"[2]二句为问。

先生曰:"良知自知,原是容易的。只是不能致那良知,便是'知之匪艰,行之惟艰'。"

---

[1] 邵端峰:情况不详。

[2] 《尚书·说命中》:"知之匪艰,行之惟艰。"意为知道并不难,做到却很难。

【译文】

有人怀疑知行合一之说，向先生请教《尚书》中的"知之匪艰，行之惟艰"两句。

先生说："良知自然知道，原本是容易的。只是因为不能致良知，才会有'知道并不难，做到却很难'的说法。"

【三〇一】

门人问曰："知行如何得合一？且如《中庸》言'博学之'，又说个'笃行之'，分明知行是两件。"

先生曰："博学只是事事学存此天理，笃行只是学之不已之意。"

又问："《易》'学以聚之'，又言'仁以行之'[1]，此是如何？"

先生曰："也是如此。事事去学存此天理，则此心更无放失时，故曰'学以聚之'。然常常学存此天理，更无私欲间断，此即是此心不息处，故曰'仁以行之'。"

又问："孔子言'知及之，仁不能守之'[2]，知行却是两个了。"

先生曰："说'及之'，已是行了，但不能常常行，已为私欲间断，便是'仁不能守'。"

又问："心即理之说，程子云'在物为理'，如何谓'心即理'？"

先生曰："'在物为理'，'在'字上当添一'心'字，此心在物则为理。如此心在事父则为孝、在事君则为忠之类。"

先生因谓之曰："诸君要识得我立言宗旨。我如今说个'心即理'是如何？只为世人分心与理为二，故便有许多病痛。如五伯攘夷狄、尊周室，都是一个私心，使不当理。人却说他做得当理，只心有未纯，往往悦慕其所为，要来外面做得好看，却与心全不相干。分心与理为二，其流至于伯道之伪而不自知。

---

[1]《周易·乾卦·文言》："君子学以聚之，问以辨之，宽以居之，仁以行之。"即君子通过学习习得知识，通过问答辨明道理，以宽厚的品德对待他人，以爱人的态度处理事务。

[2]《论语·卫灵公》："子曰：'知及之，仁不能守之；虽得之，必失之。'"即懂得一个道理却不能以仁德保持它，这样即便知道了但也还是会失去。

故我说个'心即理',要使知心理是一个,便来心上做工夫,不去袭义于义[1],便是王道之真。此我立言宗旨。"

又问:"圣贤言语许多,如何却要打做一个?"

曰:"我不是要打做一个,如曰'夫道,一而已矣'[2],又曰'其为物不二,则其生物不测'[3],天地圣人皆是一个,如何二得?"

【译文】

有弟子问:"知行如何能够合一?比如《中庸》说'博学之',又说'笃行之',知行分明是两件事。"

先生说:"博学只是每件事上都学习存养天理,笃行也只是学习不已的意思。"

那位弟子又问:"《易》说'学以聚之',又说'仁以行之',这话如何理解?"

先生说:"也是如此。每件事上学习存养天理,那么心就没有放纵丢失的时候,所以说'学以聚之'。然而,时常存养天理,又没有私欲中断,这就是心体生生不息之处,所以说'仁以行之'。"

那位弟子又问:"孔子说'知及之,仁不能守之',知和行就成了两件事。"

先生说:"谈到'及之',那就已经是行了,只是不能一直去行,有私欲阻隔,所以才说'仁不能守'。"

又问:"关于心即理的说法,程颐先生说'在物为理',先生为何说'心就是理'呢?"

先生说:"'在物为理','在'字上应当加一个'心'字,心呈现在物上便是理。比如心呈现在侍奉父亲上就是孝、呈现在事君上就是忠等。"

先生继而又说:"诸位要明白我立言的宗旨。我如今说'心就是理'是为何?只是因为世人将心和理分作两边,所以有许多毛病。比如春秋五霸尊王攘

---

[1] 陈捷荣先生认为,此处当作"袭义于外",译文从此说。

[2] 《孟子·滕文公上》:"孟子云:'世子疑吾言乎?夫道一而已矣。'"

[3] 《中庸》:"天地之道,可一言而尽也。其为物不二,则其生物不测。"

夷，都是为了一己私心，便不符合天理。有人却说他们做得符合天理，这是因为他们的心还不纯正，往往会羡慕他们的事功，只求外表做得好看，实则与自己的内心毫不相干。将心与理分作两边，就会流于霸道虚伪而不自知。所以我说'心就是理'，就是要人在心上用功，不去心外求义，这才是至纯至真的王道。这就是我立言的宗旨。"

这位弟子又问："圣贤说了许多话，为何要把它们概括成一个道理呢？"

先生说："并非我要概括成一个道理，比如孟子说'世间的道只有一个'，《中庸》又说'道与物并行不二，道生物神妙不测'，天地与圣人都是一个，怎能把它分作两个呢？"

【三〇二】

"心不是一块血肉，凡知觉处便是心。如耳目之知视听，手足之知痛痒，此知觉便是心也。"

【译文】

"心并不是一团血肉，只要有知觉的地方就是心。比如耳朵眼睛可以听或看，手足知道痛痒，这些知觉便是心。"

【三〇三】

以方问曰："先生之说格物，凡《中庸》之'慎独'及'集义''博约'等说，皆为格物之事？"

先生曰："非也。格物即'慎独'，即'戒惧'。至于'集义''博约'，工夫只一般，不是以那数件都做'格物'底事。"[1]

【译文】

黄以方问："先生解释格物，像《中庸》所说的'慎独'、《孟子》所说的'集义'、《论语》所说的'博约'等，都包括在格物之中吗？"

先生说："不是。格物就是'慎独'，就是'戒慎恐惧'。至于'集

---

[1] 据邓艾民先生的说法，王阳明可能认为"慎独""戒惧"偏重于存养本心，而"集义""博约"偏重于穷理，所以说是一般的功夫。

义''博约'，只是一般的功夫，并不能说那几件都是格物的事。"

【三〇四】

以方问"尊德性"[1]一条。

先生曰："'道问学'即所以'尊德性'也。晦翁言：'子静[2]以"尊德性"诲人，某教人岂不是"道问学"处多了些子？'是分'尊德性''道问学'作两件。且如今讲习讨论，下许多工夫，无非只是存此心，不失其德性而已。岂有'尊德性'只空空去尊，更不去问学，问学只是空空去问，更与德性无关涉？如此，则不知今之所以讲习讨论者，更学何事！"

问"致广大"二句。

曰："'尽精微'即所以'致广大'也，'道中庸'即所以'极高明'也。盖心之本体自是广大底，人不能'尽精微'，则便为私欲所蔽，有不胜其小者矣。故能细微曲折无所不尽，则私意不足以蔽之，自无许多障碍遮隔处，如何广大不致？"

又问："精微还是念虑之精微，事理之精微？"

曰："念虑之精微，即事理之精微也。"

【译文】

黄以方向先生请教"尊德性"的意思。

先生说："'道问学'就是为了'尊德性'。朱熹先生说过：'子静用"尊德性"来教诲人，我教人岂不是"道问学"的地方多一些呢？'这是将'尊德性'和'道问学'分作两件事了。如今我们讲习讨论，下许多功夫，无非都为了存养此心，使自己不失去德性罢了。岂有凭空去'尊德性'而不去问学，凭空去问学而全然与德性无关的道理？若是如此，就不知道我们现在的讲习讨论和学习的究竟是什么了！"

黄以方向先生请教"致广大"两句的意思。

---

[1]《中庸》："故君子尊德性而道问学，致广大而尽精微，极高明而道中庸。"意为重视德性而致力于学问，追求广大而穷尽精微，十分高明而通达中庸。

[2] 子静：即陆九渊的字。

先生说："'尽精微'就是为了'致广大'，'道中庸'就是为了'极高明'。因为心的本体原本就是广大的，人不能'尽精微'就会被私欲蒙蔽，在细微之处无法致知。所以如果能在细微曲折的地方都穷尽精微，那么私意就不足以蒙蔽心体，自然就没了许多障碍阻隔，又怎能不广大呢？"

黄以方又问："精微是指意念思虑的精微，还是事物道理的精微？"

先生说："意念思虑的精微就是事物道理的精微。"

【三〇五】

先生曰："今之论性者纷纷异同，皆是说性，非见性[1]也。见性者无异同之可言矣。"

【译文】

先生说："现在讨论性的人都在争同辩异，这只是谈论性，却没有真正懂得性。如果真正懂得性，便没什么同异可以争辩的了。"

【三〇六】

问："声、色、货、利，恐良知亦不能无？"

先生曰："固然。但初学用功，却须扫除荡涤，勿使留积，则适然来遇，始不为累，自然顺而应之。良知只在声、色、货、利上用工。能致得良知精精明明，毫发无蔽，则声、色、货、利之交，无非天则流行矣。"

【译文】

有人问："声、色、货、利，恐怕良知里也不能没有吧？"

先生说："当然。只是初学用功时，需要将其扫除干净，不能有存留，这样偶然遇到了，也不会为其所牵累，自然能顺良知去应对。致良知只在声、色、货、利上用功。能把良知致得精细明白，没有丝毫遮蔽，即便与声、色、货、利交往，也无非天理的流转罢了。"

---

[1] 见性：佛家用语，意为有见于佛性而顿悟。王阳明此处为借用佛家的语词。

【三〇七】

先生曰:"吾与诸公讲'致知''格物',日日是此,讲一二十年俱是如此。诸君听吾言,实去用功,见吾讲一番,自觉长进一番。否则只作一场话说,虽听之亦何用?"

【译文】

先生说:"我与诸位讲'致知''格物',每天如此,讲个一二十年都是如此。诸位听了我的话,切实去用功,那么听我讲一次,自然会感觉到长进一次。否则只是一场空谈,即便听了又有什么用?"

【三〇八】

先生曰:"人之本体常常是寂然不动的,常常是感而遂通的。'未应不是先,已应不是后。'[1]"

【译文】

先生说:"人的本体时常是寂然不动的,又时常是一有感应就能通的。程颐先生说:'未有感应的心体未必就在先,有所感应的作用也未必就在后。'正是这个道理。"

【三〇九】

一友举:"佛家以手指显出,问曰:'众曾见否?'众曰:'见之。'复以手指入袖,问曰:'众还见否?'众曰:'不见。'佛说:'还未见性。'此义未明。"

先生曰:"手指有见有不见,尔之见性常在。人之心神只在有睹有闻上驰骛,不在不睹不闻上着实用功。盖不睹不闻是良知本体,'戒慎恐惧'是致良知的工夫。学者时时刻刻常睹其所不睹,常闻其所不闻,工夫方有个实落处。久久成熟后,则不须着力,不待防检,而真性自不息矣。岂以在外者之闻见为累哉?"

---

[1] 语出《河南程氏遗书》卷十五。

【译文】

一位学友举佛家的例子问道:"佛伸出手指问:'诸位可曾看到?'众人说:'看到了。'佛又把手指缩回袖子里,问:'诸位还能看到吗?'众人说:'看不到了。'佛说:'你们还没有见性。'我不明白佛的意思。"

先生说:"手指有时看得到,有时看不到,但你的本性一直存在。人的心神往往只在看得见、摸得着的地方驰骋,却不在看不见、摸不着的地方切实用功。然而看不见、摸不着才是良知的本然状态,'戒慎恐惧'才是致良知的功夫。为学之人时时刻刻去体察那些眼睛看不到的地方,听闻那些耳朵听不到的地方,功夫才有个切实的着落。久而久之,功夫纯熟之后,便不费力,也不需要时刻提防检查,真正的本性自然生生不息。怎能为外在的见闻所牵累呢?"

【三一〇】

问:"先儒谓'鸢飞鱼跃'与'必有事焉',同一活泼泼地[1]?"

先生曰:"亦是。天地间活泼泼地,无非此理,便是吾良知的流行不息。致良知便是'必有事'的工夫。此理非惟不可离,实亦不得而离也。无往而非道,无往而非工夫。"

【译文】

有人问:"程颢先生认为'鸢飞鱼跃'和'必有事焉',同样都是生动活泼的吗?"

先生说:"这样说也对。天地之间,生动活泼的无非这个理,就是我们的良知流行不息。致良知便是'必有事'的功夫。这个理不仅不能脱离,也确实无法脱离。世间所有的事物都符合大道,世间所有的事物都是这个功夫。"

---

[1]《河南程氏遗书》卷三:"'鸢飞戾天,鱼跃于渊,言其上下察也。'此一段子思吃紧为人处,与'必有事焉而勿正心'之意同,活泼泼地。""鸢飞戾天,鱼跃于渊"出自《诗经·大雅·旱麓》,原本是形容万物各得其所。《中庸》将其解释为形容大道昭著,此处则理解为天地间的活泼生意。"必有事焉"则是指心体在事物之间运作,周流不息,同样是活泼的生意。

【三一一】

先生曰:"诸公在此,务要立个必为圣人之心,时时刻刻须是'一棒一条痕,一掴一掌血',方能听吾说话,句句得力。若茫茫荡荡度日,譬如一块死肉,打也不知得痛痒,恐终不济事,回家只寻得旧时伎俩而已,岂不惜哉?"

【译文】

先生说:"诸位在这里一定要立个必须做圣人的决心,时时刻刻都要有朱熹说的'一棒一条痕,一掴一掌血'的觉悟,只有这样,听我讲学才能句句得力。如果茫茫荡荡过日子,好比一块死肉,被打了也不知道痛痒,恐怕最终也无济于事,回家后还是遵照自己以前的为学方法,难道不可惜吗?"

【三一二】

问:"近来妄念也觉少,亦觉不曾着想定要如何用功,不知此是工夫否?"

先生曰:"汝且去着实用工,便多这些着想也不妨,久久自会妥帖。若才下得些功,便说效验,何足为恃?"

【译文】

有人问:"我近来觉得妄念少了,也不去想一定要怎样用功,不知道这是不是功夫呢?"

先生说:"你只管切实去用功,即便有这些想法也无妨,久而久之,自然会妥当。如果才下了一点功夫,就想要见到效果,怎么靠得住呢?"

【三一三】

一友自叹:"私意萌时,分明自心知得,只是不能使他即去。"

先生曰:"你萌时这一知处,便是你的命根。当下即去消磨,便是立命工夫。"

【译文】

一位学友感叹:"私欲萌动时,心里分明也知道,但是不能立刻去除。"

先生说:"你的私欲萌动时能觉察到,这是你的性命之根本。当即能够消除私欲,就是确立性命的功夫了。"

【三一四】

"夫子说'性相近'[1],即孟子说'性善',不可专在气质上说。若说气质,如刚与柔对,如何相近得?惟'性善'则同耳。人生初时善原是同的,但刚的习于善则为刚善,习于恶则为刚恶;柔的习于善则为柔善,习于恶则为柔恶。[2]便日相远了。"

【译文】

"孔子说'性相近',就是孟子所谓的'性善',不能仅从气质方面说性。如果仅从气质上说,刚柔对立,怎能相近?只是'性善'是相同的。人初生时的善原本是相同的,只是气质刚强的人受到善性的熏染则表现为刚善,受到恶性的熏染则表现为刚恶;气质柔弱的人受到善性的熏染则表现为柔善,受到恶性的熏染则表现为柔恶。这才愈行愈远了。"

【三一五】

先生尝语学者曰:"心体上着不得一念留滞,就如眼着不得些子尘沙。些子能得几多?满眼便昏天黑地了。"

又曰:"这一念不但是私念,便好的念头亦着不得些子。如眼中放些金玉屑,眼亦开不得了。"

【译文】

先生曾对为学之人说:"心的本体上不能存留一丝念头,好比眼中揉不得一点沙子。一点沙子能有多少?却能使人满眼的昏天黑地。"

先生又说:"这个念头不单单只私念,即便是好的念头也不能有。好比在眼睛里放一些金玉碎屑,眼睛也一样会睁不开。"

【三一六】

问:"人心与物同体,如吾身原是血气流通的,所以谓之同体。若于人便异

---

[1]《论语·阳货》:"子曰:'性相近也,习相远也。'"

[2] 刚善、刚恶、柔善、柔恶:此为周敦颐对于善恶的区分。周敦颐《通书》:"刚:善为义,为直,为断,为严毅,为干固;恶为猛,为隘,为强梁。柔:善为顺,为巽;恶,为懦弱,为无断,为邪佞。"

体了，禽兽草木益远矣。而何谓之同体？"

先生曰："你只在感应之几上看，岂但禽兽草木，虽天地也与我同体的，鬼神也与我同体的。"

请问。

先生曰："你看这个天地中间，什么是天地的心？"

对曰："尝闻人是天地的心[1]。"

曰："人又甚么教做心？"

对曰："只是一个灵明。"

"可知充天塞地中间，只有这个灵明。人只为形体自间隔了。我的灵明，便是天地鬼神的主宰。天没有我的灵明，谁去仰他高？地没有我的灵明，谁去俯他深？鬼神没有我的灵明，谁去辩他吉凶灾祥？天地鬼神万物离却我的灵明，便没有天地鬼神万物了；我的灵明离却天地鬼神万物，亦没有我的灵明。如此便是一气流通的，如何与他间隔得？"

又问："天地鬼神万物，千古见在，何没了我的灵明便俱无了？"

曰："今看死的人，他这些精灵游散了，他的天地鬼神万物尚在何处？"

【译文】

有人问："人心与万物同为一体，比如我的身体原本是血气流通的，因而可以说是同体。如果对其他人异体了，禽兽草木就相差更远了，还怎能称为同体呢？"

先生说："你只要在事物感应的微妙之处看，何止禽兽草木，即使天地也与我同体，鬼神也与我同体。"

那人请先生解释。

先生说："你看这天地中间，什么是天地之心？"

那人回答说："曾经听闻说人是天地之心。"

先生说："人又凭什么叫作天地之心呢？"

那人回答："是因为人有灵性。"

---

[1] 《礼记·礼运》："故人者，天地之心也，五行之端也，食味、别声、被色而生者也。"

"由此可知，天地之间充塞的，只是这个灵性。人与天地万物，只是被形体间隔开了。我的灵性，便是天地鬼神的主宰。天失去了我的灵性，谁去仰望它的高？地失去了我的灵性，谁去俯视它的深？鬼神没有我的灵性，谁去辨别吉凶灾祥？天地鬼神万物离开了我的灵性，便没有天地鬼神万物了；我的灵性离开了天地鬼神万物，也无所谓我的灵性了。所以说人与天地鬼神万物一气相通，怎能分隔开来呢？"

那人又问："天地鬼神万物，从古至今都在，为何没了我的灵性，就都不存在了呢？"

先生说："你去看那些死了的人，他们的灵魂都散去了，他们的天地鬼神万物还在哪里呢？"

【三一七】

先生起行征思、田，德洪与汝中追送严滩[1]。汝中举佛家实相、幻相之说。

先生曰："有心俱是实，无心俱是幻；无心俱是实，有心俱是幻。"

汝中曰："有心俱是实，无心俱是幻，是本体上说工夫；无心俱是实，有心俱是幻，是功夫上说本体。"

先生然其言。

洪于是时尚未了达，数年用功，始信本体功夫合一。但先生是时因问偶谈，若吾儒指点人处，不必借此立言耳。

【译文】

先生起行征讨思恩、田州，钱德洪与王汝中送先生一路到严滩。王汝中向先生请教佛家的实相和幻相之说。

先生说："有心都是实相，无心都是幻相；无心都是实相，有心都是幻相。"

王汝中说："有心都是实相，无心都是幻相，是从本体出发理解功夫；无心都是实相，有心都是幻相，是从功夫出发通达本体。"

---

[1] 严滩：西汉末年严光（字子陵）隐居浙江桐庐县富春江边的富春山，后人称此处为严子陵钓台、严滩、子陵滩。

先生肯定他的说法。

钱德洪当时尚不明白，几年用功后，才开始相信本体与功夫是合一的。但是，先生当时是因为王汝中的问题才偶然这样说，如果我们儒家要指点人，并不需要这种说法来立论。

【三一八】

尝见先生送二三耆宿出门，退坐于中轩，若有忧色。

德洪趋进请问。

先生曰："顷与诸老论及此学，真圆凿方枘。此道坦如道路，世儒往往自加荒塞，终身陷荆棘之场而不悔，吾不知其何说也！"

德洪退，谓朋友曰："先生诲人不择衰朽，仁人悯物之心也。"

【译文】

曾见先生送两三位老先生出门，回来后坐在走廊上，面有忧色。

钱德洪上前问先生。

先生说："刚才我与诸位老先生谈到致良知的学说，就好像圆孔和方枘之间格格不入。大道就像道路一样，世俗的儒者往往自己将道路荒芜、蔽塞了，终身陷溺在荆棘丛中而不知悔改，我真不知道该怎么说！"

钱德洪退下来，对朋友们说："先生教人，无论对象是否衰老、腐朽，这便是先生的仁人爱物之心。"

【三一九】

先生曰："人生大病，只是一'傲'字。为子而傲必不孝，为臣而傲必不忠，为父而傲必不慈，为友而傲必不信。故象与丹朱[1]俱不肖，亦只一'傲'字，便结果了此生。诸君常要体此。人心本是天然之理，精精明明，无纤介染着，只是一'无我'而已。胸中切不可'有'，'有'即'傲'也。古先圣人许多好处，也只是'无我'而已。'无我'自能谦，谦者众善之基，傲者众恶之魁。"

---

[1] 丹朱：尧的儿子，傲慢荒淫，所以尧禅位于舜而不传丹朱。

【译文】

先生说:"人最大的毛病就是一个'傲'字。做儿子的如果傲慢一定会不孝,做臣子的如果傲慢一定会不忠,做父亲的如果傲慢一定会不慈,做朋友的如果傲慢一定会不诚。所以象和丹朱都不贤明,也只是因为一个'傲'字,便断送了自己的一生。诸位要时常体会这一点。人心本就具备天然的道理,精确明白,没有丝毫沾染,只是一个'无我'罢了。因此,心中绝对不能'有我','有我'就是'傲'了。古圣先贤许多长处,也只是'无我'而已。'无我'自然能够谦虚,谦虚是所有善德的基础,傲慢是所有恶行的根源。"

【三二〇】

又曰:"此道至简至易的,亦至精至微的。孔子曰:'其如示诸掌乎。'[1] 且人于掌何日不见?及至问他掌中多少文理,却便不知。即如我'良知'二字,一讲便明,谁不知得?若欲的见良知,却谁能见得?"

问曰:"此知恐是无方体的,最难捉摸。"

先生曰:"良知即是《易》'其为道也屡迁,变动不居,周流六虚,上下无常,刚柔相易,不可为典要,惟变所适'[2]。此知如何捉摸得?见得透时便是圣人。"

【译文】

先生又说:"大道极其简单平易,也极其精微神妙。孔子说:'就像看自己手掌上的东西一样。'人哪天看不到自己的手掌?可是当你问他掌上有多少纹理,他不知道。这就像我所说的'良知',一说就明白,有谁不知道呢?但要真的体认到良知,又有谁做到了呢?"

有人问:"这恐怕是因为良知没有固定的方向和处所,很难把握。"

先生说:"良知就是《易》所说的'道变动不居,周流于天地之间,上下流转没有常态,刚柔变化没有定体,不能以此为根本依据,只有随时而变'。良

---

[1]《中庸》:"明乎郊社之礼、禘尝之义,治国其如示诸掌乎!"

[2] 语出《周易·系辞上》,意为天道变动不居,不能拘泥于把握固定的模式,只能顺应变化。

知要怎样才能把握呢？弄清这个问题就是圣人了。"

【三二一】

问："孔子曰：'回也，非助我者也。'[1]是圣人果以相助望门弟子否？"

先生曰："亦是实话。此道本无穷尽，问难愈多，则精微愈显。圣人之言本自周遍，但有问难的人胸中窒碍，圣人被他一难，发挥得愈加精神。若颜子闻一知十[2]，胸中了然，如何得问难？故圣人亦寂然不动，无所发挥，故曰'非助'。"

【译文】

有人问："孔子说：'颜回并非有助于我的人。'圣人果真希望弟子帮助自己吗？"

先生说："这也是实话。圣人之道本就没有穷尽，问题疑难越多，精微之处就越能显明。圣人的言辞本就周密完备，然而有问题疑难的人胸中有所困惑，圣人被他一问，便能把道理发挥得愈发精妙。像颜回那样的学生，听闻一件事可以推知十件事，心里什么都清楚，又怎会发问呢？所以圣人的心体也就寂然不动，没什么可发挥的，所以孔子才说颜回对自己没有帮助。"

【三二二】

邹谦之尝语德洪曰："舒国裳曾持一张纸，请先生写'拱把之桐梓'[3]一章。先生悬笔为书，到'至于身，而不知所以养之者'，顾而笑曰：'国裳读书中过状元来，岂诚不知身之所以当养？还须诵此以求警。'一时在侍诸友皆惕然。"

---

[1]《论语·先进》："子曰：'回也，非助我者也，于吾言无所不说。'"

[2]《论语·公冶长》："回也，闻一以知十；赐也，闻一以知二。"

[3]《孟子·告子上》："孟子曰：'拱把之桐梓，人苟欲生之，皆知所以养之者。至于身，而不知所以养之者，岂爱身不若桐梓哉？弗思甚也！'"意为细小的桐树、梓树，人如果要它们生长，都知道如何去养护它们，对于自己的身体，却不知道如何修养，这难道是因为爱护自己的身体还不如爱护桐树、梓树吗？是因为不用脑袋思考啊！

【译文】

邹谦之曾对钱德洪说:"舒国裳曾拿一张纸,请先生写'拱把之桐梓'一章。先生提笔,写到'至于身,而不知所以养之者'一句,回过头笑着说:'国裳都中了状元,难道还不知道应该怎么修身吗?但他还是要诵读这章来警示自己。'一时间在座的朋友都警醒起来。"

嘉靖戊子冬[1]，德洪与王汝中奔师丧至广信，讣告同门，约三年收录遗言。

继后同门各以所记见遗，洪择其切于问正者，合所私录，得若干条。居吴时[2]，将与《文录》并刻矣，适以忧去，未遂。当是时也，四方讲学日众，师门宗旨既明，若无事于赘刻者，故不复营念。

去年，同门曾子才汉[3]得洪手抄，复傍为采辑，名曰《遗言》，以刻行于荆。洪读之，觉当时采录未精，乃为删其重复，削去芜蔓，存其三分之一，名曰《传习续录》，复刻于宁国之水西精舍。

今年夏，洪来游蕲，沈君思畏[4]曰："师门之教久行于四方，而独未及于蕲。蕲之士得读《遗言》，若亲炙夫子之教，指见良知，若重睹日月之光。惟恐传习之不博，而未以重复之为繁也。请裒[5]其所逸者增刻之，若何？"洪曰然。师门致知格物之旨，开示来学，学者躬修默悟，不敢以知解承，而惟以实体得。故吾师终日言是而不惮其烦，学者终日听是而不厌其数。盖指示专一，则体悟日精，几迎于言前，神发于言外，感遇之诚也。

今吾师之没未及三纪，而格言微旨渐觉沦晦，岂非吾党身践之不力、多

---

[1] 此篇系钱德洪为《传习录》所写的跋。

[2] 居吴时：钱德洪于嘉靖十一年（1532年）在苏州任教授。

[3] 曾子才汉：即曾才汉，王阳明弟子，余不详。

[4] 沈君思畏：即沈思畏，名宠，号古林，字思畏。欧阳德与王汝中的弟子，与谷钟秀一同创办蕲州崇正书院。

[5] 裒（póu）：收集。

言有以病之耶？学者之趋不一，师门之教不宣也。乃复取逸稿，采其语之不背者，得一卷。其余影响不真，与《文录》既载者，皆削之。并易中卷为问答语，以付黄梅尹张君[1]增刻之。庶几读者不以知解承而惟以实体得，则无疑于是录矣。

嘉靖丙辰夏四月
门人钱德洪拜书于蕲之崇正书院

【译文】

嘉靖七年（1528年）冬天，我和王汝中奔赴江西上饶处理先生的丧事，向同门发出讣告，约定三年之期收录先生的遗言。

之后，同门各自将自己记录的遗言寄了过来，我择取其中能够切合先生思想的，加上自己所辑录的内容，共有若干条。在苏州时，我曾想把这些记录同先生的《文录》一并刊刻出来，刚好赶上我回家守丧，未能如愿。当时，四面八方讲授先生学说的人声势日盛，先生的学说既然已经昌明于天下，好像也没有必要再刊刻出版了，就把这个念头打消了。

去年，同学曾才汉得到了我的手抄本，又广为搜集，取名为《遗言》，在江陵刊刻出版。我看了以后，觉得自己当时搜集得不够精细，于是删去其中重复的，削去芜杂的内容，只保留了《遗言》的三分之一，取名为《传习续录》，在安徽宁国的水西书院刊刻印行。

今年夏天，我到湖北蕲春游学，沈思畏先生说："先生的教诲在其他地方传播已经很久了，唯独在蕲春还没有。蕲春这里的有志之士读到《遗言》，就好像亲自聆听先生的教诲，明白良知的作用，好像重见日月之光一样。他们担心搜集不够广博，并不因为其中有重复就认为繁杂。能否请您把散佚的部分增刻出来？"我答应了他。先生致知格物的宗旨，开导后学，为学之人躬身修行，静默领悟，不敢只以知识见解来继承先生的学说，而是通过切实体悟来修行。所以先生整天讲学而不厌其烦，学生们整日听讲也不嫌重复。正是因为先生的教诲专一，所以学生们的体悟日益精进，话未出口便能领悟，意思不待说明学生就能明白，这都是师生间真诚相交的缘故。

---

[1] 黄梅尹张君：即张君，时黄梅（今湖北黄梅）知县，余不详。

现在先生过世还不到三十年,他的格言和宗旨渐渐沦丧、晦暗了,难道这不是我们做学生的实践不力、空谈太多才导致的吗?学生的志向愈发不一致,先生的教诲才不能得以发扬光大。于是我又搜集一些散佚的文稿,采集其中不违背先生之意的文字,编为一卷。其余不够真切以及已经与《文录》一起刊印的文字便删去。并把中卷改为问答的形式,交给黄梅知县张先生增刻。我希望阅读者不仅能够从知识见解上看待先生的学问,而且要以切身体悟来把握,我才不会怀疑我辑录这本书的意义。

嘉靖三十五年(1556年)夏天四月
学生钱德洪谨拜写于蕲春崇正书院

附录 《朱子晚年定论》

《定论》[1]首刻于南、赣。朱子病目静久，忽悟圣学之渊微，乃大悔中年注述误己误人，遍告同志。师阅之，喜己学与晦翁同，手录一卷，门人刻行之。自是为朱子论异同者寡矣。师曰："无意中得此一助！"

隆庆壬申，虬峰谢君廷杰刻师《全书》，命刻《定论》附《语录》后，见师之学与朱子无相缪戾，则千古正学同一源矣。并师首叙与袁庆麟跋凡若干条，洪僭引其说。

【译文】

《朱子晚年定论》最早在南安、赣州刻行。朱子的眼睛有疾，静处日久，突然领悟圣人之学的精深微妙，才后悔自己中年时期的著述误己误人，便遍告四方同道。先生读了之后，十分高兴自己的学问能和朱子的学问一致，亲手抄录一卷，门人弟子便刊刻印行。从此以后为朱子争辩同异的人就少了。先生说："这是不经意间得到的助力！"

隆庆六年（1572年），虬峰人谢廷杰刻印《王文成公全书》，在《语录》后附录《朱子晚年定论》，发现先生的学问与朱子之学并无差异，可见自古以来圣学是同宗同源的。将先生的序、袁庆麟的跋等若干条合编成册，我则冒昧地写了此文作为开篇。

---

[1]《定论》：即《朱子晚年定论》，是王阳明在南京任职时所辑录朱子晚年书信中的片段而成，试图通过找到朱子与自己相契合的文字来印证圣学本无二致。然而对于《定论》中所提到的观点是否是朱子晚年的确定之论，学界一直存疑，王阳明本人也因此举受到颇多诟病。因此，理解《定论》，切不能将之视作朱子之学的全貌，而只能视之为王阳明学说的旁证。

朱子晚年定论

阳明子序曰：

洙泗之传[1]，至孟氏而息。千五百余年，濂溪、明道始复追寻其绪。自后辨析日详，然亦日就支离决裂，旋复湮晦。吾尝深求其故，大抵皆世儒之多言有以乱之。

守仁早岁业举，溺志词章之习，既乃稍知从事正学，而苦于众说之纷扰疲苶[2]，茫无可入，因求诸老、释，欣然有会于心，以为圣人之学在此矣！然于孔子之教间相出入，而措之日用，往往缺漏无归，依违往返，且信且疑。其后谪官龙场，居夷处困，动心忍性之余，恍若有悟，体念探求，再更寒暑，证诸《五经》《四子》，沛然若决江河而放诸海也。然后叹圣人之道坦如大路，而世之儒者妄开窦径，蹈荆棘，堕坑堑，究其为说，反出二氏之下。宜乎世之高明之士厌此而趋彼也！此岂二氏之罪哉！间尝以语同志，而闻者竞相非议，目以为立异好奇。虽每痛反深抑，务自搜剔斑瑕，而愈益精明的确，洞然无复可疑。独于朱子之说有相抵牾，恒疚于心，切疑朱子之贤，而岂其于此尚有未察？及官留都[3]，复取朱子之书而检求之，然后知其晚岁故已大悟旧说之非，痛

---

[1] 洙泗之传：孔子殁后，其弟子子夏居于西河，传孔子之学，称"西河之学"，主要特点是与现实政治关系密切；另一位弟子曾参居于洙水、泗水之间，传孔子之学，称"洙泗之学"，主要特点是注重内省与修养。

[2] 苶（chèn）：病。

[3] 留都：南京。

悔极艾，至以为自诳诳人之罪，不可胜赎。世之所传《集注》《或问》之类，乃其中年未定之说，自咎以为旧本之误，思改正而未及；而其诸《语类》之属，又其门人挟胜心以附己见，固于朱子平日之说犹有大相缪戾者。而世之学者局于见闻，不过持循讲习于此，其于悟后之论，概乎其未有闻。则亦何怪乎予言之不信，而朱子之心无以自暴于后事也乎？

予既自幸其说之不缪于朱子，又喜朱子之先得我心之同，然且慨夫世之学者徒守朱子中年未定之说，而不复知求其晚岁既悟之论，竟相呶呶，以乱正学，不自知其已入于异端。辄采录而衷集之，私以示夫同志，庶几无疑于吾说，而圣学之明可冀矣！

正德乙亥冬十一月朔，后学余姚王守仁序。

【译文】

王阳明序：

孔子至曾参的圣学传承，到孟子便中断了。经过一千五百多年，周敦颐、程颢等人才开始重新寻找圣学的源头。自此以后，对于文辞的辨析日益详尽，然而圣学也就日益支离破碎，很快就又埋没了。我曾经深切地探求其缘故，认为大概是世俗的儒者贪务文辞而所以扰乱了圣学吧。

我早年从事科举事业，沉溺辞藻之学，慢慢想要从事正道学问了，却又苦于众说纷纭，找不到入口，求之于佛、道两家学说，欣然有所领悟，认为圣人的学问就在于此！然而佛、道之学与孔子的学说有所出入，将其用于平日生活，往往有所缺漏，几次比较参详下来，便将信将疑了。后来我被贬谪到龙场，身处蛮夷困境之地，动心忍性之余，恍然若有所悟，慢慢体会探求，又过了一年，在《五经》《四书》中寻找印证，一下子像是江河汇入大海一般豁然贯通了。然后才感慨圣人的大道就像大路一样平坦，世俗的儒者却妄自另辟蹊径，步入荆棘，堕入深坑，考究他们的学说，反而不如佛、道两家。难怪世上高明的人都厌恶儒学而去投向佛、道了！这难道是佛、道的过错吗？其间我曾和同道们说起这番道理，而那些听闻的人争相非议我的学说，认为这是为了标新立异。虽然我每次都深感痛苦，自己务求革除自己的不足，但这一观点愈发精确明白，没有任何可疑之处。只是与朱子之学相抵牾，一直有愧于心，心想像朱子这般贤明的人，怎会对此没有察觉呢？等到我去南京做官的时候，再次拿朱子的书来看，才知道朱子在晚年的时候已经明白自己以前的学说有误，痛苦悔恨到了极点，认为这是自欺欺人的罪过，无法弥补。世间所流传的《四书集注》《大学或问》等，都是朱子中年还未确定的学说，朱子将之归咎于旧本的脱误，想要改正却为时太晚；《朱子语类》等文字，又是他的弟子裹挟着争强好胜之心附会自己的意思，固然就与朱子平日的说法大相径庭。然而世俗的儒者局限于所见所闻，不过是持守依循讲习这些朱子还未确定的学说，对于朱子悔悟之后的观点，大概并未听说过。既然这样，那么我所说的话没有人相信，朱子无法将自己的心迹昭示后世，又有什么奇怪呢？

我既为自己的学说不与朱子抵牾而感到幸运，又高兴朱子能够在我之前便明白这些道理，然而也感慨世俗的学者只守着朱子中年还未确定的学说，不知道探求其晚年悔悟的学说，争来吵去，扰乱正学，却不自知已堕入异端了。所以我就采录搜集相关的文字，私下里给同道们看，或许可以不再怀疑我的学问，那样圣人之学得以昌明也就可以期望了吧！

正德十年（1515年）冬季十一月初一，后学余姚王守仁序。

答黄直卿[1]书

为学直是先要立本。文义却可且与说出正意，令其宽心玩味；未可便令考校同异，研究纤密，恐其意思促迫，难得长进。将来见得大意，略举一二节目渐次理会，该未晚也。此是向来定本之误，今幸见得，却烦勇革。不可苟避讥笑，却误人也。

【译文】

为学要先确立根本。文义可以在确立正确的意义后，让人慢慢体会；不能直接叫人考证校对，做细致的研究，这样恐怕会使心意急促紧迫，难以长进。将来如果能明白大意，约略举一两个细节讲讲，也不会太晚。这是我以前定本的错误，如今有幸发现，却苦于没有勇气改正。不能只为了避免被人讥笑，却耽误了别人。

答吕子约[2]

日用工夫，比复何如？文字虽不可废，然涵养本原而察于天理人欲之判，此是日用动静之间不可顷刻间断底事。若于此处见得分明，自然不到得流入世俗功利权谋里去矣。熹亦近日方实见得向日支离之病，虽与彼中证候不同，然忘己逐物、贪外虚内之失则一而已。程子说："不得以天下万物扰己，己立后自能了得天下万物。"今自家一个身心不知安顿去处，而谈王说伯，将经世事业别作一个伎俩商量讲究，不亦误乎！相去远，不得面论，书问终说不尽，临风叹息而已。

---

[1] 黄直卿：即黄干（1152—1221），字直卿，号勉斋，朱熹弟子。
[2] 吕子约：即吕祖俭（？—1200），字子约，从其兄吕祖谦学。

【译文】

这几日用功,感觉如何?文字虽然不能荒废,但涵养本原,体察天理与人欲的差别,这才是平日里片刻都不能间断的事情。如果在此处看得明白,自然不会流于世俗、功利与权谋之中去。我也是近来才切实发现以前学问支离破碎的毛病,虽然与那些其他的毛病不同,但忘却本己、追逐物事,贪慕外物、忽视内心的过失是一样的。程子说:"不能以天下万物扰乱自己,本心确立后自然能明白天下万物。"如今自己的身心不知在何处安顿,却谈论王霸事业,将经世的事业看作另一件伎俩来讲求,不也是错误的吗!我和你相去甚远,不能当面讨论,通过书信交流终究说不完,只能临风叹息了。

答何叔京[1]

前此僭易拜禀博观之敝,诚不自揆。乃蒙见是,何幸如此!然观来谕,似有未能遽舍之意,何邪?此理甚明,何疑之有?若使道可以多闻博观而得,则世之知道者为不少矣。熹近日因事方有少省发处,如"鸢飞鱼跃",明道以为与"必有事焉勿正"之意同者,乃今晓然无疑。日用之间,观此流行之体,初无间断处,有下工夫处。乃知日前自诳诳人之罪,盖不可胜赎也。此与守书册、泥言语,全无交涉。幸于日用间察之,知此则知仁矣。

【译文】

前次我冒昧向您谈到泛观博览的弊端,实在不能自己确信。蒙您指教,这是何等幸运的事!然而看您的来信,听您的意思,好像不能立刻舍去,这是为何呢?这个道理如此明白,有什么疑问吗?如果大道可以通过多见多闻、泛观博览获得,那么世间懂得大道的人恐怕不少。我最近因为一些事才稍微有所反省,比如"鸢飞鱼跃",程颢先生认为与"必有事焉勿正"的意思相同,如今才发觉没有任何疑问。在平日里,观察大道流转的本体,本来便没有间断之处,可以下功夫。这才醒悟自己以前自欺欺人的罪过无法弥补。体认大道与死

---

[1] 何叔京:即何镐,字叔京,南宋福建邵武人,理学家。

抠书本、拘泥言语毫无关系。万幸我能够在日常生活中体察得到这个道理，明白这个道理就明白仁了。

答潘叔昌[1]

示喻"天上无不识字底神仙"，此论甚中一偏之弊。然亦恐只学得识字，却不曾学得上天，即不如且学上天耳。上得天了，却旋学上天人，亦不妨也。中年以后，气血精神能有几何？不是记故事时节。熹以目昏，不敢着力读书。闲中静坐，收敛身心，颇觉得力。间起看书，聊复遮眼，遇有会心处，时一喟然耳！

【译文】

以"天上没有不识字的神仙"来比喻做学问，这一说法也有失之偏颇的毛病。恐怕只学习认字，却不曾学习上天，还不如只学习上天呢。只要能上得了天，再去向天上的神仙学习也无妨。中年以后，还能有多少气血精神？并不是用来记那些事情与细节的。我的眼睛已经昏花，无法全力读书。闲处静坐，收敛身心，觉得颇为有用。其间看书，姑且遮住眼睛，遇到有会心的地方，便会有所叹息！

答潘叔度[2]

熹衰病，今岁幸不至剧，但精力益衰，目力全短，看文字不得。冥目静坐，却得收拾放心，觉得日前外面走作不少，颇恨盲废之不早也。看书鲜识之喻，诚然。然严霜大冻之中，岂无些小风和日暖意思？要是多者胜耳。

---

[1] 潘叔昌：即潘景愈，字叔昌，潘叔度之弟。
[2] 潘叔度：即潘景宪，字叔度，游学于当时名儒吕祖谦。

【译文】

我体衰多病，今年所幸没有加剧，然而精力日益衰竭，视力愈发退化，无法阅读文字。闭目静坐，反而能将放纵的心收摄起来，这才觉得以前在心外下了不少功夫，颇为悔恨盲目荒废了这么多时间。你说光看书很少有收获，确实如此。然而在严寒凛冬之中，又怎会没有一丝风和日暖的感觉呢？只是较强的一方压制了另一方罢了。

与吕子约

孟子言："学问之道，惟在求其放心。"而程子亦言："心要在腔子里。"今一向耽着文字，令此心全体都奔在册子上，更不知有己，便是个无知觉、不识痛痒之人。虽读得书，亦何益于吾事邪？

【译文】

孟子说："学问的道理，只在于寻回被放纵的心。"程子也说："心要在自己胸中。"如今一直耽溺于文字，使得心之全体全都放纵在书册之上，竟不知道有个本己，这便成了无知无觉、不知痛痒的人。读了许多书，又有何益处呢？

与周叔谨[1]

应之[2]甚恨未得相见，其为学规模次第如何？近来吕、陆门人互相排斥，此由各徇所见之偏，而不能公天下之心以观天下之理，甚觉不满人意。应之盖尝学于两家，未知其于此看得果如何，因话扣之，因书谕及为幸也。熹近日亦觉向来说话有大支离处，反身以求，正坐自己用功亦未切耳。因此减去文字功

---

[1] 周叔谨：即周介，字叔谨，括苍（今浙江丽水境内）人，从学于吕祖谦、朱熹。

[2] 应之：即石宗昭，字应之，新昌（今浙江绍兴境内）人，与兄石斗文同同学于朱、吕、陆三氏之门。

夫，觉得闲中气象甚适。每劝学者且亦看《孟子》"道性善""求放心"两章，着实体察收拾为要；其余文字，且大概讽诵涵养，未须大段着力考索也。

【译文】

十分遗憾没能和应之见面，他现在学习的情况和次序是怎样的呢？近些日子，吕祖谦、陆九渊的门人互相排斥，这是因为各自依循己见有所偏颇，不能以公正之心看待天下的道理，觉得不尽如人意。应之曾学习两家的学问，不知道他会对这件事怎么看，如果能够就此事写信问问他就好了。我最近觉得以前所说的话有很多漏洞，反身而求，发现自己用功还不够真切。因此，减去文字方面的功夫，觉得在闲暇中的境界甚为舒适。每次我都劝学者要看《孟子》"道性善"和"求放心"两章。这是因为这两章以体察、收敛本心为要领；其余的文字大都是劝诫涵养方面的，不需要下大功夫来考察求索。

答陆象山

熹衰病日侵，去年灾患亦不少，比来病躯方似略可支吾。然精神耗减，日甚一日，恐终非能久于世者。所幸迩来日用工夫颇觉有力，无复向来支离之病。甚恨未得从容面论。未知异时相见，尚复有异同否耳？

【译文】

我日益体衰病重，去年的病患也不少，近来才稍稍可以支撑。然而精神耗损，一日胜过一日，恐怕不能久于人世了。所幸近来平日里用功夫颇为觉得有力，没有过去支离破碎的毛病。可惜不能和你当面讨论。不知如果他日再相见，你我之间是否还会有同异之争呢？

答符复仲[1]

闻向道之意甚勤。向所喻义利之间，诚有难择者。但意所疑，以为近利者，即便舍去可也。向后见得亲切，却看旧事，又有见未尽舍未尽者，不解有过当也。见陆丈回书，其言明当，且就此持守，自见功效，不须多疑多问，却转迷惑也。

【译文】

听闻你向道的心意十分勤恳。我以前所说的义利之辩，实在有难以抉择之处。其实只要意念有所怀疑，认为近于利的，舍去便可。后来我对此理解得更加真切，回顾以前的学问，又有许多未尽之处，恐怕当时所论也有不当之处。见到陆象山的回书，他的话说得明白，就此持守，自然能见到功效，无须怀疑，那样反而会招致迷惑。

答吕子约

日用功夫，不敢以老病而自懈。觉得此心"操存舍亡"[2]，只在反掌之间，向来诚是太涉支离。盖无本以自立，则事事皆病耳。又闻讲授亦颇勤劳，此恐或有未便。今日正要清源正本，以察事变之几微，岂可一向汨溺于故纸堆中，使精神昏弊，失后忘前，而可以谓之学乎？

【译文】

平日里的功夫，我不敢因为自己年老病衰就懈怠。感觉到心体"把握住就存在，放弃了就失去"，易如反掌，以前的功夫恐怕是太支离破碎了。没有确立本心，任何事情都有弊病。又听闻你讲学也颇为勤劳，恐怕也会遇到问题。如今正是要正本清源，察明事变的细微之处，怎能一直沉溺在故纸堆中，使得

---

[1] 符复仲：即符初，字复仲，符叙的族人，师从陆九渊。

[2] 参见第四九条注。

自己精神昏蔽，失之于后而忘之于前，这样可以称为学吗？

与吴茂实[1]

近来自觉向时工夫止是讲论文义，以为积集义理，久当自有得力处，却于日用工夫全少检点。诸朋友往往亦只如此做工夫，所以多不得力。今方深省而痛惩之，亦欲与诸同志勉焉。幸老兄遍以告之也。

【译文】

最近自己觉得以前的功夫只是讲论文义，以为这是在义理上慢慢积累，久而久之，自然会有所得力，然而在日用功夫上不太加以检点。诸位朋友往往也都是这样做功夫，所以有许多不得力之处。如今我才深刻反省，痛定思痛，也希望诸位同道能够勉力于此。希望你能够遍告天下同道就好了。

答张敬夫[2]

熹穷居如昨，无足言者。自远去师友之益，兀兀度日。读书反己，固不无警省处，终是旁无强辅，因循汩没，寻复失之。近日一种向外走作，心悦之而不能自已者，皆准止酒例戒而绝之，似觉省事。此前辈所谓"下士晚闻道，聊以拙自修"[3]者，若扩充不已，补复前非，庶其有日。旧读《中庸》"慎独"、《大学》"诚意""毋自欺"处，常苦求之太过，措词烦猥；近日乃觉其非，此正是最切近处、最分明处。乃舍之而谈空于冥漠之间，其亦误矣。方窃以此意痛自检勒，懔然度日，惟恐有怠而失之也。至于文字之间，亦觉向来病痛不少。盖平日解经最为守章句者，然亦多是推衍文义，自做一片文字。非惟屋下

---

[1] 吴茂实：即吴英，字茂实，邵武（今福建邵武）人，从学朱子，著有《论语问答略》。

[2] 张敬夫：即张栻，字敬夫，后避讳改字钦夫，一字乐斋，号南轩，汉州绵竹（今四川绵竹）人，丞相张浚之子。其学自成一脉，与朱熹、吕祖谦齐名，时称"东南三贤"。

[3] 出自苏轼《贫家净扫地》，意为资质低下的人闻道较晚，只能通过不断努力来修身。

架屋，说得意味淡薄，且是使人看者将注与经作两项工夫，做了下稍，看得支离，至于本旨全不相照。以此方知汉儒可谓善说经者，不过只说训诂，使人以此训诂玩索经文。训诂经文不相离异，只做一道看了，直是意味深长也。

【译文】

我过日子还是像以前那样困窘，没有什么值得说的。自从离开师长朋友的帮助，只是平白度日。读书反求诸己，固然也有警醒之处，终究因为身边没有强大的助力，只能因循守旧、汨没学问，很快便又迷失。近日又有心向外放纵的意思，感到喜悦而不能自已，就戒了酒，好像觉得省事。这就是苏轼所说的"下士晚闻道，聊以拙自修"，如果能就此不停扩充，修补以前的过错，有朝一日还可能得以改正。以前读《中庸》"慎独"、《大学》"诚意""毋自欺"等处，时常觉得要辛苦探求，措辞繁杂；近日才觉得以前的过错，这些正是最为切近之处、最为分明之处。舍去这些切近、分明的道理而空谈，也是错误的。这才以这个意念检点自己，戒慎恐惧地度日，唯恐自己怠惰了会导致错误。至于文字方面，也觉得以前有诸多错误。大概是因为平日里解释经文都执着于章句，大多将功夫用在推衍文义，自己又做出一番文字来。这不仅是像在房屋下面架房屋般多此一举，还将意思说得淡薄了，这是叫人将注释与经文分作两项，落了下乘，把意思理解得支离破碎，至于本意则完全没有谈到。由此才知道汉代的儒者可以说是善于说经的，只不过光说了训诂，叫人以训诂之学探索经文。训诂与经文实则并不相异，应当合在一起看，这真是意味深长的道理。

答吕伯恭[1]

道间与季通[2]讲论，因悟向来涵养功夫全少，而讲说又多，强探必取寻流逐末之弊。推类以求，众病非一，而其源皆在此。恍然自失，似有顿进之功。若

---

[1] 吕伯恭：即吕祖谦（1137—1181），字伯恭，人称东莱先生，是南宋时期著名的理学家。

[2] 季通：即蔡元定（1135—1198），字季通，学者称西山先生，建宁府建阳县（今属福建）人，蔡发之子。南宋著名理学家、律吕学家、堪舆学家，朱熹理学的主要创建者之一，被誉为"朱门领袖""闽学干城"。

保此不懈，庶有望于将来。然非如近日诸贤所谓顿悟之机也。向来所闻诲谕诸说之未契者，今日细思，吻合无疑。大抵前日之病，皆是气质躁妄之偏，不曾涵养克治，任意直前之弊耳。

【译文】

路上与季通讨论，悟到以前涵养功夫少了，讲论说辞多了，强行探求必然招致舍本逐末的流弊。以此类推，虽然有许多不同的毛病，但源头都在于此。恍然若失，似乎有顿悟精进的效果。如果保持这个意念，不懈地用功，将来或许有希望能够成功。不过这并不是近日诸位所说的顿悟的契机。过去所听闻的教诲晓谕中未能契合的部分，近日想来也大都吻合无疑。大概前些日子的毛病，都是因为焦躁偏颇，自己又不曾涵养克制，任其肆意妄为。

答周纯仁

闲中无事，固宜谨出，然想亦不能一并读得许多。似此专人来往劳费，亦是未能省事随寓而安之病。又如多服燥热药，亦使人血气偏胜，不得和平，不但非所以卫生，亦非所以养心。窃恐更须深自思省，收拾身心，渐令向里，令宁静闲退之意胜，而飞扬燥扰之气消，则治心养气、处世接物自然安稳，一时长进，无复前日内外之患矣。

【译文】

闲来无事，固然应当谨慎而行，然而想来也不能一口气读许多书。像这样专门来往劳碌，也是不能省事、不能随遇而安的毛病。我又服了许多燥热的药，使得人血气上涌，不能平和，不仅不能养身，还不能养心。我以为做学问更应当深刻反省，收拾身心，渐渐向里探求，使宁静闲居的意念胜出，飞扬躁扰的习气消退，只有这样，治心养气、待人接物才自然能够安稳，每日都有所长进，才自然不会有之前内与外的担忧了。

答窦文卿[1]

为学之要，只在着实操存，密切体认，自己身心上理会。切忌轻自表襮[2]，引惹外人辩论，枉费酬应，分却向里工夫。

【译文】

为学的宗旨，只在于切实地操持存守，仔细体认，在自己身心上领会。切忌轻浮夸耀，引得外人非议辩论，浪费时间去应对，分散了许多向内的功夫。

答吕子约

闻欲与二友俱来而复不果，深以为恨。年来觉得日前为学不得要领，自做身主不起，反为文字夺却精神，不是小病。每一念之，惕然自惧，且为朋友忧之。而每得子约书，辄复恍然，尤不知所以为贤者谋也。且如临事迟回，瞻前顾后，只此亦可见得心术影子。当时若得相聚一番，彼此极论，庶几或有剖决之助。今又失此几会，极令人怅恨也！训导后生，若说得是，当极有可自警省处，不会减人气力。若只如此支离，漫无统纪，则虽不教后生，亦只见得展转迷惑，无出头处也。

【译文】

听闻你想要与两位学友一起来却未能成行，真是一件憾事。今年觉得以前为学不得要领，自己不能做自己身体的主宰，反而被文字夺去了精神，这不是小病小痛。每次念及，都会感到恐惧，还会忧心朋友是否也有这毛病。而每次收到你的书信，就会再次猛然醒悟，却不知道你这是为了贤者在考虑。这好比遇到事情晚归，瞻前顾后，也能够看到自己本心的影子。当时如果能够与你相

---

[1] 窦文卿：即窦从周，字文卿，丹阳（今江苏丹阳）人，南宋理学家。

[2] 表襮（bó）：亦作"表暴"，自我炫耀的意思。

聚，彼此讨论一番，应该会有剖析决断的帮助吧。今又失去这次机会，真是令人十分惆怅悔恨！教导学生，如果说得对，应当有可以警醒自己的地方，不会浪费精力。如果只是像这样做支离破碎的功夫，漫无纲领，即便不教导学生，也只是自己辗转迷惑，没有出头之日。

答林择之

熹哀苦之余，无他外诱。日用之间，痛自敛饬，乃知"敬"字之功亲切要妙乃如此。而前日不知于此用力，徒以口耳浪费光阴，人欲横流，天理几灭。今而思之，怛然震悚，盖不知所以措其躬也！

【译文】
我除了悲哀痛苦，并没有其他外在的人欲扰乱本心。平日里痛苦自然收敛，这才知道"敬"字的功夫是如此亲切神妙。然而以前不知道在此用功，只是在口耳的功夫上浪费时间，使得人欲横流，天理几近消亡。如今想来，感到十分惊恐，不知道以前到底在做什么！

又

此中见有朋友数人讲学，其间亦难得朴实头负荷得者。因思日前讲论，只是口说，不曾实体于身，故在己在人，都不得力。今方欲与朋友说，日用之间常切点检气习偏处、意欲萌处，与平日所讲相似与不相似。就此痛着工夫，庶几有益。陆子寿[1]兄弟近日议论，却肯向讲学上理会。其门人有相访者，气象皆好，但其间亦有旧病。此间学者却是与渠相反，初谓只如此讲学，渐涵自能入德，不谓末流之弊，只成说话，至于人伦日用最切近处，亦都不得毫毛气力。此不可不深惩而痛警也！

---
[1] 陆子寿：即陆九龄，字子寿，金溪归政（今江西金溪陆坊乡）青田村人，人称复斋先生。

【译文】

曾见到几位朋友在讲学，其间也很难做到朴实、踏实。因而思考以前讲论的学问，都是嘴巴上说说，未曾切身去体会，所以无论是对自己还是对别人，都没什么用。如今我想要和朋友们说，在日常用功的时候，要经常检点习气的偏颇之处、私意的萌动之处，与平日里所讲是不是符合。只要在此痛下功夫，便对自己十分有益。陆氏兄弟近日的讨论，倒是肯向讲学上去体会。他们的门人来拜访我，看上去气象也都不错，但其中还是有以前的毛病。这里的学者却与他们正相反，起初以为只要这样讲学，便能慢慢涵养、提升德性，却不知道已沦入末流、造成弊端，只成天空谈，至于人伦日用等最为关键的地方，却不花丝毫力气。这不能不惩治警醒！

答梁文叔[1]

近看孟子见人即道性善、称尧舜，此是第一义。若于此看得透、信得及，直下便是圣贤，便无一毫人欲之私做得病痛。若信不及孟子，又说个第二节工夫，又只引成覸、颜渊、公明仪[2]三段说话教人，如此发愤勇猛向前，日用之间，不得存留一毫人欲之私在这里，此外更无别法。若于此有个奋迅兴起处，方有田地可下功夫。不然，即是画脂镂冰，无真实得力处也。近日见得如此，自觉颇得力，与前日不同，故此奉报。

【译文】

近来看到孟子见人就说性善、说话必举尧舜，这是最重要的道理。如果对此能够看得明白、理解到位，当下便是圣贤，便没有一丝一毫人欲之私导致的病痛。如果不理解孟子，又只追求次要的道理，只引用成覸、颜渊、公明仪

---

[1] 梁文叔：即梁璪，字文叔，邵武人。从游于朱文公，刻志励学。

[2] 成覸（jiàn）：即成荆，战国时人，以勇著称。公明仪：战国时音乐家。《孟子·滕文公上》记载，孟子在向楚国的世子讲性善的道理、称赞尧舜的为人时，世子对此有疑问。为了证明"道一而已"，孟子引用成覸、颜渊、公明仪的话，以说明人在初生之时原本与尧舜是一致的，只要自己笃信力行，师法圣贤，便能毫无可疑之处。

三段来教人，这样就要发愤向前，平日里不存留一丝一毫人欲在其中，此外，别无他法。如果在此处能够奋进兴起，才有可以下功夫的地方。如若不然，就像是在油脂上画画、在冰上雕刻，没有切实所得。最近明白这些，自觉颇为得力，与以前不同，所以就告知你。

答潘叔恭

学问根本在日用间，持敬集义工夫，直是要得念念省察。读书求义，乃其间之一事耳。旧来虽知此意，然于缓急之间，终是不觉有倒置处，误人不少。今方自悔耳！

【译文】

学问的根本就在日常生活中，持敬与集义的功夫，真是要念念不忘，时刻省察。读书求义，只是其中的一件事。以前虽然知道这个道理，但是碍于轻重缓急，仍是在不知不觉间将功夫颠倒了，误导了不少人。如今才自觉后悔！

答林充之

充之近读何书？恐更当于日用之间为仁之本者，深加省察，而去其有害于此者为佳。不然，诵说虽精，而不践其实，君子盖深耻之。此固充之平日所讲闻也。

【译文】

充之，你近来读什么书？恐怕还是更应当在平日生活中体悟仁的本质，深加反省，去除那些有害的东西为好。如若不然，即便能够将文字讲诵得十分精到，却不去实践，君子大概也会深以为耻。这本就是你平时所听所讲的学问。

答何叔景

李先生[1]教人，大抵令于静中体认大本，未发时，气象分明，即处事应物，自然中节。此乃龟山[2]门下相传指诀。然当时亲炙之时，贪听讲论，又方窃好章句训诂之习，不得尽心于此。至今若存若亡，无一的实见处，辜负教育之意。每一念此，未尝不愧汗沾衣也。

【译文】

延平先生教人，大都令人在静中体认本心，情感未萌发时的境界是清静分明的，这时处事接物自然会符合中道。这是杨龟山门人相传的诀窍。然而当时在先生门下受教时，贪于听习论辩的技巧，私下又喜欢章句训诂的学问，没能专心学习先生静中体认的功夫。至今若有若无，没有切实的见地，辜负了先生的教育。每每念及于此，无不惭愧得汗流浃背。

又

熹近来尤觉昏愦，无进步处。盖缘日前偷堕苟简，无深探力行之志，凡所论说，皆出入口耳之余，以故全不得力。今方觉悟，欲勇革旧习，而血气已衰，心志亦不复强，不知终能有所济否。

【译文】

我近来尤其觉得昏愦，没有任何进步。大概是由于之前偷懒苟且，没有深切探求、勉力而行的志向，凡是所讲论的，都是嘴上说说、耳朵听听，所以完全没有用。如今方才觉悟，想要革去旧习，然而精力已经衰退，心志也不如以往强健，不知最终能否成功了。

---

[1] 李先生：即李侗（1093—1163），字愿中，学者称延平先生，南宋思想家。年轻时拜杨时、罗从彦为师，为二程的再传弟子，后传学于朱熹。

[2] 龟山：即杨时（1053—1135），字中立，号龟山，北宋哲学家，师从二程。

又

向来妄论"持敬"之说，亦不自记其云何。但因其良心发现之微，猛省提撕，使心不昧，则是做工夫底本领。本领既立，自然下学而上达矣。若不察良心发现处，即渺渺茫茫，恐无下手处也。中间一书论"必有事焉"之说，却尽有病，殊不蒙辨诘，何邪？所喻多识前言往行，固君子之所急。熹自来所见亦是如此。近因反求未得个安稳处，却始知此未免支离。如所谓因诸公以求程氏，因程氏以求圣人，是隔几重公案，曷若默会诸心、以立其本，而其言之得失，自不能逃吾之鉴邪？钦夫之学所以超脱自在，见得分明，不为言句所桎梏，只为合下入处亲切。今日说话虽未能绝无渗漏，终是本领，是当非吾辈所及。但详观所论，自可见矣。

【译文】

以前胡乱说"持敬"的学问，现在也不记得自己说了什么。其实只要良心有微妙的发现，猛然提醒，使得心中不蒙昧，就是做功夫的本领。本领既然确立，自然能够通过做学问而通达天道。如果不去察觉良知的发用之处，就会迷迷糊糊，没有下功夫的地方。中间有一封书信谈到"必有事焉"，其中都是毛病，没有受到质疑，为什么呢？因为所说的都是过去的言行，那些功夫固然也是君子的当务之急。我以前的见解也确实是如此。近来因为反求诸己，未能找到安稳之处，才开始明白这样的学问未免支离破碎。如果通过大家的讲解学习二程，再通过二程的讲解学习圣人，毕竟是隔了几重，何不默会于心、确立本心，言语上的得失自然逃不出自己心的鉴别？张栻先生的学问之所以超脱自在，见得明白，不被语句桎梏，只是因为功夫下得贴切。如今他说话虽然不能毫无纰漏，但这终究是一门本领，固然不是我等所能达到的。只要详细观察他的言论，自然能够看到的。

答林择之

所论颜、孟不同处,极善极善!正要见此曲折,始无窒碍耳。比来想亦只如此用功。熹近只就此处见得向来未见底意思,乃知存久自明、何待穷索之语,是真实不诳语。今未能久,已有此验,况真能久邪?但当益加勉励,不敢少弛其劳耳!

【译文】

你所说的颜回、孟子的不同之处,说得极好!正是要看到这些曲折细微之处,才能没有障碍!近来想想也确实须这样用功。我最近只在这里就看到以前未能看到的意思,才知道存养久了自能明白、无须穷索的语言,这就是真真切切的语言。如今还没有存养长久,就有这样的效果,何况真的能长久呢?只会愈加勉力,不敢有丝毫松弛懈怠!

答杨子直[1]

学者堕在语言,心实无得,固为大病;然于语言中,罕见有究竟得彻头彻尾者。盖资质已是不及古人,而功夫又草草,所以终身于此,若存若亡,未有卓然可恃之实。近因病后,不敢极力读书,闲中却觉有进步处。大抵孟子所论"求其放心",是要诀尔!

【译文】

为学之人沉溺在语言上,心中却没有实在的收获,固然是做学问的大毛病;然而在语言之中,很少有能够彻头彻尾说明白的。大概是资质已经不如古人,功夫又十分草率,所以终生耗费在这里,若有若无,没有切实的学问可以作为基础。如今我生病后,不敢极力读书,在闲暇之中却觉得有所进步。大概

---

[1] 杨子直:即杨方,字子直,人称淡轩先生。

孟子所说的"寻回放纵的心",是其中的诀窍吧!

与田侍郎子真

吾辈今日事事做不得,只有向里存心穷理,外人无交涉。然亦不免违条碍贯,看来无着力处。只有更攒近里面,安身立命尔。不审比日何所用心?因书及之,深所欲闻也。

【译文】

如今我们每件事都做不好,只有向内心存养、追求天理,与外人没有任何关系。然而也免不了违背条理、阻碍一贯之道,看上去没有着力之处。只有更深入内心求索,才能安身立命。不知以前是如何用心的?因为谈到这个问题了,所以很想听听你的看法。

答陈才卿[1]

详来示,知日用工夫精进如此,尤以为喜。若知此心此理端的在我,则参前倚衡,自有不容舍者,亦不待求而得、不待操而存矣。格物致知,亦是因其所已知者推之,以及其所未知。只是一本,原无两样工夫也。

【译文】

你详细告诉我近况,得知你日常用功精进到了这般地步,为你感到高兴。如果能够知道此心与此理都在自己的心中,言行都有所凭依,自然有不容舍去的东西,有不待探求就得到、不待操持就存有的东西。格物致知,也都是凭借自己已经知道的推而广之,达到自己本来所不知道的。其实只有一个根本,原本就不是两件功夫。

---

[1] 陈才卿:即陈文蔚,字才卿,人称克斋先生。

与刘子澄[1]

居官无修业之益——若以俗学言之，诚是如此；若论圣门所谓德业者，却初不在日用之外只押文字，便是进德修业地头，不必编缀异闻，乃为修业也。近觉向来为学，实有向外浮泛之弊，不惟自误，而误人亦不少。方别寻得一头绪，似差简约端的，始知文字言语之外，真别有用心处，恨未得面论也。浙中后来事体，大段支离乖僻，恐不止似正似邪而已，极令人难说，只得惶恐，痛自警省！恐未可专执旧说以为取舍也。

【译文】

为官对于修养的事业没有好处——如果以一般的学问而言，确实是如此；如果谈论圣人所说的德业，其原本就不是日常事物之外只在文字上下功夫，为官才是进德修业之处，不必编收其他不同学说，这就是修习德业。近日觉得以前做学问，实在是有向外探求、浮于泛泛的毛病，不仅耽误了自己，也误导了不少学者。我才从别的地方寻找为学的头绪，简约了许多，才知道在文字语言之外，真的另有可用心的地方，可惜不能和你当面讨论。到浙江后的事情，大都支离乖僻，恐怕不只是似正似邪而已，让人难以说明，只感到惶恐，痛切警醒！恐怕不能只执着于旧日的学说来做取舍。

与林择之

熹近觉向来乖缪处不可缕数，方惕然思所以自新者，而日用之间，悔吝潜积，又已甚多。朝夕惴惧，不知所以为计。若择之能一来辅此不逮，幸甚！然讲学之功，比旧却觉稍有寸进。以此知初学得些静中功夫，亦为助不小。

---

[1] 刘子澄：即刘清之，字子澄，刘子和之弟，人称静春先生。

【译文】

我近来觉得以前谬误之处不可胜数,才惶恐地考虑要改进自己的想法,然而平日里,过错不知不觉地积累,已经十分多了。从早到晚都惴惴不安,不知如何是好。如果择之你能够来帮助我就好了!然而讲学的功夫,比之以前觉得稍有进步。由此可知,初学时能够做些静中的功夫,也有不小的帮助。

答吕子约

示喻日用工夫如此,甚善!然亦且要见一大头脑分明,便于操舍之间有用力处。如实有一物,把住放行在自家手里。不是漫说"求其放心",实却茫茫无把捉处也。

子约复书云:"某盖尝深体之,此个大头脑本非外面物事,是我元初本有底。其曰'人生而静',其曰'喜怒哀乐之未发',其曰'寂然不动'。人汩汩地过了日月,不曾存息,不曾实现此体段,如何会有用力处?程子谓:'这个义理,仁者又看做仁了,智者又看做智了,百姓日用不知,此所以君子之道鲜。'此个亦不少,亦不剩,只是人看他不见,不大段信得此话。及其言于勿忘勿助长间认取者,认乎此也。认得此,则一动一静皆不昧矣!恻隐羞恶辞让是非,四端之著也,操存久则发现多;忿懥忧患好乐恐惧,不得其正也,放舍甚则日滋长。记得南轩先生谓'验厥操舍,乃知出入',乃是见得主脑,于操舍间有用力处之实话。盖苟知主脑不放下,虽是未能常常操存,然语默应酬间历历能自省验;虽其实有一物在我手里,然可欲者是我底物,不可放失,不可欲者非是我物,不可留藏;虽谓之实有一物在我手里,亦可也。若是漫说,既无归宿,亦无依据,纵使强把捉得住,亦止是袭取,夫岂是我元有底邪?愚见哪些,敢望指教。"

朱子答书云:"此段大概,甚正当亲切。"

【译文】

你告诉我你最近怎样用功的,十分好!然而也要明白看见为学的宗旨,这样在收放之间就有用力之处。就好像有个实实在在的东西，握在手里收放自如。不能随口空说"求其放心"这种话，实际上又是茫茫然没有把握到。

吕子约回信道："对此我也有切身体会，这个为学的宗旨本来就不是外面的东西，是我原本初生就有了的。所谓'人生而静''喜怒哀乐之未发''寂然不动'等说的就是这个道理。人浑浑噩噩地度日，不曾存养，不曾切实明白，怎会知道怎样用功？程子说：'这个义理，仁者见仁，智者见智，百姓身处其中却浑然不知，这就是君子之道难以得见的缘故。'这个道理并不缺少，也没有多余，只是人们看不见它，并不真正相信这个道理。说到要在勿忘记、勿助长中体认，便是体认这个道理。认得这个道理，那么无论是动是静就都不会蒙昧了！恻隐、羞恶、辞让、是非，是四端之心的显现，操持存守久了就会显现得多；发怒、忧患、好乐、恐惧的感情，就是心不得其正，放纵太过，便会日益滋长。记得南轩先生曾说'能够体验收摄与放松，就能明白心体的出与入了'，这就是看到了为学的宗旨，在收放间能下功夫的实在话。只要把握住为学的宗旨不放，即便不能时常操持存守，但在说话与静默、应答与会宾之间也能够时常自我反省检验；即便真的有一件东西在我手里，然而可以去追求的是我自己的东西，不能放任丢失，不能去追求的不是我的东西，不能保留收藏；这样即便说是确实有一件东西在我手里，也是可以的。如果只是随便说说，既没有归宿，也没有依据，纵使强行把握得住，也只是'义袭而取'，难道是我原本就有的吗？这是我不成熟的见解，还望您指教。"

朱子回信说："这段话大概十分恰当确切。"

答吴德夫[1]

承喻"仁"字之说，足见用力之深。熹意不欲如此坐谈，但直以孔子、程子所示求仁之方，择其一二切于吾身者，笃志而力行之，于动静语默间，勿令间断，则久久自当知味矣。去人欲，存天理，且据所见去之存之。功夫既深，

---

[1] 吴德夫：名恂，著有《居士传》。

则所谓似天理而实人欲者次第可见。今大体未正，而便察及细微，恐有放饭流歠，而问无齿决之讥也。如何如何？

【译文】

承蒙您给我解说"仁"字，由此可见您用功扎实。我并不想就此坐着空谈，而是想以孔子、程子所开示的求仁的方法，选择其中一两个适合自己的，笃志力行，在动与静、说话与静默之间，不令其间断，那么久而久之自然会有所体悟。去人欲，存天理，姑且依据所见所闻去去、去存。功夫做到精深之处，那些像是天理实则是人欲的部分就慢慢可见了。如今学问大体还没有确立、匡正，便要去观察细微之处，恐怕有大口吃饭喝汤却不用牙齿咀嚼的毛病。是否可以这么理解呢？

答或人

"中和"二字，皆道之体用。旧闻李先生论此最详，后来所见不同，遂不复致思。今乃知其为人深切，然恨己不能尽记其曲折矣。如云"人固有无所喜怒哀乐之时，然谓之未发，则不可言无主也"；又如先言"慎独"，然后及"中和"，此亦尝言之。但当时既不领略，后来又不深思，遂成蹉过，孤负此翁耳！

【译文】

"中和"二字，都是道的本体与作用。曾听闻李先生讲解这两个字讲得最为详备，后来自己的见解有所不同，就不再思考了。如今才知道李先生为人真切，可惜自己已经不能完全记得李先生所说的细节了。比如他说"人固然能够有喜怒哀乐等感情不抒发的时候，然而称其为未发，便不能说是没有主宰的意思在里头"；又比如他先谈"慎独"，然后才说到"中和"，这也是先生曾说过的。只是当时不得要领，后来又不深思，蹉跎而过，辜负先生的教诲！

答刘子澄

日前为学,缓于反己,追思凡百,多可悔者。所论注文字,亦坐此病,多无着实处。回首茫然,计非岁月功夫所能救治,以此愈不自快。前时犹得敬夫、伯恭时惠规益,得以自警省;二友云亡,耳中绝不闻此等语。今乃深有望于吾子澄,自此惠书,痛加镌诲,乃君子爱人之意也。

【译文】

以前做学问,不抓紧反求诸己地思考,回忆往昔,多有后悔。所论所注的文字,也都有这个毛病,大多没有切实之处。回首往昔,四顾茫然,想来这绝非花时间下功夫就能救治的毛病,因此越来越不快活。前些时日还得到敬夫、伯恭两人的规劝帮助,得以自己警醒;现在两人西去,便再也听不到这些话了。如今我寄希望于你,从此以后能够多写信给我,对我严加教诲,这是君子爱人的意思。

朱子之后，如真西山、许鲁斋、吴草庐[1]亦皆有见于此，而草庐见之尤真，悔之尤切。今不能备录，取草庐一说附于后。

临川吴氏曰："天之所以生人，人之所以为人，以此德性也。然自圣传不嗣，士学靡宗，汉唐千余年间，董、韩二子依稀数语近之，而原本竟昧昧也。逮夫周、程、张、邵兴，始能上通孟氏而为一。程氏四传而至朱，文义之精密，又孟氏以来所未有者。其学徒往往滞于此而溺其心。夫既以世儒记诵词章为俗学矣，而其为学亦未离乎言语文字之末，此则嘉定[2]以后朱门末学之敝，而未有能救之者也。

"夫所贵乎圣人之学，以能全天之所以与我者尔。天之与我，德性是也，是为仁义礼智之根株，是为形质血气之主宰。舍此而他求，所学何学哉？假而行如司马文正公，才如诸葛忠武侯，亦不免为习不著、行不察，亦不过为资器之超于人，而谓有得于圣学则未也。况止于训诂之精、讲说之密，如北溪之陈[3]、双峰之饶[4]，则与彼记诵词章之俗学，相去何能以寸哉？圣学大明于宋

---

[1] 真西山：即真德秀（1178—1235），字景元，后更为希元，学者称西山先生，本姓慎，因避孝宗讳改姓真。许鲁斋：即许衡（1209—1281），字仲平，号鲁斋。吴草庐：即吴澄（1249—1333），字幼清，晚字伯清，学者称草庐先生。三人对于朱子学的继承与传播都有极大的贡献。

[2] 嘉定：朱宁宗的最后一个年号，1208年至1224年，共计17年。

[3] 北溪之陈：即陈淳（1159—1223），字安卿，亦称北溪先生，南宋理学家，朱熹晚年的得意门生。

[4] 双峰之饶：即饶鲁（1193—1264），字伯舆，又字仲元，人称双峰先生，南宋理学家。

代，而踵其后者如此，可叹已！澄也钻研于文义，毫分缕析，每以陈为未精，饶为未密也，堕此科臼中垂四十年，而始觉其非。自今以往，一日之内子而亥，一月之内朔而晦，一岁之内春而冬，常见吾德性之昭昭，如天之运转，如日月之往来，不使有须臾之间断，则于尊之之道殆庶几乎？于此有未能，则问于人、学于己，而必欲其至。若其用力之方，非言之可喻，亦味于《中庸》首章、《订顽》[1]终篇而自悟可也。"

【译文】

朱子之后，如真德秀、许衡、吴澄等人也都明白了这一道理。而吴澄的见解尤为真切，悔恨之意尤为痛切。如今不能全都收录，只取他的一篇附于后。

临川吴澄说："天之所以生人，人之所以为人，是因为这个德性的存在。然而圣人之道无法传承，士大夫的学问没有榜样，自汉唐以来千余年间，只有董仲舒、韩愈二人的寥寥数语接近圣人之道，然而圣道的本源竟昏暗不明。等到周敦颐、二程、张载、邵雍兴起，才能上通于孟子而与圣学为一。二程之学四代后到朱子，文义的考证愈发精密，又是孟子以来所没有的。然而朱子的学问往往滞留于文义，汩没了本心。虽然认为世俗儒者记诵辞章的学问为粗俗的学问，但朱子一门为学也脱离不了言语文字这些末流之学，这是嘉定年之后朱子一门末流之学的弊端，然而没有能够救治这一弊端的。

"圣人之学之所以尊贵，是因为能够将天下万物与我合二为一。上天所赋予我的，是德性，是仁义礼智的根本，是人的形体与血气的主宰。舍弃德性而向别处探求，所学所求的是什么呢？假如有司马光的能力、诸葛亮的才华，也免不了行不著、习不察，也只不过是资质超于常人，却不能说这是有得于圣学。何况止步于训诂上的精确、讲说上的细致，例如陈北溪、饶双峰之徒，他们的学问与记诵辞章的俗学，又能有什么差别呢？圣学彰明于宋代，而后来者竟发展到如此地步，真是可叹啊！我也曾钻研文义，条分缕析，时常认为陈北溪、饶双峰的学问不够精密，堕入此等窠臼，度过四十多年，这才发觉其中的错误。自此以后，一天之内从子时到亥时，一月之内从月初到月末，一年之内从春季到冬季，时常能体会到自己光明的德性，就像天的运转、日月的往

---

[1]《订顽》：即张载《西铭》。

来，不让它有一分一秒的间断，这样对于尊崇圣人之道或许有所帮助吧？自己如果还做不到，就向人请教、自己学习，务必要达到。用功的方法，不能用言语说明，应当通过去体会《中庸》首章、《订顽》终篇的意思而自己有所领悟。"

《朱子晚年定论》，我阳明先生在留都时所采集者也。揭阳薛君尚谦旧录一本，同志见之，至有不及抄写，袖之而去者。众皆惮于翻录，乃谋而寿诸梓，谓："子以齿，当志一言。"

　　惟朱子一生勤苦，以惠来学，凡一言一字，皆所当守，而独表章是、尊崇乎此者，盖以为朱子之定见也。今学者不求诸此，而犹踵其所悔，是蹈舛也，岂善学朱子者哉？麟无似，从事于朱子之训余三十年，非不专且笃，而竟亦未有居安资深之地，则犹以为知之未详，而览之未博也。戊寅夏，持所著论若干卷来见先生。闻其言，如日中天，睹之即见；如五谷之艺地，种之即生。不假外求，而真切简易，恍然有悟。退求其故而不合，则又不免迟疑于其间。及读是编，始释然，尽投其所业，假馆而受学，盖三月而若将有闻焉。然后知向之所学，乃朱子中年未定之论，是故三十年而无获；今赖天之灵，始克从事于其所谓定见者，故能三月而若将有闻也。非吾先生，几乎已矣！敢以告夫同志，使无若麟之晚而后悔也。若夫直求本原于言语之外，真有以验其必然而无疑者，则存乎其之自力，是编特为之指迷耳。

　　正德戊寅六月望

　　门人雩都袁庆麟谨识

【译文】

　　《朱子晚年定论》，是阳明先生在南京时所辑录的。揭阳薛尚谦曾抄录一本，同道们见了，有的人还来不及抄，就携带走了。众人都唯恐被盗版，就考虑将其付诸刊刻，说："你最年长，应该写一篇跋。"

　　朱子一生勤苦，有惠于后学，一言一字，都应当持守，而唯独表彰、尊崇这些文字，是因为这些是朱子的确定之见。如今的学者不探求朱子的定见，却追随朱子所悔悟的学说，这是遵从错误，难道能说是擅长朱子之学吗？我愚笨，从事于朱子之学三十多年，不仅不专精笃志，而且也没有达到安于所学、造诣精深的境界，还以为是由于自己知道得还不够详细，看得还不够广博。戊寅年（1518年）夏天，我拿着所著的若干卷文字来拜见先生。听闻先生的学说，好比正午的太阳，一看就明白；好比种五谷的沃土，一种就生长。无须向外探求，真切简单，恍然大悟。回去后对照以前的学问却又不大相符，难免困惑怀疑。等读到先生辑录的这些文字才真正释然，全身心地投入先生的学问，借了房子来听先生讲学，三个月后便好像有所明白。这才知道以前所学的，是朱子中年还未确定的学说，所以我学了三十年也没有收获；如今上天保佑，才能够让我学到朱子的确定之论，所以三个月就有所明白。如果不是先生，我的一生就算完了！因此，我斗胆告诫诸位同道，不要像我这样那么晚才悔悟。如果想要在语言之外直接探求本原，真打算验证学问的必然无疑，这就必须靠自身努力，先生编辑这些文字就是为学者指点迷津的。

正德戊寅六月十五

弟子雩都袁庆麟记

王阳明简明年谱

1472年，成化八年，壬辰，农历九月三十日，王守仁出生于浙江绍兴府余姚县（今浙江余姚）。

1482年，成化十八年，壬寅，祖父携王阳明至京师，随父王华寓京。

1488年，弘治元年，戊申，与诸氏完婚于江西洪都（今江西南昌）。

1489年，弘治二年，乙酉，偕夫人回余姚，学求圣人，并于庭前格竹，最终失败。

1492年，弘治五年，壬子，举浙江乡试。

1493年，弘治六年，癸丑，会试不第，归余姚，结龙泉诗社，对弈联诗。

1499年，弘治十二年，己未，举进士出身，与前七子唱和，是王阳明泛滥词章之时。

1500年，弘治十三年，庚申，授刑部云南清吏司主事。

1501年，弘治十四年，辛酉，秋奉命录囚江北，游九华山，出入佛寺、道观，至次年夏复命还京。

1502年，弘治十五年，壬戌，告病归越城（今属浙江绍兴），筑室阳明洞，静坐行导引之术，终因不能成圣，故摒去。

1504年，弘治十七年，甲子，秋，主考山东乡试，九月改任兵部武选清吏司主事。

1505年，弘治十八年，乙丑，开门授徒，与湛若水交。

1506年，正德元年，丙寅，冬，抗疏下诏狱，谪贵州龙场（今属贵州贵阳修文）驿丞。

1508年，正德三年，戊辰，至龙场，始悟格物致知之旨。

1509年，正德四年，己巳，在贵阳，受提学付使习书聘请主讲文明书院，始揭"知行合一"之旨。

1510年，正德五年，庚午，三月升庐陵知县，十二月升南京刑部四川清吏司主事。

1511年，正德六年，辛未，调吏部验封司清司主事，二月为会试同考官，十二月升文选清吏司员外郎。

1512年，正德七年，壬申，三月升考功清吏司郎中，黄绾、徐爱等弟子受业。十二月又升南京太仆寺少卿。据《大学》古本立格物、诚意之旨。

1513年，正德八年，癸酉，赴任便道归省，至滁州（今安徽滁州），督马政。日与门人游，新旧学生集会于滁，教人静坐入道之方。

1514年，正德九年，甲戌，升南京鸿胪寺卿，教人存天理、去人欲。

1516年，正德十一年，丙子，升都察院左佥都御史，巡抚南赣、汀、漳等地，平定征南王谢志山、金龙霸王池仲容等的暴动。

1517年，正德十二年，丁丑，正月至赣，二月平漳南象湖山，十月平南赣衡水、桶冈。

1518年，正德十三年，戊寅，春，平三浰，升都察院右副督御史。七月刻古本《大学》。刻《朱子晚年定论》。

1519年，正德十四年，己卯，夏，平定宁王朱宸濠叛乱，兼巡抚江西。

1520年，正德十五年，庚辰，夏，至赣州。王艮投其门。

1521年，正德十六年，辛巳，五月集门人于白鹿洞，六月升南京兵部尚书，九月归余姚，封新建伯。揭致良知之教。

1522年，嘉靖元年，壬午，居越城。父王华卒，丁忧。

1524年，嘉靖三年，甲申，居越城。门人南大吉续刻《传习录》。

1525年，嘉靖四年，乙酉，居越城。夫人诸氏卒。

1526年，嘉靖五年，丙戌，居越城，冬子正聪生，七年后黄绾为保护孤幼收其为婿，改名正亿。

1527年，嘉靖六年，丁亥，五月命兼都察院左都御史征广西思恩、田州，九月启行。天泉证道，提出四句教法。

1528年，嘉靖七年，戊子，二月平思、田，七月袭八寨、断藤峡，十月乞骸骨。

1529年，嘉靖七年，戊子，农历十一月二十九日，病逝于江西南安府。

参考书目

[1] 王守仁. 王文成公全书[M]. 谢廷杰, 编. 隆庆六年本.

[2] 王守仁. 王阳明全集[M]. 吴光明, 钱明等编. 上海: 上海古籍出版社, 2011.

[3] 王守仁. 王阳明传习录详注集评[M]. 陈荣捷, 注. 上海: 华东师范大学出版社, 2009.

[4] 王守仁. 传习录注疏[M]. 邓艾民, 注. 上海: 上海古籍出版社, 2012.

[5] 王守仁. 传习录校释[M]. 萧无陂, 注. 长沙: 岳麓书社, 2012.

[6] 王守仁. 传习录[M]. 于自立, 孔薇, 杨骅骁, 译. 郑州: 中州古籍出版社, 2008.

[7] 陈来. 有无之境——王阳明哲学的精神[M]. 北京: 生活·读书·新知三联书店, 2009.

[8] 杨国荣. 心学之思——王阳明哲学的阐释[M]. 北京: 中国人民大学出版社, 2009.

[9] 钱穆. 阳明学述要[M]. 北京: 九州出版社, 2011.

[10] 吴震. 《传习录》精读[M]. 上海: 复旦大学出版社, 2011.

[11] 耿宁. 人生第一等事: 王阳明及其后学论"致良知"[M]. 倪梁康, 译. 北京: 商务印书馆, 2014.

激发个人成长

多年以来,千千万万有经验的读者,都会定期查看熊猫君家的最新书目,挑选满足自己成长需求的新书。

读客图书以"激发个人成长"为使命,在以下三个方面为您精选优质图书:

1. 精神成长

熊猫君家精彩绝伦的小说文库和人文类图书,帮助你成为永远充满梦想、勇气和爱的人!

2. 知识结构成长

熊猫君家的历史类、社科类图书,帮助你了解从宇宙诞生、文明演变直至今日世界之形成的方方面面。

3. 工作技能成长

熊猫君家的经管类、家教类图书,指引你更好地工作、更有效率地生活,减少人生中的烦恼。

每一本读客图书都轻松好读,精彩绝伦,充满无穷阅读乐趣!

认准读客熊猫

读客所有图书,在书脊、腰封、封底和前后勒口都有"**读客熊猫**"标志。

两步帮你快速找到读客图书

1. 找读客熊猫

2. 找黑白格子

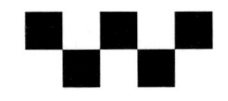